東西学術研究所研究叢書第10号
比較信仰文化研究班

祈りと祈りの場

新谷 英治
松井 幸一
編著

関西大学
東西学術研究所

はじめに

編　者

　本書は関西大学東西学術研究所比較信仰文化研究班の 2016 年度から 2018 年度に互る 3 箇年の研究成果をまとめた報告論文集である。前期（2013 年度から 2015 年度）の報告書『祈りの場の諸相』の続編にあたる。

　当期の研究では、前期と同様に、様々な信仰の「祈りの場」のありようを広範かつ多角的に比較検討して人の「祈り」に見られる地域的、時代的な特性を探り、「祈り」に集約された人々の生き方の本質的な普遍と特殊を明らかにすることを目指した。実際の研究活動においても、前期と同様に歴史学的な手法を基軸にしつつ民俗学や地理学、美術史学など多様な視点を取り入れて各地の「祈りの場」の実態を調査し、比較を試みてきた。研究の成果は以下に収録された各論考において示されている通りである。

　当期の研究班は、蜷川順子（研究員　西洋美術史）、野間晴雄（研究員　人文地理学）、森隆男（非常勤研究員　民俗学）、吉田雄介（非常勤研究員　人文地理学）、田邉めぐみ（非常勤研究員　西洋美術史）、恵崎麻美（非常勤研究員　美術史）、茶谷まりえ（非常勤研究員　民俗学）、齋藤鮎子（準研究員　文化地理学）および松井幸一（研究員　歴史地理学）、新谷英治（研究員　歴史学）の 10 名で開始され、2017 年度から毛利美穂（非常勤研究員　比較文学・文化）が参加して 11 人の体制となった。多様な専門性を生かして「祈りの場」の具体的な在りかたの分析とそれらを見渡した総合的な議論を中心に研究活動を進めた。

　祈りという行為の行われる所以、時、場（あるいは空間）、そしてそれを行う人々はまことに多様である。例えば、おびただしい自然物——

魁偉な高山から小さな石片や路傍の湧き水まで――が祈りの対象となり、また祈りの場となった。また、ある時期までの西洋絵画においては、その主題は多くの場合祈りに関わっており、描く行為そのものが祈りの行為であったとも言え、その意味で西洋絵画それ自体が祈りの場でもある。まことに、人は祈る存在であると言うべきであろう。本書において――収められた事例の数は決して多くはないが――このような祈りと祈りの場の在りようをさらに具体的に示すことができたように思う。

　一方、祈りという行為における普遍をどう捉えたらよいであろうか。前期の報告書『祈りの場の諸相』において、今後の課題とせねばならぬと述べ、我々なりの解答を当期に期したのであるが、残念ながらはかばかしい前進があったとは言えず、依然としてメンバー一人ひとりの今後の課題であることを正直に告白せねばならない。ただ、本書に示されたさまざまの事例を見渡すと、人の祈りのさまはまことに多様であり、いとも豊かな祈りを人は祈ることが看て取れる。人の祈りが多様であり豊かであること――このことこそが人の祈りに見られる普遍的事実なのだとも言えよう。

　比較信仰文化研究班の研究の性格から、内外各地で多くの研究機関や資料館、情報提供者の協力を得ている。心から感謝の意を表する。また我々に自由な議論の場を提供してくれた関西大学および東西学術研究所に感謝する。併せて、煩雑な事務を常に適切に処理してくれた研究所事務グループの諸氏にお礼申し上げる。

2020 年 2 月

祈りと祈りの場

目　次

近世の絵図から読み解く 聖地・戸隠の構造

森 隆 男

はじめに

　住空間の研究で見出したクチ―オクの秩序を通して構造をさぐる手法[1]を、村落空間で応用できないかと最初に取り組んだ事例が、兵庫県丹波市今出地区であった。今出地区は山中から麓に移した熊野社に奉仕するために作られた村で、修験者の関与が推測される。地区内を清浄に保つために多様な結界を設定し、年中行事や通過儀礼の内容もいろいろ変更を施している[2]。

　本稿では古くから修験の聖地として知られた戸隠山とその麓に立地する集落を取りあげる。戸隠山には中世までは修験者や比丘尼などの宗教者、近世には女人禁制が続く中で一般の男女の参詣が増加し、麓の集落は宿坊が並ぶ門前町として発達した。そこで饗された戸隠そばは、全国に知られることになった。近代になると女人禁制が解禁され、多くの参詣者が訪れている。現在はパワースポットの名所として若い女性に人気があるという。一方、戸隠山は修験以前から水神が鎮まる聖地として農民の信仰を集めてきた霊山でもある。

　このように歴史的に動的な展開をしてきた戸隠には、時代を超えて人々に足を向けさせる要素がある。それは長野盆地の奥にある「隠国の地」と紹介されるように[3]、善光寺に参詣した人をさらに奥に誘う立地に求めることができそうである。また近世には十三仏信仰に導かれた庶民の

1

参詣も認められる。戸隠の集落が最も繁栄した近世に焦点を当て、その様子を伝える近世に作成された絵図から、聖地としての戸隠の空間構造をさぐってみたい。その後の変容も近代の絵図から検証する。

1　近世の参詣道

　長野市の北西約 20km に位置する戸隠山は、近世に善光寺を訪れた半数の人が向かったとされる霊山である[4)]。しかしその霊峰は、戸隠山の手前約 2km のところに設置された一の鳥居まで登らないと見ることはできない。観光マップに記された「戸隠参拝古道コース」もここが出発点である。戸隠の空間構造を考える際、最初の具体的な結界とみていいだろう。筆者も 2017 年から 2019 年にかけて 3 度戸隠を訪れ、古道をたどる体験をした。

　一の鳥居付近には鳥居を構成する石材が放置されている。これは弘化 4 年（1847）に起こった地震により倒壊した結果である。ここから熊との遭遇を恐れながら、かろうじて残る幅 2m 程度の道を進んだ。かつて

写真 1　戸隠連峰（中央の高山は高妻山）

多くの参詣者がこの道を歩んだことを想像することは困難であるが、一の鳥居を起点に設置された丁石が所々に残り、わずかに石畳もみることができる。20分ほど歩くと大久保茶屋に至る。戸隠講の一行はこの茶屋で名物の「力餅」を食べ、宿坊から迎えに来た人の出迎えを受けたという[5]。

　茶屋から古道を2時間程度歩くと宝光社に到着するが、集落の入り口

写真2　散在する鳥居の石材（一の鳥居付近）

写真3　近世の参詣道

に地蔵堂が建っている。新しく整備された地蔵堂には数体の地蔵像と、明治12年8月23日の日付がある絵馬がかかっている。絵馬には地蔵盆に地蔵の前で数珠繰りをする老若男女の姿が描かれ、近代になっても地域住民の信仰を集めていたことがわかる。付近の路傍には双身像の道祖神も祀られ、その背後には大規模な墓地が開かれている。無縫塔も混在しており、住民に加えて宝光院時代の僧侶や宿坊の衆徒の墓であろう。

写真4　宝光社エリア入口の道祖神

写真5　宝光社前の宿坊

そこから宝光社まで宿坊の家並が続く。

　宝光社は室町時代に成立した『戸隠山顕光寺流記』[6]によると、康平元年（1058）に、奥院への女人禁制のために設けられた。創建年代の確証は困難であるが、宝光社の地は古い結界の一つである。より正確には宝光社から中社へ続く古道「神道」を10分程度進んだ「伏拝所」がそれに相当する。さらに1kmほど進むと中社に到着する。途中、嘉暦2年（1327）に創建されたといわれる火之御子社と大規模な墓地がある。

　中社は宝光社の創建から約30年遅れて、寛治元年（1087）に創建されたと伝えられる。現在戸隠神社5社の社務所が置かれ、中枢の機能を果たしている。神宝を展示収蔵する宝物館も併設されている。またこの地区には約20軒の宿坊や旅館があり、道路に沿って多くの飲食店も並んでいる。

　中社から奥社に向かって旧越後道が残っているが、かなり荒廃している。まず中社のはずれに女人堂跡がある。現在は解説板が立っているだけであるが、かつては女性のための参籠施設が設けられ、女性の参詣者はこの場所から奥院の方向を拝んだ。付近に禁を破って侵入した女性が神によって石にされたという比丘尼石があるが、近世の史料に見えるものかどうか確証はない。いずれにしても、この女人堂跡付近が重要な結界であったことは間違いない。

　古道を1kmほど進み、越水ケ原の湿地を過ぎると女人結界碑が見えてくる。寛政7年（1795）に建立された石碑で、かつては重要な結界であった。これについては後述する。そこからは越後道から離れて、奥社の参道入り口に向かう道がある。川を渡ると大きな鳥居が目に入り、「下馬」の石柱もある。広い参道を20分ほど進むと随神門が見えてくる。神仏分離以前は仁王門で、両側に一対の金剛力士像が安置されていたことが後出の古絵図に見える。随神門は宝永7年（1710）に建築された入母屋造りの八脚門で、戸隠神社に現存する最古の建造物である[7]。

　ここから道幅が狭くなり、両側に古い杉が立つ並木道が続く。かつて

写真6 寛政7年の銘をもつ女人結界碑

写真7 唯一残る奥社の随神門

　道の左手には奥の院に属する12院の建物が建ち並んでいたが、現在は
わずかに敷地を示す石垣が残っているだけである。20分ほど歩くと急
な石段の道に変わる。途中に参詣者が身を清めた滝がある。
　右手の講堂跡を経て、ようやく九頭龍社に到着する。すぐ右手に奥社
の社殿があり、3院の中で最も遅れて承徳2年（1098）の創建という。
なお五十軒長屋や百軒長屋などの古跡をめぐるには、石段の途中から左

写真8　奥社に向かう石段

に折れて急峻な道を進むことになる。戸隠三十三霊窟のうち代表的な西窟は百軒長屋の近くにあり、間口6.8m、奥行き3.8mある[8]。

　以上のようにクチに相当する一の鳥居からオクに相当する奥社まで多くの結界が設けられ、戸隠山に近づくほど聖性が高まる構造になっているはずである。ところが実際には所々に墓地もあり、宿坊や飲食店も混在している。

2　歴史的概要

　戸隠をめぐる歴史については、戸隠神社が発行した『戸隠信仰の歴史』[9]で詳細な検討が行われている（本節の記述は本書によるところが多く、とくに必要があると判断した場合を除いて註記を省略した）。早い段階で文献に登場するのは霊山として紹介された『梁塵秘抄』で、富士山や丹後の成相山、大山などと列記され、平安時代末期にはすでに知られた聖地であった。

2-1　考古学的成果

　発掘の成果をみると、奥院の最奥にあった講堂跡からは10世紀の緑釉陶器などが出土している[10]。山中の霊窟の一つである西窟からは平安時代末期の銅製の花瓶や鎌倉時代後半のものと推測されている懸仏が出土している[11]。奥院の金輪院や東泉院の跡から13世紀の中国製の青白磁が出土しており[12]、これらの院が鎌倉時代には設置されていたと推測されている。宝光社周辺からは平安時代の土師器や須恵器、中社付近からは室町時代の瓦が出土している[13]。これらの出土遺物は、古代から中世の戸隠の歴史を知る上で重要な示唆を与えてくれ、創建年代を示していると考えられる。なお旧奥社があったと伝承されている場所からは遺構が見つかっておらず、山頂付近の岩場や山中の洞窟が宗教者たちにとっての聖地であったといえよう。

2-2　中世以降の展開

　戸隠に関するまとまった史料といえる「戸隠山顕光寺流記」が成立したのは、前出のように室町時代の長禄2年（1458）である。それによると奥院や中院、宝光院の3院には合わせて80を超す院坊が建ち並んでいたという。誇張もあると思われるが、その多くは戦国時代に武田軍によって破却され、のちに上杉氏によって再建されることになる。

　後出の「信州戸隠山惣略絵図」には、西岳の麓に「西光寺跡」の書入れがある。これは真言宗の寺院で、中世には天台宗の顕光寺に対抗する勢力が存在していたが、抗争に敗れて消滅した。

　慶長17年（1612）に江戸幕府は「戸隠山法度」を出し、3院の住職に灌頂を受けることを求めた。修験というより仏教寺院として発展するようになる[14]。また1000石の神領が認められて、500石が別当職に、300石が奥院の12坊に、200石が火之御子社の神職に支給されること

なった。奥院の衆徒は剃髪した清僧で、元禄 12 年（1699）からはすべて院を称するようになる[15]。

中院や宝光院の衆徒は神領の配当を受けられず、配下の御師が檀家を廻って御札を配り、祈禱を行って収入を得た。文政 11 年（1828）当時、北信濃地方を中心に 33 寺と 133 人の山伏を配下に置いていたという[16]。檀家廻りは参詣者のいない冬季の仕事である。また講を結成し、戸隠山などに登拝する信者の宿泊と案内も収入になった。ちなみに戸隠講の講員になると参詣のための通行手形や交通手段と宿の段取り、登山に必要な衣装や杖の準備などあらゆる手配を御師が引き受けた[17]。

18 世紀にはいると御師の活動によって信仰圏が拡大し、檀家が増大するとともに、登拝する信者の数も増加した。宝永 4 年（1707）に一の鳥居を起点にした丁石が整備された[18]のも、このような背景があったからであろう。そのため中院や宝光院の中には多くの収入を得るものもあらわれる。なお 3 院の衆徒は妻帯せず、中院や宝光院の衆徒は原則として明治になるまで修験者を弟子にして跡を継がせた。

明治になると神仏分離令により、奥院、中院、宝光院は神社になり、奥社、中社、宝光社と称するようになる。またそれぞれの仁王門は「随神門」と称され、仁王像は他地域の寺院に移された。ちなみに中院の仁王門は明治 3 年に取り壊され、宝光院の仁王門は昭和 20 年に焼失した。現在、中社と宝光社のある地域には、30 軒を超す宿坊・旅館が建ち並び、飲食店も約 50 軒が営業している。人口は平成 27 年現在約 1000 人である。

2-3 奥院の変容

一の鳥居がある地点は標高 1148m、奥社の標高は 1300m であり、11月下旬から 4 月下旬までの 5 か月間は雪に閉ざされ、厳冬期の積雪は 2m を超える。とくに奥院での生活は厳しく、正徳元年（1711）、冬期間に居住する里坊の設置を別当に願い出て認められた。里坊は中院地区

に8院、宝光院地区に4院、いずれも既存の院坊から離れた空き地に設けられた。

　なお里坊に滞在する期間が長かったのか、別当は寛政6年（1794）に奥院から里坊に降りる時期を11月15日以降にするよう命じている。天保14年（1843）に成立した『善光寺道名所図会』には「奥の院は寒気甚く雪また深く定住成りがたく、一二坊はみな里の別荘に住して空院也」とあり[19]、冬季の奥院の状況を知ることができる。明治になり奥院に属する12院の建物は撤去され、今は九頭龍社と再建された奥社の社殿が残るのみである。

2-4　別当家

　中院の横に広大な敷地をもつ別当家の屋敷である勧修院があった。神領から毎年500石を受け取る別当は、戸隠3院の総称である顕光寺の最高権力者である。別当は原則として山門から派遣され、戸隠全体の支配を任されていた。勧修院のあった現在の久山館の前には「守護不入の碑」が残っている。これは近世初期に別当乗因が建てたもので、藩権力の不介入を主張するものであった。徳川幕府の権威を後ろ盾にして、戸隠が独立した空間であったことを示している。

　別当は時々3院の秩序を守るために厳しい処断を下すことがある。安永9年（1780）に起こった「橇引き事件」は中院と宝光院の対立が原因であるが、敗れた宝光院の衆徒が追放されると、そこに中院の12人が移った[20]。元禄12年の段階で奥院12院、中院24院、宝光院17院であったが、結果として各院12院ずつになり、中院の勢力が強化されることになった。3院を構成する院には衆徒の変動があったのである。ここでは奥院、中院、宝光院の枠組みに変化はないが、中院のエリアに立地する別当が強大な権力を握っていたことを確認しておきたい。

3 絵図から読み取る近世の秩序

　現在につながる戸隠の集落の完成は、近世とみていいだろう。別当の強い権力の支配下にあったが、修験の聖地としての性格も維持し、中院と宝光院に属する各院の活動によって繁栄していたとみることができる。

3-1 近世と近代の絵図

　近世中期になると戸隠を訪れる参詣者が増加していくが、土産物として作成された刷り物に「信州戸隠山惣略絵図」（以下「惣略絵図」と略す）がある。この絵図は中社の二澤家に伝えられたもので、18世紀に作成されたものであるが近世における戸隠の全盛期を描いているといわれている[21]。文字資料と異なり、当時の戸隠の空間がどのように理解されていたのかを知る上で貴重な資料である。中央に勧修院が大きく描かれているのは、別当の権力の大きさを誇示するとともに、この絵図の作成の際に別当が関わっていたことを示しているとみていい。本稿ではこの絵図を中心に論を展開したい。なお「惣略絵図」は、現在長野県立歴史館に所蔵されているモノクロ刷りのものと、中社の宝物館に展示され印刷物として刊行されている色刷りのものがある。

　『善光寺道名所図会』は天保年間に刊行されたガイドブックで、文字資料とともに中院と宝光院の比較的詳細な図が収録されている。また長野県立歴史館に所蔵されている「信州戸隠山之図」は、坊号の表記から元禄12年以前のものと考えられているが、描写が荒い。

　近代以後では、明治前期に作成されたと考えられる、色刷り版の「信州戸隠山略図」がある。一部に破損個所があるが比較的精緻な描写がされている。また明治30年に発行された「信州戸隠山惣略図」と明治33年に発行された「国幣小社戸隠神社御境内図」がある。これらの3点の

写真9　近世中期の「信州戸隠山惣略絵図」

絵図はいずれも長野県立歴史館に所蔵されており、神仏分離以後の戸隠の状況を把握するうえで貴重である。

3-2　3院ごとに独立していた秩序

　「惣略絵図」には奥院・中院・宝光院とともに、そこに至る道には仁王門が明確に描かれている。いうまでもなく仁王門は寺院の出入り口の象徴であり、災いや穢れの侵入を防ぐ結界である。中院の仁王門の外には十王堂が、宝光院の外には地蔵堂と十王堂が描かれており、これらは仁王門の機能を補完・強化する役割が期待されていた。道祖神も同様である。

　3院のそれぞれに所属する院の間には序列が存在し、最も高い格式をもつ院は奥院・中院・宝光院のすぐ下すなわち仁王門から最も遠い奥に配されていたという。衆徒は仁王門の内側に居住することが原則であっ

た。寛政10年に別当は運上金と引き換えに宿泊施設の開業を認めたが、これらの宿屋は、仁王門の外に配された[22]。「門前百姓」と呼ばれる農民や、3院が所有する木材や竹を優先的に利用できる職人たちも仁王門の外に住まいを建てている。とくに中院の門前には寺院を支える大工などの職人も居住していた。中院の仁王門前に高札場が設置されていたのも、仁王門が聖俗の重要な結界であったためである。近代の「信州戸隠山惣略図」や「国幣小社戸隠神社御境内図」によると、仁王門の撤去後に木戸が設置されており、これを裏付けている。なお墓地は、近世には各院の敷地の中に設けられていたが、明治20年代に中社と宝光社の仁王門（随神門）の外に共同墓地が新設された。その際にも仁王門の存在が重要な意義をもっていたことになる。

このように3院のそれぞれにおいて、奥院・中院・宝光院をオクとし、仁王門をクチとする明確な秩序の存在を見出すことができる。

3-3　女人禁制

戸隠への参詣者が増加し、女人禁制が本格化したのは前出のように18世紀に入ってからである。その象徴が宝永2年（1705）に建立された女人堂[23]と、寛政7年（1795）に建てられた女人結界碑である。

3-3-1　女人堂

女人結界は集落から聖地である山中に入る境界に設定される。戸隠では中院のはずれに建立された女人堂の位置がそれに相当する。女人堂の規模は、発掘調査によると東西18尺、南北12尺の礎石が確認されており[24]、天保12年の「本坊並三院衆徒分限帳」に記載された「女人堂弐間ニ三間」[25]と一致する。なおこの史料では女人堂が奥院のエリアに位置づけられている。「惣略絵図」には広大な「別当所」の屋敷の上に、寄棟造の小規模な女人堂が描かれ、すぐ横には奥院を拝するためと考え

写真10　女人堂付近

られる朱の鳥居が描かれている。『善光寺道名所図会』にも中院から奥
院に向かう道の脇で、一段高くなった場所に女人堂が見えるが、鳥居は
描かれていない。また両史料の女人堂の右側には「山ノ神」の祠も描か
れている。民俗神である山の神は山中に入る境界上に祀られることが多
いので、女人堂と併設された理由も理解できよう。

　作成が17世紀まで遡る「信州戸隠山の図」には、同じ位置に「比丘
尼所」と読める記入が認められる。宝永2年の女人堂建立以前に前身と
なる施設が存在していたのである。「女人」ではなく「比丘尼」と表記
されている点に着目すると、一般の女性参詣者が増加する段階以前から、
女性宗教者を対象にした女人禁制の観念が具現化されていたことがわかる。

　明治初頭に女人禁制が解かれた後はどのようになったのであろうか。
明治30年に出版された「信州戸隠山惣略図」には、山の神社はそのま
ま残り、女人堂があったところに「遥拝所」と記された小規模の建築物
と鳥居が見える。女人禁制が解かれた後も結界としての意識は残されて
いたといえる。

写真11 上部の中央に描かれた女人堂と山ノ神（『善光寺道名所図会』）

3-3-2 女人結界碑・比丘尼石

　現在、越水ケ原の旧越後道に向かって残る女人結界碑は、高さ190cm、幅120cmで、「寛政七乙卯年六月　於當山本坊新建之」と刻銘がある。「本坊」とは勧修院のことで、文字通り読めば女人結界碑が新規に建立された場所は勧修院ということになる。北方から越後道を利用する女性の参拝者を対象にした結界碑と考えられているが、重要な女人結界の場所である女人堂から離れた場所にあり、設置場所について再検証する余地が残っている。

　また修験の聖地には、女人結界を越えた女性が石になったと伝える比丘尼石が多く残されている。戸隠でも女人堂跡から徒歩10分程度のところに比丘尼石が残されている。『善光寺道名所図会』に「是より内女人結界といふ立石あり。堂の内に比丘尼の石と成たるありといふ」とあり[26]、位置が異なる。比丘尼石についても再検討の必要があろう。

3-3-3　女人結界

　古くからの修験の聖地でありながら、英彦山や熊野三山は女人禁制が行なわれなかった。戸隠山においては、『戸隠山顕光寺縁起』に女人禁制を想起させる一文がある[27]ことから中世までその存在を遡ることができるとされている。

　西口順子は、里坊が聖と俗の境界の外にあって、聖と俗が交流する接点であると指摘している[28]。中院と宝光院はともに本来は里坊の機能を持っていたので、戸隠の聖域ではあるが厳密には俗の空間に属する性格を持っていたと理解できる。

　このように考えると伏拝所や女人堂、さらに女人結界碑の位置は、「神道」から越後道につながるルート上にあり、このライン上に女人結界が設定されたといえるのではなかろうか。なお中院や宝光院はエリア内に宿坊があり、女性参詣者の排除は経営を圧迫することになる。女人堂の位置が決定した背景には、宿坊の経済的な事情も反映していたと考えられる。

4　戸隠山の意義

4-1　地主神

　平安時代の修験は山中で展開した。奥院の創建は宝光院や中院に遅れて、承徳2年（1098）とされている。しかし行者が修行を続ける山中に分散していた霊窟こそが奥院の原点で、奥院に属した12院は霊窟の変容した姿といえよう。戸隠山の意義を考えるとき重要なのは、地主神である九頭龍社である。

　正徳2年（1712）の自序をもつ『和漢三才図会』に「九頭龍権現 傳曰神形九頭　而在岩窟内　以梨為神供　毎夜丑刻未春米三升備之　疑

此當山地主神乎為神秘」とあり[29]、梨を供物にすることに加え、毎日深夜に玄米３升を供える神秘的な儀礼が行われていたようである。『善光寺道名所図会』でも戸隠の項の冒頭にこの記事を紹介し、戸隠山とそこに住む山の神の民俗的な信仰が広く知られていたことがわかる。

「信州戸隠山之図」や「惣略絵図」には、九頭龍社のすぐ下に御供所を描いている。冬季に奥院の衆徒が里坊に移っても、ここには詰番と侍者、僕各１人の計３人が詰めていた。彼らは８月17日に３年任期で就任し、36院から交代で要員を出した[30]。彼らの任務が九頭龍神に供物を供えることであったことからも、戸隠の院坊にとって重要な存在であったことがわかる。明治33年の「国幣小社戸隠神社御境内図」にも御供所が描かれ、梁行き21尺、桁行54尺の大規模な建物であった。

4-2　農民にとっての戸隠山

戸隠山の祭神を水神とする信仰の歴史は修験以前に遡り、時代を超えて伝承されてきた。干天が続いた年に、戸隠山で水を受けた手桶を棒で担ぎ、埼玉県の秩父地方まで運んだという記録がある[31]。岩鼻通明は、戸隠山から50km以内は水神すなわち雨乞の対象として信仰されていたと指摘する。また50〜150km以内は作神として信仰され、代参が行われてきたという[32]。

真北に戸隠山が見える地元の戸隠村（現長野市）上野尾上では、雨乞いの際はまず氏神の境内で「千駄焚き」を行い、中社や宝光社の神職に祈禱をしてもらう。それでも効果がないときは、奥社付近にある種が池の水をもらって全員で祈るという。また春には奥社から虫よけの神札を、二百十日には風よけの神札を受ける[33]。

長野県東部町（現東御市）では田植え前の５月中頃に、代参者が宿坊に１泊して戸隠山に登り、神社の神札と九頭龍神が噛んだ笹といわれる穴の開いた笹の葉を受けて帰り、各家に配った。これを苗代に立てて害

虫除けとし、豊作を祈願したという[34]。江戸時代の戸隠講は、九頭龍権現の掛け軸をかけたことから「巳待ち講」と呼ばれていた。戸隠神社の社紋が「鎌卍」であるのも、農業神としての信仰が反映している。

戸隠寺が創建された時にはすでに山中に九頭龍権現が祀られており、学門行者も法華経を誦して祭祀を行ったという。九頭龍神が地主神として丁重な祭祀を受けた理由は、古くから水神に対する農民の信仰が確立していたからである。以後、修験の行者もこの信仰を基に自らの信仰を広めたようで、たとえば「水除杭」と呼ばれる断面が6角形、長さ約30cmの棒に呪文を記し、川が氾濫している場所に立てて祈禱した[35]。

このような九頭龍神に対する篤い信仰は、近世に作成された後出の「四所権現本地曼荼羅」に反映している。

4-3 オクに内在する女性原理

女性の入山を禁じながら、山そのものの神を女神とする事例は多い[36]。泰澄が出会った白山の神も女神であった[37]。また牛山佳幸は、女神を主神としていたことを象徴する「女体山」の山号をもつ山が関東平

写真 12　御供所付近の「胎内ククリ」

野の周縁部に多く分布すると指摘している[38]。とくに修験道では山中での修行を母体回帰、山中を擬死再生の場とし、出羽の秋峰では本社の前で鉦を叩き産声を上げて参道を駆け下りるという[39]。各地の霊山に残る「胎内くぐりの岩」は擬死再生の具体的なシンボルである。「惣略絵図」にも戸隠山の不動ノ窟の下に「胎内ククリ」とみえる。また「国幣小社戸隠神社御境内図」には九頭龍社拝殿の西側に「胎内窟」と記述した箇所がある。母の胎内と観念された山中での修行を終えた宗教者たちが、ここを通り抜けて集落に戻ってきたのであろう。「胎内ククリ」の岩も重要な結界であった。

戸隠山の地主神九頭龍神は、「惣略絵図」には「九頭龍大権現」と表記されている。宝光社のエリア内の個人宅に、19世紀の江戸時代に作成された木版刷りの「四所権現本地曼荼羅」が所蔵されている[40]。これは奥院、中院、宝光院に加えて九頭龍神の本地を描いたもので、下部に大きく竜神を、その上の中央に女性姿の弁財天を配している。奥院の本地聖観音を上部の中央に配しているが、全体の構成からみると竜神と弁財天がセットになって戸隠山のイメージを創出している。ここにも女性原理を見出すことができよう。

5 オクの観念の広がり

5-1 聖地を支えるクチ―オクの秩序

戸隠への参詣道で最初に戸隠山の山容を望むところに一の鳥居が設けられ、クチと観念されている。一方、オクのシンボルは戸隠山であり、視覚的な景観がクチ―オクの秩序を成立させて聖地としてのまとまりを創出してきたといえよう。このクチ―オクの線上には女人禁制を示す施設や装置、石仏など多様な結界が設定されてきた。

当初は戸隠山の山中に穿たれた石窟で修行をする宗教者が登場し、のちに彼らが住む宿舎が奥院に位置づけられたと思われる。奥社の前身の奥院の創建は、承徳2年（1098）とされているが、中世に入ってからの創建であろう。一方、奥院の修行僧を支える里坊が山麓に設けられた。縁起で中院より宝光院の創立を古く設定したのは、最初の里坊が宝光院であったからである。この段階では比較的シンプルなクチ―オクの秩序であったが、宝光院と中院を中心に所属する院坊が宿坊を経営する近世には、それぞれの門前町が独立した集落となり、そこに門前百姓や職人を巻き込んだ新たなクチ―オクの秩序が成立する。中院を頂点にして南側の斜面に、基本的には格式の高い院から通りに沿って並んだ。前述のように仁王門の外には在家の旅館や土産物の店、職人、農民の家屋が配された。『善光寺道名所図会』所収の図には、「町屋」や「丁ヤ」と記した建物が確認できる。宝光院の鳥居前の大門通でも、両側に宿坊を経営する院が建ち並んでいる。

5-2　戸隠の裏山

　比較的古い「信州戸隠山之図」には見られないが、最盛期の戸隠の様子を伝える「惣略絵図」には戸隠の裏山にあたる乙妻山と高妻山が詳細に描かれている点に注目したい。

　「惣略絵図」には「不動」、「シャカ」、「文殊」以下「コク蔵」まで続く十三仏の書入れと、小規模な建物が描かれている。そして大日の横には「礼ハイ石」、その西方には「八尺ノ円鏡」と「マンダラ岩」と書かれた大岩、さらにその横には雲に乗った三尊の来迎の様子も描かれている。仏の名称と来迎の形式から、近世の十三仏信仰が反映している。ここには修験とは異なる、死者及び先祖供養の信仰のもとに戸隠の裏山を訪れた人々への対応をうかがうことができる。

　十三仏信仰の存在と裏山へのルートについては、現在地元にほとんど

写真13　裏山の十三仏

写真14　来迎する三尊

伝承されていない。しかし、当時十三仏信仰に基づいて裏山に登攀した人々の動きを、『善光寺道名所図会』から知ることができる。まずルートについて、「越後の方へ一里半入て裏山道　戸隠おうら山というなり、

左へ入なり」とあり[41]、越後道を進み奥院の入り口を過ぎた現在のキャンプ場付近から裏山に向かったようである。入山後については「戸隠御裏山」の項を立て、

　　乙妻山・高妻山是を劔の峯といふ、又両界山とも称す、金胎部の曼陀羅を地に敷たるを以て名とすぞ、故に参詣の輩此登口にて草履を替る、いつの頃よりか道通に十三仏を置て順路を示す、各青銅仏にて不動尊のみ石像なり、例年六月朔日より七月晦日までを御山明とて登山をゆるす

と記している[42]。裏山の二つの山を金剛界と胎蔵界の曼陀羅に重ねて、登り口で草履を替えることで俗から聖への転換を実感したのであろう。前出の絵図に描かれた小規模な建物には青銅製の仏像が安置されていた。また、「投の松」の項には

　　五葉にて葉短し、地蔵の辺より始りて奥へ続き、七谷に延わたりて繁茂し、蔓の如く其本を知ることなし、登山の輩ハ此葉を採て帰る、難産並歯の痛等に効能著しと也

とあり[43]、十三仏信仰以外の民間信仰も紹介されている。さらに「古池」と「礼盤石」の項には

　　登山者の多くハ中院まで日帰にする、もし嶺に通夜の輩ハ礼盤石より小池の弁天迄帰て、池水にて粥を焚く、薪にハ投の松を手折て用ゆと云、昔は此所に籠屋ありしが、雪に潰れて今ハなし、（中略）礼盤石　大日の側にあり、虚空蔵までハ行難し、此所にて谷を隔て、八尺の円鏡曼陀羅岩を拝む、礼盤石にて行止りなり

とあり[44]、その日のうちに宿坊に帰る行程をとる参詣者が多かったことがわかる。かつて参籠のための建物があったことや、炊飯の水が確保できる弁財天の付近で宿泊する人もあったようである。絵図には虚空蔵菩薩を祀る小屋が描かれているが、実際には大日如来を祀る小屋の横にある礼盤石から谷を隔てて置かれている大型の鏡や曼陀羅岩に手を合わせた。そこは略絵図に描かれている三尊が来迎する場所である。

「惣略絵図」と『善光寺道名所図会』から得られる情報は、近世に戸隠を訪れた参詣者のうち6月と7月の2か月間には、かなりの数の人びとが裏山にも足を延ばしたことを示している。その案内役をしたのは衆徒の支配下にあった「両界山山伏」で[45]、戸隠の裏山への参詣者が宿坊の経営にも大きな貢献をしたはずである。

このように『善光寺道名所図会』の記事と略絵図の描写が一致し、両資料が参詣者のガイドブックとして、また新たに参詣者を誘う役割を果たしていたことがわかる。

5-3　オクの広がり

元禄14年（1701）に当時の別当見雄が「両界山参詣掟条々」を定めた。「両界山」とは乙妻山と高妻山を指し、その内容は参詣者が戸隠山にのぼる際の潔斎や、「山関札」と呼ばれた手形、登拝できる期間、宿は三院の中から参詣者が自由に選べること、山の案内者は三院の神前に参詣させることなどである[46]。

明治30年代に発行された「信州戸隠山惣略図」と「国幣小社戸隠神社御境内図」にも詳細な裏山の情報が描かれており、裏山への参詣は近代以後も継続し、その需要に対応するガイドブックが求められたと思われる。ただし明治維新の神仏分離令を反映して、明治前期の「信州戸隠山略図」には十三仏の名称はなく小屋だけが描かれている。さらに明治30年代の絵図には「不動」が「風穴」、「シャカ」が「祓戸」になるな

写真15　十三仏の小屋だけ描かれた明治前期の「信州戸隠山略図」

ど仏教色が一掃されている。十三仏信仰の伝承はなく、明治に衰退消滅したと思われる。

　18世紀の初めから近代にかけて、戸隠の裏山に多くの参詣者が登拝した事実は、クチからみてオクの戸隠山のさらに奥に宗教空間が広がっていたことを示している。戸隠山に隠れて見えないが、裏山が創出する精神的なオクの広がりといえよう。

　戸隠山は修験の聖地として知られたが、オクの広がりを獲得することで先祖供養に基づく民俗信仰の聖地にもなったのである。

むすび

　戸隠山は、古来水神の鎮まる霊地として農民の信仰を受け、中世には修験の道場、さらに近世・近代にかけてはその裏山が先祖崇拝の場になり、多くの参詣者を集めてきた。これらの信仰が重層的に存続してきた歴史が、現代のパワースポットにつながっているといえよう。

　宿坊を中心に発展してきた麓の集落も、山伏を配下においた修験の寺

写真16　仏教色が一掃された明治30年の「信州戸隠山惣略図」

写真17　明治33年の「国幣小社戸隠神社御境内図」

院の形態をとりながら柔軟に対応してきた。奥院・中院・宝光院に属する宿坊や農民、職人は、門前町を形成する過程においてそれぞれのエリアでさらに細分化されたクチ―オクの秩序を創出した。

　一方、参詣者の視点で考えると、善光寺の奥に広がる、戸隠山を中心とした奥行きのある宗教的空間が魅力であった。ここに善光寺をクチ（厳密には一の鳥居）、戸隠山さらにその裏山をオクとする、明確なクチ―オクの秩序を見出すことができる。

　またオクの象徴である戸隠山には、山中を母の胎内とみなす修験道の理念に基づく女性原理も見ることができる。水神である九頭龍神が本地垂迹説に基づいて弁財天の姿で曼荼羅に表現されたとき、さらに女性原理が強化されたことだろう。

　このような構造が、全国に分布する山を中心とする聖地に広くみられると考えている。

　本稿をまとめるにあたって、戸隠中社・宝光社地区まちづくり協議会の越志徳門会長に古道の案内や史料の紹介など大変お世話になりました。また絵図の供覧について、長野県立歴史館から多大な協力を得ました。深く感謝します。

注
1）森隆男『クチとオク―住まいの民俗学的研究の一視座―』清文堂　2017
2）森隆男「神社が創出する集落空間の秩序―丹波市青垣町今出地区の事例を中心に―」『関西大学東西学術研究所紀要』第49輯　2016
3）『戸隠―伝統的建造物群保存対策調査報告書』19頁　長野市教育委員会　2016
4）前掲3）21頁
5）堀井謙一『古道を歩く―戸隠神社五社めぐり』　信濃毎日新聞社　2013
6）「戸隠山顕光寺流記」『新編信濃史料叢書』第14巻　信濃史料刊行会　1971
7）前掲5）125頁
8）『図録　戸隠信仰の世界』75頁　戸隠神社　2003
9）『戸隠信仰の歴史』戸隠神社　1997

10）前掲3）15頁
11）前掲3）23頁
12）前掲3）29頁
13）前掲3）30頁
14）岩鼻通明『出羽三山―山岳信仰の歴史を歩く』13頁　岩波書店　2017
15）前掲3）15頁
16）宮家準『修験道の地域的展開』535頁　春秋社　2012
17）前掲3）20頁
18）『戸隠信仰の諸相』328頁　戸隠神社　2015
19）『善光寺名所図会』巻之四　250頁　臨川書店　1998
20）和歌森太郎『山岳宗教史叢書』236頁　名著出版　1975
21）戸隠神社から印刷物として発行・頒布されている。院号が現在のものと一致
　　し、作成年代は天明元年（1781）以降とされている（前掲3）42頁）。
22）前掲9）88頁
23）前掲18）328頁
24）前掲3）224〜225頁
25）「天保分限帳」『新編信濃史料叢書』第14巻　信濃史料刊行会　1971
26）前掲19）246頁
27）「彼所結界地、女人削跡」の文言がある（前掲6）174頁）
28）西口順子『女の力―古代の女性と仏教』140頁　平凡社　1987
29）『和漢三才図絵』下巻　844頁　東京美術　1970
30）前掲19）250頁
31）前掲9）178頁
32）前掲9）178頁
33）宮田登『山と里の信仰史』109頁　吉川弘文館　1993
34）前掲18）284頁
35）前掲9）178頁
36）近藤直也は、マタギなど山を生業の場にする人々にとって山の神は危険から
　　身を守ってくれる女神であるとし、里に住む妻とは対立する存在であると論じ
　　た（近藤直也『穢れとしての花嫁』79〜101頁　創元社　1997）。
37）宮田登「霊山信仰と縁起」桜井徳太郎他編『寺社縁起』509頁　岩波書店
　　1975
38）牛山佳幸『小さき社の列島史』155頁　平凡社　2000
39）鈴木正崇『山岳信仰―日本文化の根底を探る』62頁　中央公論社　2015
40）前掲9）巻頭写真
41）前掲19）246頁
42）前掲19）252頁
43）前掲19）252頁
44）前掲19）252頁

45）前掲3）15頁
46）米山一政「戸隠修験の変遷」『山岳宗教史叢書9　富士御嶽と中部霊山』
　　324頁　名著出版　1978

日本のクジラ文化と聖俗

茶 谷 まりえ

1　はじめに ── これまでの研究 ──

　本年7月、30年の年月を経て商業捕鯨が再開され、日本の捕鯨史は新たな局面を迎えた。このことにより、多かれ少なかれ食文化への影響は予想される。しかしながら、捕鯨によって築かれてきた文化や自然観、信仰といった目に見えない部分が今後どのように受け継がれていくのか、変わっていくのかは未知数である。本稿では、これまでの発表・報告書をもとに、あらためてクジラが人々にもたらしたものについて "聖" と "俗" という視点から考える。

　まずは、これまで私が比較信仰文化研究班でおこなってきた発表を順番に整理したい。初めにおこなった「日本の捕鯨における "聖なる空間" に関する考察」（2014年9月26日）では、各地に残る捕鯨にまつわる場所や道具、史資料などの "ハード" と、海やクジラへの信仰・言い伝えなどの "ソフト" を一連の「捕鯨遺産」ととらえ、それらの伝承の在り方と山口県の萩と長門のエビス信仰にまつわる事例から、捕鯨における "聖なる空間" について考察した。

　次に、「クジラとイルカをめぐる祈りのかたち ── 日本の事例から ── 」（2015年12月11日）では、静岡県西伊豆町・安良里地区での事例をもとに、クジラ漁とイルカ漁における文化、特に漁法やその結果として生まれた習俗の比較を通して信仰や精神面に与えた影響＝「祈りのかたち」

「聖なる空間」「聖なるもの」について考察した。しかし、聖俗の切り替えはどのように生じるのかという新しい疑問が生じた。そのことについて考察したのが「捕鯨にまつわる"空間"の実用性と神秘性」（2016年6月15日）で、捕鯨に関わる場所・施設・物を聖俗に分け、その中間、つまり聖でも俗でもない、あるいは聖と俗が交わったり切り替わったりする瞬間に着目した。そして、最後には「クジラの利用と信仰について── 江戸時代の書物に見るクジラと日本人の関わり ──」（2019年1月28日）と題して材質としての利用の実例としてクジラのヒゲが使われた提灯を挙げ、事例報告とした。

　次章では、これまでの調査・研究で明らかになったことをもとに、捕鯨を中心とした海の聖俗についてあらためて考える。

2　捕鯨にまつわる空間
── 海の聖俗に関する再考察 ──

2-1　「ヱビス」をめぐるモノ

　世界には様々な聖地がある。とりわけ日本には太古より八百万の神々が存在し、その中でも海には多数の神々の複雑な棲み分けがある。海に生きる人々にとっての「聖なる空間」は実に多様である。例えば、寺社へは寄進や踊りや歌などを奉納し、漁に関係の深い場所などには祠を設けて豊漁を祈願する。一方、船上には航海の守り神としてフナダマを祀り、海を司る神としてヱビスや龍神を崇める。そして、それらは複雑に、しかし衝突することなく人々のくらしになじんでいるのだ。

　では、なぜそのような入り組んだ関係性が生まれたのか。また、聖と俗はどこでどのようにして切り替わるのだろうか。その疑問については「聖俗の『スイッチ』としてのヱビス信仰に関する考察」[1]でも山口県の長門市・萩市でのヱビス信仰にまつわる事例と窯元でのヱビス信仰の事

写真1　ヱビスバン

例を挙げて考察した。漁業に携わる人々にとってヱビスは最も身近な神
のひとつと言える。巨万の富をもたらす商売繁盛の神として広く崇めら
れてきた。また、海だけにとどまらず、非常に身近な存在として様々な
商売・生業に従事する人々にも信仰されてきたのである。
　海の聖俗を考えるための例としてまず挙げるのは、通^{かよい}（山口県長門市）
の「ヱビスバン」である。（写真1）これは舳先に取り付ける「お守り」
のような木製の板で、やや湾曲した長方形の板（長さ約30cm、厚み約
2cm）と台形の板でできている。一説によると魔除けや航海安全を祈願
したものであるというが、具体的な由来や使用方法、使用年代に関する
記録は見つかっておらず、詳細は全く不明であった。しかし、『北浦捕
鯨物語』[2]によると、ヱビスバンは「恵美須板」と表記され、勢子船（ク
ジラを網に追い込み、銛を打つ役割を持つ刃刺^{はざし}が乗る船）の「座の間」
という一段低くなった空間に設けられていたものであることがわかる。
さらに、木製の和船による網取り捕鯨がおこなわれていた1670年代に
使用されていたことも証明できる。また、同書には恵美須板の説明とし
て「刃刺の名書札」という注釈が添えられている。筆者の調査（2013
年12月実施）によると、台形の板に釘で打ち付けられた薄い板には「住

吉」や「安全祈願」といった墨書が認められた。さらに、板の隙間には紙片の残存が確認できた。これらのことから、薄い板はいわゆる「お札」であり、その上に刃刺の名を記した紙が貼られていたと考えられる。舳先に魔除けとなるものを設ける文化は世界中に認められるが、捕鯨船における座の間は、刃刺が銛を打ち込むために控える空間であり、言わばクジラを仕留められるかどうかの明暗を分かつ特に重要な空間なのである。その空間にヱビスを祀るということは、豊漁や航海安全への祈願の根本に海へ接触することに対する畏怖心が存在したということを意味していると考えられる。このことを裏付ける根拠として、前述の史料において旦那船には勢子船と同じように恵美須板の挿絵が描かれているのに対し、網船には認められないということが挙げられる。旦那船はクジラの動きを封じる網を海へ投じる役割の者たちが乗り込む船であり、勢子船と違い刃刺は乗らないのである。しかし、両者は海へ直に接触する役割を持つ者が乗る船という共通点を持つ。これは、この地域の捕鯨、あるいは漁全般における海に対する観念を端的に示しているものと考える。萩・長門に見られる海に関する神への信仰を整理すると、大きく分けてフナダマサマ、龍神、ヱビスに対する信仰が認められる。フナダマサマは船に宿るとされ、航海の安全、つまり船上や陸地を含む海面よりも上の空間を司るものと考えられる。龍神、水神、海神は、「刃物を海へ落とすと海底に刺さって神様の怒りを買う」という伝承が認められることなどからも海底を司ると言える。そしてヱビスはその間、つまり海面から海底までの間の空間を司る神なのである。そのため、海中に生息する魚介をもたらす、すなわち豊漁の神として漁民の信仰対象になったものと推察される。

　ヱビスバンの事例に戻ると、ヱビスバンは現在では魔除けや航海安全を願った呪物のひとつとされている。しかし、仮に魔除けや航海安全のための呪物であったとすれば、すべての船に設けられているはずである。また、お札に刃刺のみの名を書いた紙を貼るというのも不自然である。

これらのことを踏まえると、エビスバンにはもともと海への畏怖、そして豊漁の神であるエビスの神通力に働きかける役割があったと考えられる。なお、エビスバンは他の漁船には用いられず、捕鯨船にのみ用いられていたという。このことからも、通における捕鯨には、他の漁業とは異なる独自の世界観が存在していたことがわかる。『鯨史稿』の「巻之五」においても、大槻清準は捕鯨の舟に描かれた派手な模様はクジラを威嚇する目的があると記している。現在は、舟の模様は漁師たちの気持ちを高揚させる目的があったとする説が一般的である、しかし、捕鯨に用いられた舟にはもともと実用性と装飾性・呪術性が混在していたことがわかる。

　これまで述べた事例は、「エビスがクジラをもたらす」という考えに基づく。しかし、地域によってはクジラそのものを信仰の対象としていたり、クジラがエビスを運んでくるという言い伝えにより捕獲してはならないとしていたり、エビスとクジラの関係は非常に複雑である。また、海だけでなく、山間部でのクジラの信仰、特に重労働に従事する人々とクジラの関係についてもふれておきたい。山間部における塩クジラ（塩漬けのクジラ肉）の流通、および炭坑労働者と塩クジラとの関係についてはこれまでも述べてきたが[3]、これは過酷な労働が極度の身体の疲労を起こし、大量の発汗をともなうことが影響している。漁業や鉱業、林業、窯業などもまた、命の危険にさらされるような環境での作業を余儀なくされる場合が多い労働である。そのため、タンパク質や塩分の摂取が重要であり、塩魚より安価な塩クジラは重宝された。

　窯元における信仰については後で述べるが、萩のように海に面し漁業も交通網も発達した地域では、豊富な魚介類が手に入る。そのため、長距離の運搬や長期の保存を念頭に置いて作られる塩クジラなどの塩魚が特別に珍重されるということは無かったようである。儀礼や信仰の中で意識的にクジラ肉を食べるということも無かったようだが、年越しや節分の日にクジラを食べるという風習は認められる。これは節目の機会に

大きな物を食べると大物になれるという言い伝えによるもののようだが、年越しや節分などは、謂わば時間軸上の"境界"に接するタイミングである。そこでのクジラは非常に象徴的な役割を持っており、人々にとってクジラがどのような存在であったかを示している。

　山間部でのクジラ肉の流通は、文化の広がりや交わりを考える上で極めて重要な事例であると考える。『山と海の文化接触』[4]における金谷匡人氏の指摘によると、海に関する信仰が山へ伝播していくという現象には、漁民が本来的に山への信仰を持っていることが関係しているという。もちろん、そこには人や物の移動による"媒体"が不可欠だが、海と山の双方にそれぞれを受容する素地が整っていたことは大きな要因だったと考える。

　捕鯨は他の漁に比べて膨大な資金と施設、道具、人員を必要とするため、巻き込む範囲も自然と大きくなる。クジラ文化の最大の特徴は、直接的に捕鯨をおこなっていない地域にまで広く浸透していったという点にある。その結果として、各地で多様な文化が育まれたのである。つまり、海での事例だけを見ていてもその本質や意義はわからないのだ。

2-2　「ヱビス」をめぐる人々

　ヱビスにまつわる2つ目の事例として、萩焼の窯元におけるヱビス信仰を挙げる。この地域の捕鯨拠点となっていた青海島は長門市に属すが、その隣地である萩市は古くから窯業で栄えてきた町である。特に、茶の湯の世界では「一楽、二萩、三唐津」と謳われるなど、焼き物の一大産地として広く知られている。現在では、萩市・松本川流域と長門市・深川川流域に分かれ、それぞれ松本焼と深川焼という2つの大きな系統のなかでそれぞれの伝統を受け継いでいる。

　ここで着目したのは、松本と深川それぞれの窯元における陶工儀礼である。特に、火入れの儀式におけるヱビスの位置づけについて述べるこ

ととする。なお、筆者が聴き取り調査（2013年12月実施）をおこなっ
たのは、松本の坂高麗左衛門窯（坂窯）と三輪窯、深川の田原陶兵衛窯
（田原窯）、坂倉新兵衛窯（坂倉窯）を中心とした10軒の窯元である（萩
焼の略史については、「聖俗の『スイッチ』としてのエビス信仰に関す
る考察」を参照）。

　まずは、あらためて萩焼の製作工程について整理したい。呼称などに
差異はあるだろうが、作業は大きく分けて採土、原土の乾燥、土漉し
（水簸）、乾燥、土踏み、土揉み、成形、素焼き・乾燥、釉掛け、窯詰め、
窯焚き、窯出しから成る。そのなかでも、本稿で着目したのは窯焚きの
最初におこなう儀式である「火入れ」である。なぜなら、この火入れは
エビスと深い関わりを持つためである。そのため、前述の窯元への調査
では火入れのしきたりや信仰を中心に聴き取りをおこなった（それぞれ
の窯元での聞き取り調査内容は同書に掲載）。

　筆者がおこなった聴き取り調査で得られた情報を整理・分析すると、
エビスに関する風習を持つ窯元は、現時点では坂窯と田原窯の2ヶ所で
ある。松本で坂窯と双璧をなす古窯が三輪窯であるが、同窯は奈良県の
三輪地方にルーツを持つ。そのため、三輪窯では、エビスではなく登り
窯の裏山に設けられている先祖代々の墓の隣に三輪神社から授かった鳥
居を祀っていた。現在ではその鳥居は失われているが、窯の裏山を重視
しているという点では坂窯と共通している。なお、三輪窯の登り窯の正
面左奥には「カマガミサマ」の祠が設けられているが、2013年12月の
聞き取り調査の時点で、祠の中は空になっているという。比較的新しい
窯元でも、登り窯の大口の上に台状の凹み、木製や陶製の板が設けられ
ており、御神酒用の徳利と盛り塩用の小さな皿が供えられている。これ
らは窯の神やその地域の氏神を祀ったものであるという。しかし、少な
くとも開窯350年を超える窯元には登り窯の裏山に祠が認められた。こ
れらは、いずれも山のエネルギーを登り窯に導く風水的な発想による配
置と考えられるが、古くは共有の窯を用いていた深川では火入れの度に

35

祠へ詣るというしきたりは無いものの、4 軒の窯元が持ち回りで当屋を務める陶工儀礼（10 月 20 日のエビスの日に執行）の際に本窯跡の上に祀られた「ヱビス堂」と呼ばれる石の祠へ参拝し、長門の飯山八幡宮から宮司を招いて祭事を執行する。その後、会食をおこなうという。この行事は『萩焼古窯』[5]では「恵比寿祭」、他では「恵美寿祭り」という表記も確認できるが、筆者が聴き取り調査をおこなった窯元ではいずれも「カママツリ」と呼ばれている。

　窯業には"節目"となる儀礼がいくつかあり、そのひとつがカママツリである。陶祖への敬意を込めて窯業の繁栄と先祖供養を祈願する儀礼であるというが、持ち回りで 1 つの祠を祀るという点は、窯を共有していた深川の窯元ならではの儀礼と言える。ヱビス堂の創建年は不明であるが、現存する当屋帳に記された最古の記録である大正 7 年（1918）の記述を見ると、もとは陶祖を祀る「元祖祭り」という儀礼が別におこなわれていたのが、いつからか恵美須祭りと統合されて現在に至るものとされている。松本地区の窯元にカママツリは認められないが、大きな節目になるのが火入れ式なのである。火入れ式は、窯によって多少の差異はあるだろうが、これまでの報告をまとめると、概ね以下の順で執り行われる。窯の各室に作品を詰め終わると、大口（胴木窯）から灰窯（一軒）、二軒、三軒、クリカン（最後尾の室）の順に焚き口を閉め、掃き清めた火口の焚き口の上に盛り塩をする。盛り塩は、塩を三つ指で摘んで火口の上に横に一直線に 3 つ盛る。その後、柏手を打って拝み、大口の焚き口から火をつける。次に、左または右横にある灰窯の焚き口に回り火をつける。その際、薪を 1 本投げ込みながら「トーエビス」と 3 回唱える。さらに二軒、三軒と点火の際にそれぞれ 3 回ずつ唱えるため、一度の火入れ式で合計 9 回唱えることになる。最後にクリカンの窯に火を入れ終わると、大口の焚き口の上の盛り塩の後ろに御神酒の徳利を供え、柏手を打つ。現在では変化しているところも多いだろうが、火入れ式はそもそも女人禁制とされていた。

　ここで特筆すべきは「トーエビス」という文言である。これは、焼成の成功をエビスに祈願する言葉であるとされてきたが、その起源や由来は明らかになっていなかった。しかし、この言葉が古くから用いられてきたところがある。それが萩・長門の漁業なのである。同所では、この言葉は漁具を海に投じる際や船を海に出す際など、海と接触する瞬間にその都度発せられる。通での捕鯨においても、網立てやクジラを引き揚げる作業の息を合わせるための掛け声として用いられてきた。その言葉が、萩の陶工儀礼のなかで用いられているのである。この事例は、漁業と窯業の密接な関係を示唆していると考えて間違いないだろう。

　萩・長門エリアの漁業における「トーエビス」は、現在では漁における作業の息を合わせる掛け声のひとつとして認識されているようである。そのため、激しい勢いが加わった「トー」の強調、「トーテベス」や「トーテビス」といった変化が認められる。一方、窯業における「トーエビス」は、火入れの際につぶやくようにくり返し唱えるものである。そのため、窯業から漁業へ伝わった言葉とは考えにくい。

　筆者の調査のなかで、「トーエビス」という言葉は、もともと漁業における作業の中でも特に、"まさに海へ接触するという瞬間"に用いられる言葉であるという証言を得ることができた。これは極めて重要な証言である。特に着目したいのが、窯業において、窯焚きの最初の儀式である火入れ式の、特に"まさに火を入れる瞬間"に「トーエビス」という言葉が用いられるという点である。これは、漁業における海への接触と同じように、火にふれる瞬間を極めて重要視していたということの表れである。さらに、登り窯の裏山を特別な空間として捉えることの背景には、風水思想以前からの自然崇拝があるのではないだろうか。

　上記のことから見えてきた漁業と窯業の共通点は、異界、すなわち人智や計算の及ばないものへの"働きかけ"である。つまり、漁業においては海（海面）、窯業においては火（焚き口）を一種の境界と捉え、畏怖心を持って接していたものと考えられる。さらに、単にふれるだけで

なく、肝心なのは御利益を受けることである。すなわち、漁業において
は豊漁、窯業においては焼成の成功なのである。これまでも述べてきた
ように、漁業とヱビス信仰は現在でも広く認められる。一方、窯元で焼
成の成功が願われることもまた同様である。科学の発達した現在もなお、
人は自然の力を完全にコントロールすることはできない。そのためなの
か、萩では比較的新しい窯元を含めたいずれの窯元でも窯業に関して何
らかの信仰を持っている。萩焼の祖・李敬の直系の窯元である坂窯にヱ
ビス堂が設けられており、同じく萩焼の祖・李勺光の直系の窯元・坂倉
窯が主体となって管理する深川の旧共同窯にもヱビス堂が設けられてい
るということは、元来、窯業とヱビス信仰が極めて密接な関係にあった
ということを示している。しかし、その多くが今ではヱビスや陶祖では
なく窯の神を祀るものへと変容・統合されているようである。

　古谷道生氏は『穴窯』[6]のなかで、窯業における火入れのしきたりは
作り手にとって、それまでの作業を振り返り、心身を清める儀式である
と指摘している。また、捕鯨においても、通では出漁に際して、漁師た
ちは瀬戸の観音堂の前を舟で通り掛かる瞬間に「トーヱビス」という言
葉を唱えて身を清め、気持ちを一つにしたという。異界への接触は、同
時に、自省や鼓舞といった自らの心へ働きかける契機でもあったのだろ
う。形は違うが、前項で挙げたヱビスバンとトーヱビスという言葉は、
実は同じ役割を持っているのかも知れない。

2-3　聖俗の「スイッチ」と「距離」の関係性

　筆者は、2016 年 6 月の発表において、捕鯨における聖俗の切り替わ
りがどこで、あるいはいつ起こるのかについて考察した。漁とはくらし
の糧を生み出すものであり、生活に直結する空間である。実用性によっ
て築かれる "俗" なるもの、例えば山見（見張り小屋）や納屋場（解体
や加工のための作業小屋）、網小屋（漁具の収納庫）、狼煙台（クジラの

発見や位置を伝える設備を持つ施設）、納屋場付近の引き揚げ場、漁を
する時の目印になる山や岩などが挙げられる。一方、"聖"なる場所と
は人智の及ばない場所や時間、つまり神につながる空間である。例を挙
げると、出漁と帰漁の際に前を通る時に拝む岩、舟や漁具を海に入れる
時に言葉を唱える習わし、大漁を祈る歌や祭りを奉納する際の場所、ク
ジラを供養・埋葬するための設備などである。聖俗どちらにも共通する
ことであるが、目に見えるものと見えないものがあり、何らかの「スイ
ッチ」により切り替わるものである。そのスイッチもまた、物理的なも
のと精神的なものがある。また、流動的で曖昧なものでもある。

　前章でも述べた通り、海では多数の神々が信仰され、海そのものが"聖
なる空間"と言える。「異界」である海中、そして「境界」である海面
は聖なる空間へのスイッチである。そこは重要であるとともに危険を伴
い、だからこそ様々なかたちの祈りや魔除けが生まれた。また、海底・
海中・海面を司るたくさんの神々が篤く崇拝されてきたのである。

　ところが、2018 年 8 月に青森で聞き取り調査をおこなった際、これ
までの海の信仰への考え方が大きく揺らいだ。これまでの調査・研究で
対象にしてきた海はおもに沖合で、特に捕鯨のような大規模な漁業に関
することだった。一方、調査をおこなったのは東津軽郡今別町の浜名と
いう集落で、ワカメやコンブ、テングサ、エゴ、アワビ、ウニ、ナマコ
など豊富な海の幸を有し、ヤリイカやモズクなどの磯漁が盛んな地域で
ある。三厩湾を見渡す町の西端の高台には浜名神社があり、寛文 8 年
（1668）の開創と伝わり、五穀豊穣を司る保食神を祭神としている。地
域の人々が浜名稲荷神社を訪れるのは、大きな行事では春の祭礼と秋の
祭礼、他には船の安全祈願として船の名前を書いて奉納したり、田畑の
豊作を祈ったり、祠に祀っている山の神の祭礼をおこなったり、正月に
詣ったりする、地域の人々の"心の拠り所"になっている。しかしなが
ら、浜名稲荷で家内安全や病気平癒を祈る時に訪れることはなく、離れ
た今別八幡宮がその役割を担ってきたという。

本殿の中には、中央に祭神、その向かって左に龍神、右に獅子頭を祀った神棚が配置されている。その周りには、鈴緒を模した奉納品や船絵馬などが飾られていて、古いものでは明治42年10月奉納の額が確認できた。

　船絵馬には、自分の船を描き、奉納者の名前や居住地などを記される場合が多く、専門の職人に製作を依頼することが多かったようである。奉納者や製作者の情報に加え、写実的な絵は当時の様子を知ることができる貴重な資料と言える。「青森県の船絵馬」[7]において、昆政明氏は、船絵馬の多くが北陸から北海道にかけての日本海沿岸地域に残っていることを指摘している。青森県内で確認されている約500点の船絵馬の多くは西海岸地方・津軽半島・下北半島沿岸に残っているということだが、これは、北前船の起点である大阪（大坂）で多くの船絵馬の職人が活躍していたことが関係していると考えられている。北前船の主要な寄港地である今別も例外ではなく、袰月稲荷には明治時代の船絵馬が30点、年代不明のものが12点残されているという。

　一方、浜名稲荷神社に残る船絵馬は、絵画ではなく立体的なデザインであるという特徴がある。明治42年の額には波に踊る鯛が彫られ、大正4年に奉納された2点の船絵馬には大型の帆船がデザインされている。かつては浜名にも北海道にニシン漁の漁場を持つ家があったそうだが、これらの奉納品が製作された背景や何の漁で使われた船を描いたものなのかは不明である。しかしながら、これらの資料からは、現在の漁では見られない信仰のかたちが窺える。同時に、病気平癒・家内安全・厄除けなどの"個人"の拠り所としての役割が大きい今別八幡宮とは対照的に、浜名稲荷は豊漁・豊作といった"集団"における祈願を担う存在だったと考えられる。そして、その背景には実にたくさんの人とモノが行き交っていたのだ。

　話は少し逸れるが、浜名の独特の空間認識について書き留めておきたい。浜名には、「下（町）」「中（町）」「上（町）」という集落内の分け方

があるようだが、さらに、「サキ（ミサキ）」という空間が存在する。地域の漁師によると「サキ」というのはマグロの漁場やコンブの干し場、また北海道へ出稼ぎに行く人が米を持って行って道産の物と交換したりする場所になっていたところを指すようである。また、60年以上前には、村境に地蔵と一緒に木柱のマニ車があったといい、生活の中で"境目"が強く意識されていたことがわかる。

　しかし、この調査の中で特筆すべきは磯漁の信仰についてである。前述のように、海には多数の神々が存在する。そして、海底、海中、海面、海上と複雑な棲み分けがある。神を崇め、自然を畏れ、海の信仰はそのようなものであるとされてきた。しかし、陸から近い距離で漁をおこなう磯漁における信仰は実にシンプルである。海の神々の棲み分けはもちろん、ヱビスへの信仰も無く、地域の神社に漁の安全を祈願する他は豊漁祈願の儀礼も無いという。前で述べた船絵馬はいずれもかつておこなわれていた遠方での大型船を用いた漁に携わる関係者が奉納したもので、磯漁の安全や豊漁を祈願したものは見られなかった。他の地域や古い時代における信仰の状況は引き続き調査だが、海の信仰の成り立ちには"縦方向"だけでなく、"横方向"の視点も非常に重要なのではないかと考える。つまり、陸から漁場までの距離感である。物理的な距離はもちろんだが、沖へ出るほど命の危険にさらされる可能性は高くなり、漁の規模の拡大や組織化が進むとその影響を受ける人数も増える。その結果、必然的に精神面への影響や生活の中での存在感も大きくなる。一方、磯漁がおこなわれるのは陸から近い距離で、漁獲対象は目視できる範囲にある。また、基本的に単独（または数名）でおこなわれる漁である。このことは、おそらく磯漁と信仰の関係を探る上で重要な手がかりになるものと考える。

　前述の内容を整理すると、「聖なる空間」は人智の及ばないところに生じるものである。沖と磯を見比べると、「海中」「海面」「海底」といった定義の中にもさらに縦横に秩序が存在することがわかった。磯が神

の存在しない空間とされているのか、あるいは「海」の一部として包括的に崇められているのか考えるにはさらなる事例の収集と分析を要する。しかしながら、上記の一例を見ても、広く知られている「海の信仰」がいかに断片的で画一化されたものであるかが窺える。同時に、信仰とは非常に現実的なものであるようだ。

　他に例を挙げると、山口県長門市の通にはクジラを捕獲した時に浜辺でおこなわれたという豊漁祝いの舞いと唄が伝わるが、鯨組の末裔の方によると、実際には漁の直後の寒さに震え、体力を奪われた状態のまま浜辺で舞いをおこなうことはなく、機を改めて地域の寺を訪れた際におこなうというのが元の姿であったそうだ。儀式化され、さらにメディア等で取り上げられる中で姿が変わっていったようだが、信仰とは本来、もっと自然とそこにあるものなのではないだろうか。

3　海から山へもたらされたもの

3-1　「神」から「資源」へ

　ここまでは信仰について考えてきたが、本章ではより日常における事例を通して、日本におけるクジラ文化の発展と「素材」としての利用の展開からクジラが人々のくらしと心に与えた影響を考えたい。

　クジラには、大きく分けてマッコウクジラを代表とする「歯クジラ」と、ナガスクジラやセミクジラをはじめとする「ヒゲクジラ」の2種類がある。四方を海に囲まれた日本列島には多数のクジラが黒潮に乗って回遊し、その肉は人々の胃袋を満たしてきた。

　和歌山県の太地を拠点に組織的な捕鯨、いわゆる「古式捕鯨」がおこなわれるようになったのは江戸時代初期のことである。これは、人力の舟でクジラを湾に追い込み、銛で突いて捕獲するというものだが、漁に

出る者だけでなく、肉を捌く・油を絞る・道具や舟の修理する・運搬する者など、実に多くの人々が関わる大規模な事業だったのだ。その結果、「クジラ1頭で7浦が潤う」という言い回しが生まれた。

　江戸時代を中心に一大捕鯨地として栄えた長崎県の生月島（現・平戸市）で天保3（1832）年に刊行された『勇魚取絵詞』という木版刷りの捕鯨図説がある。これには付録として『鯨肉調味方』という日本最古のクジラ料理専門書が添えられた。その中では、クジラの部位70種類の利用方法が細かく紹介されている。刺身や臓物をはじめとした、鮮度の高い状態の肉が手に入る捕鯨地ならではの調理方法である。加えて、骨であっても部位によっては長時間煮込んだり漬け込んだりすることで食用にできることも記されている。しかし、どうしても硬くて食用にできない骨は刻んで鯨油を搾り採り、残り粕は俵に詰めて田畑の肥料として諸国に販売したとある。可能な限りの利活用を図ろうとする、当時の人々の執念を感じる事例である。

　鯨油は古くから国内外で灯明油として重宝されてきたが、江戸時代にナタネ油やエゴマ油などの栽培技術が発達して植物性油が普及してからは次第に衰退していくことになる。鯨油の利用の衰退には、植物性のものに比べて臭いが強く、扱いが難しかったことも関係していると考えられる。

　しかしながら、鯨油が農業にもたらした影響は大きい。江戸時代の三大農学者の1人である大蔵永常（1768〜1861）は、文政9（1826）年に記した『除蝗録』の中でウンカ（稲に害を及ぼす虫全般の総称）駆除の農薬として鯨油を利用することを推奨している。これは、水を張った田んぼに鯨油を撒き、そこに竹の竿を使って稲を揺らして虫を落とし、油膜で動きを封じて気門をふさいだのち、水を抜いて取り去るというものである。古典的な方法ではあるが、絶大な効果を発揮し、飢饉・虫害による凶作に悩まされていた多くの農民たちを救済した。同書の挿絵には、油水を入れる桶や壺、竹筒、油を振り入れるためのシジミ貝を柄の

先に付けたさじ、虫を払い落とすための棒や箒、笹竹などが見られる。

　余談ながら、本草学者の貝原益軒は宝永7（1709）年に刊行された『大和本草』における「海鰌（クジラ）」の項目で、当初は鯨油だけを採取し肉や骨は廃棄していたと記していることも興味深い。加工・運搬技術が発達する前の日本においては、肉よりもむしろ油が重要な資源になっていたことが窺える。

3-2　道具になったクジラ

　日本の津々浦々を潤してきたのはクジラの肉や油だけではない。それらの副産物であるヒゲや歯は様々な工芸品や日用品に加工されてきた。中でも、美しい黄白色をしており適当な弾力性を持つナガスクジラのヒゲは特に重宝された。西洋では、傘の骨や女性のスカートをふんわりと保つために使われた「パニエ」、ペーパーナイフ、スクリムショー（ヒゲに絵を描いた飾り物）、硬質でツヤのある歯は彫刻や印鑑、服飾品、パイプなどの材料として利用された。一方、日本では江戸時代中頃からヒゲの加工が発達してきた。かんざし、茶托、菓子皿、せせり（火縄銃の掃除道具）、釣り竿、耳かき、まごの手、靴べらなど、ヒゲを用いた日用品は多岐にわたった。

　また、文楽人形や茶運び人形といった工芸品のバネやぜんまいにも応用された。『機工図彙』という書物を見てみよう。同書は寛政8（1796）年に刊行された機械技術の啓蒙書だが、その中では3種類の和時計と9種類の座敷からくり（室内で楽しむ機械仕掛けのおもちゃ）が掲載されている。詳細な構造図・設計図・部品図とともに、材質・寸法・組み立て方を図解しているのが特徴である。特筆すべきは、その中で度々登場する「鯨のひれ」という記述である。「ぜんまいは鯨のひれにて造るべし…」「糸は細きてぐすか、又は鯨のひれを細くするかして…」というように、複数のからくり細工に「鯨のひれ」が使われていた（推奨され

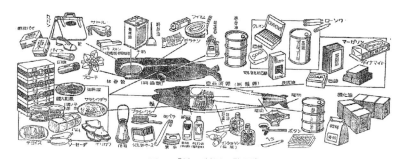

図1 「鯨の利用一覧図」
（『捕鯨附日本の遠洋漁業』前田敬治郎・寺岡義明／日本捕鯨協会／1952年）

ていた）ことが見て取れる。「ひれ」というのは恐らく「ひげ」のことであるが、その登場頻度を見てもからくり細工を動かすために欠かすことのできない存在であったことがわかるだろう。

　より身近な例を挙げると、クジラのヒゲが大きな役割を担ったのが提灯、特に「馬上提灯」と呼ばれるものである。これは別名を「馬提灯」「馬乗り提灯」とも言い、その名の通り武士が馬に乗る時に使われた提灯である。腰に差すことができるように長い柄が取り付けられており、木製の柄には黒漆が塗られている。柄の先端は鞘状になっており、その中には約20cmの部品が収納されている。この部品こそ、クジラのヒゲなのだ。これは、伸縮させて好みの長さに調節できるようになっており、激しい揺れを伴う馬上で少しでも灯りを安定させるために考え出された"免震装置"の役割を担っていたものと考えられる。クジラのヒゲは他の材質に類を見ない適度な柔軟性と強度を併せ持ち、加工にも適していた。

　しかしながら、昭和20年代になると、戦時中は軍事品に使われていたプラスチックが一般庶民の間にも広まり、その後の捕鯨規制も重なってクジラのヒゲは身近なものではなくなっていった。その結果なのか、クジラと人の関係は薄くなり、「ヒゲ」と「骨」の混同も多数見られる。馬上提灯を紹介している書籍を見ていると、ヒゲが使われている部位を「骨」としている事例も散見する。筆者は骨を使用している事例を未だ

図2　馬上提灯（民俗博物館蔵）　　　　図3　クジラのヒゲ（筆者蔵）

見たことがないが、中にはヒゲと骨を混同している例もあると考えられるため、今後の調査の中で確認していく必要がある。

　また、軟式テニスのラケット（ガット部分）にもクジラのヒゲが使われたとよく言われるが、実はヒゲ、ましてや骨ではなく「千筋」と呼ばれる脳の腱（骨と筋肉をつなぐ繊維の束）で、洗浄・乾燥させて束ねて縒り合わせたものである。ヒツジやウシの腸を使ったものと併せて高級品とされたが、雨に弱く切れやすいという難点があった。

　確かに、「ヒゲ」というと人間のヒゲのように細長くて白い糸のようなものが連想される。しかし、図3のように、黒くて硬質でありながら弾力のある板状の部分とその先に伸びる糸状の部分のどちらもヒゲなのである。軟式とは言え、糸状のヒゲにはテニスボールを受け止められるだけの丈夫さや伸縮性は無い。一方、縒り合わせた腱はヒゲに比べると強く、柔軟性も併せ持っていた。しかしながら、クジラのヒゲがプラスチックに取って代わられたように、クジラの腱もまたこの50年ほどの間にポリエステルやナイロンといった新しい素材に変化していくことになる。

4　むすびにかえて

　これまで述べてきたように、肉だけにとどまらず、クジラの歯やヒゲなどもまた非常に優れた素材として日本人のくらしを支えてきた。しかしながら、そのことに着目した研究は多くない。ヒゲや骨、歯、腱は「肉以外の部分」として一まとめに捉えられる傾向にある。その結果、道具の発達に与えた影響やその加工技術についてはあまり語られて来なかった。しかし、木や竹ほどは身近でないにもかかわらず"クジラでなければならなかった"理由こそ、道具を作る上でも使う上でも不可欠な要素だったのではないかと考える。このことは、日本のクジラ文化を探る上でも重要な手がかりになるだろう。そして、海から山へと伝わっていったものを通して、道具やくらしの歴史をより深く多角的に知ることができる。

　また、技術の発達に伴い、かつて崇められた神々は個性や多面性を失い、海の信仰は画一化されていった。その結果、クジラをめぐって築かれてきた信仰や自然観もほとんど消滅しつつある。絶妙なバランスで保たれてきた聖俗の区分や、流動的で曖昧なニュアンスを含む言葉や風習を伝えるのは有形資料を残すこと以上に困難だが、捕鯨が再開された今こそ、人々のくらしと心が投影された「捕鯨遺産」をどのように未来に残すことができるかは極めて重要な課題である。これから築かれていく新しい日本の捕鯨史を引き続き追っていきたい。

注
　1）茶谷まりえ「聖俗の『スイッチ』としてのエビス信仰に関する考察」（関西大学 東西学術研究所研究叢書第2号『祈りの場の諸相』新谷英治・編著　所収、ユニウス 2017）
　2）松村七楼『北浦捕鯨物語』（1984）
　3）茶谷まりえ『クジラが運んだ文化のかたち―捕鯨を介した交流―』（関西大

学東西学術研究所研究叢刊45『住まいと集落が語る風土―日本・琉球・朝鮮―』森隆男・編著　所収、関西大学出版部 2014）他
4)『地域文化研究』第 10 号（1995）、『山口県史』掲載。
5) 山口県教育委員会『萩焼古窯―発掘調査報告書―』（山口県埋蔵文化財調査報告書第 131 集、1990）
6) 古谷道生『穴窯―築窯と焼成―』（理工学社、1994）
7)「青森県の船絵馬」昆政明（『青森県立郷土館研究紀要第三十六号』所収／青森県立郷土館／2012）

参考文献

- 岸本充弘「山間部における鯨食文化発達の背景と地理的特性を探る―福岡県香春町の事例を中心に―」（『社会システム研究』第 6 号、北九州市立大学大学院社会システム研究科、2008）
- 岸本充弘『下関から見た福岡・博多の鯨産業文化史』（海鳥社、2011）
- 小島孝夫『クジラと日本人の物語―沿岸捕鯨再考―』（東京書店、2009）
- 小境卓治『台網から大敷網へ―富山湾の定置網の歴史と漁撈―』（日本海学研究叢書）
- 埼玉県文化団体連合会『灯火の歴史』（1965）
- 近藤勲『日本沿岸捕鯨の興亡』（山洋社、2001）
- 財団法人日本鯨類研究所『鯨研通信』（第 451 号、2011）
- 佐藤進三『陶器全集　第 21 巻　萩・上野・高取・薩摩』（平凡社、1961）
- 清水満幸『萩・北浦のクジラ文化』（「萩ものがたり」Vol.30、2011）
- 　〃　　「北浦の漁民信仰―萩市三見浦のフナダマ信仰について―」（『梅光女学院大学地域文化研究所紀要』11 号、1996）
- 　〃　　「長州・山口県の近代捕鯨」（『西日本文化』No.454、西日本文化協会、2011）
- 多田穂波『明治期 山口県捕鯨史の研究』（マツノ書店、1978）
- 谷川健一『農山漁民文化と民俗語』（日本民俗文化資料集成 16、三一書房、1995）
- 東京都江戸東京博物館『あかりの今昔―光と人の江戸東京史―』（1995）
- 徳見光三『長州捕鯨考』（「ふく笛」叢書第 1 号、関門民芸会、1957）
- 中里太郎右衛門『日本のやきもの 3 唐津』（淡交社、1986）
- 中園成生・安永浩『鯨取り絵物語』（弦書房、2009）
- 村上和夫『完訳からくり図彙』（並木書房、2014）

三角形と四角形のニンブス
——茨木市立文化財資料館の『七秘蹟と七美徳のある主の祈りの七祈願』をめぐって——

蜷 川 順 子

　茨木市立文化財資料館に保存されている『七秘蹟と七美徳のある主の祈りの七祈願』（以下、七祈願図と略）の銅版画シリーズについて、その元になるパリ本の図像構成や銘文から、本シリーズの着想は、ルネサンスや宗教改革を経たカトリック改革派によるものではないかと考えた[1]。ところで、主の祈りの冒頭が記された表紙において、損傷が激しい茨木本［図1］では確認しづらいが、パリ本［図2］では天にいる神のニンブスが三角形であることがはっきりと見て取れ、また、地上にいるイエ

図1　作者不詳『七秘蹟と七美徳がある主の祈りの七祈願』《表紙》銅版画　31.2×21.6cm　16世紀後半-17世紀前半　茨木市立文化財資料館　©茨木市立文化財資料館

図2　マテウス・グロイター原案『七秘蹟と七美徳がある主の祈りの七祈願』《表紙》銅版画　33.3×22.5cm　1598年　パリ国立図書館　©BnF

スのニンブスが四角形になっていることがわかる。ここでは、これらの珍しいニンブスの意味内容を検討することで、先に挙げた仮説の補強をめざしたい。

1　ニンブス

　ニンブス（ラテン語：雲）あるいはハローは光輪、円光、後光とも訳され、宗教美術において一般に、神または聖なる者の頭部を引き立たせるような光輝モティーフを指す。ホールによれば、キリスト教美術では5世紀頃に登場し、当初は三位一体の各位格と天使のみに限って用いられたが、やがて使徒や聖人らにまで適用されるようになった。また彼は、三角形のニンブスは三位一体の象徴で、父なる神に用いられ、四角形のニンブスはまだ存命中の教皇、皇帝、寄進者など聖俗双方の人物に使われたと述べている[2]。この叙述は、典型的な三位一体の形をとらない七祈願図の神につけられた三角形ニンブスに当てはまらず、イエスがつけている四角形のニンブスをも説明していない。

　ニンブスの起源について、タヴノール＝ペリーは、それがキリスト教成立よりはるか以前に東方で起こったとする見解や、ギリシャ人より前だった可能性を紹介しながら、ニンブスには非キリスト教的起源があり、神的存在がまとい、光輝を発する雲が芸術的に可視化された表現とするスミスの見解に与している[3]。こうした光の放射はまず太陽神に現れ、そこから他の尊格や英雄に簡単に応用されたとみなされる。たとえば、ニンブスのあるアレクサンドロス大王（在位 BC336-BC323）の頭部や、ローマのコロッセオにある、後に太陽としてのティトゥス帝（在位79-81）の肖像となる像につけられた、頭部から60センチ以上も突き出している七つの光線盤が挙げられている。さらに、かつては聖性よりも権力を象徴する性格が強かったとして、たとえば、ラヴェンナの聖ヴィタ

ーレ聖堂の内陣にモザイクで表
された、ユスティニアヌス帝
（在位527-565）の皇妃テオド
ラにつけられたニンブス［図3］
も、彼女の聖性というより権威
と力を表すものだとした。

図3　《皇妃テオドラのニンブス》サン・
ヴィターレ聖堂、ラヴェンナ

　このような太陽神に基づくと
するもの以外の説として、ギリ
シャ人が野外の彫像の頭部にお
いた鳥の糞除けの金属盤や、ア
ッシリアやペルシアで誉の印だ
った傘を起源とする説も挙げられているが、これらは後の1941年にラ
ムズダンによって否定されている[4]。

　非キリスト教的起源のあるニンブスは、キリスト教世界で用いられる
ようになる過程で、初期キリスト教時代には必ずしも含意しなかった聖
性の証へと変化していく。

2　三角形のニンブス

2-1　三角形に付与された意味[5]

　トイフェルによれば、旧石器時代には女性の恥部の表現であった三角
形を、ギリシャ人たちは、はじめは女性的原理、後には男性的原理とみ
なした。新石器時代以来、三角形はこのような原理に基づく宗教的記号
だったのである。紀元前4世紀頃、おそらくギリシャ人を通して三角形
のリンガ（サンスクリット：男根、シヴァの象徴）がインドに伝えられ、
民間信仰の中で大きな役割を果たした。三角形の護符はユーラシア大陸

全域に見られ、メソポタミアやエジプトでも、相応の文化的意味をもっていた。

　ギリシャにおいて三角形を学術的に活用し始めたのはピュタゴラス（BC570-BC496）である。彼は庇護を受けてエジプトに滞在している間に、直角三角形の直角を挟む二辺の、それぞれの二乗の和が斜辺の二乗と等しいことを認識した。おそらく辺の長さの比が３：４：５の直角三角形においてのみなされたこの発見は、ピュタゴラス学派の一員によってあらゆる直角三角形にとって有効であることが証明され、ピュタゴラスの定理として知られるようになった。ピュタゴラス派の三角形に関する発見は他にもあるが、彼らは三角形を哲学的に分析し、万有の形成原理と見なし、その幾何学的認識を宗教的秘密として扱った[6]。彼らの秩序にとって重要な 10 という数は、正三角形の三つの辺を三等分して得られる九つの点に重心を加えて得られる［図4］。彼らの考察は総じて規則的な身体に関係し、それを学んだプラトン（BC429-BC347）が、二つの三角形から五つのプラトン的身体（立体）を発展させた[7]。

　プラトンの考えでは、あらゆる物質の構造は三角形から成り立っており、五つのプラトン的身体を最も美しい身体として四元素に組み込んでいる。すなわち彼は、現在でも三角定規に用いられている、30 度と 45 度の直角三角形を出発点として、地の立方体、火の正四面体、気の正八面体、水の二十面体を発展させた。これらの身体には二等辺三角形からなる表面があり、その中央には円が置かれた[8]。

　プラトンの数学的秩序は、彼の追随者クセノクラテス（BC396-BC314）のアカデメイアにおいて、次のことを意味するようになった[9]。

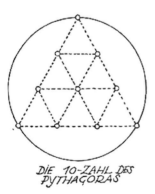

DIE 10-ZAHL DES PYTHAGORAS

図4　ピュタゴラス数10の図解

すなわち彼らは、正三角形は神性の象徴であり、不等辺三角形は人間を、正三角形を除く二等辺三角形は悪魔の象徴だと見なしたのである。こうした宗教的意味づけはオリエントに広がっていたもののようで、たとえば後期ユダヤ教の黙示録によると、神はアダムの墓を三角形で封印し、悪霊をはねつける意味をもたせている。

その後起源前 300 年頃に、こうした宗教的意味付けから離れて、エウクレイデス（ユークリッド）はアレクサンドリアにおいて純粋に学問的に幾何学を基礎づけた。その教本には、同時代のあらゆる数学的知識がまとめられ、最近まで、芸術制作における三角形の応用を基礎づけるものとして用いられていた。実際彼はプラトンの五つの身体の哲学的理論化をめざしていたのである。

キリスト教芸術においては、キリスト教成立以前にあった三角形の宗教的意味づけが命脈を保ち、ニカエアの公会議において三位一体説をとるアタナシウス派が勝利して以降、やがて三位一体の象徴としての意味を担うようになる。

初期キリスト教時代の作例として、フェルトブッシュは北アフリカの墓石に、キリストのモノグラムを載せた三角形や、キリストのモノグラム A（アルファ）と Ω（オメガ）のうちどちらかだけが中に書かれている三角形や、三角形に三つの球が割り当てられているものがあると述べている[10]。A と Ω は、それぞれが三画で書かれるため、ノラのパウリヌス（354 頃-431）の詩によるとそれぞれがすでに三位一体を象徴していたのである。この種の三角形が三位一体の象徴と見なされていたことは、アウグスティヌス（354-430）も証言しているが[11]、マニ教徒たちが三角形を象徴として三位一体を崇敬することに、彼は反対する立場を表明したために[12]、三角形の象徴はキリスト教芸術において数世紀にわたって顧みられないことになる。

2-2　三角形と聖性…『ウタ・コーデクス』を手がかりに

　三角形がキリスト教美術において再び聖性を担うようになった端緒は明らかになっていない。13世紀には十字軍や騎士文化との関係で、独特の図像も登場するが[13]、ここでは聖性を担う三角形としてよく知られている11世紀の『ウタ・コーデクス』（冊子本）の「神の手」を表した一葉を確認しておこう。

2-2-1　『ウタ・コーデクス』[14]

　『ウタ・コーデクス』は、聖福音集と呼ばれる、福音書から抜粋されたミサに際して読み上げる聖句集で、119葉からなるその手写本は、11世紀に制作されたオリジナルの書籍箱に入れられ、ミュンヘンのバイエルン州立図書館（Clm. 13601）に保管されている。近代になって白革表紙を用いた装丁がなされており、紙面のサイズは382x274ミリメートル、テキストあるいは図版面は245x130ミリメートルである。ここで扱う「神の手」はfol. 1v［図5］、すなわちfol. 2rの献呈ページ［図6］の向かい側に描かれている。

　ウタというのは、この献呈ページで聖母マリアにこのコーデクスを差し出している修道女の名前で、人物像の横に記されている献呈辞には、「神の御母聖処女さま、神の御子を授かりしお幸せな方、貴女にお仕えしているこのウタからの奉納をお受け取りください。Virgo d[e]i genitrix divino pignore felix / Suscipe vota tu[a]e promti serviminis Uot[a]e」と記されている。

　fol. 4rにミサをあげる聖エアハルトの姿が描かれていることから、制作されたのは、彼が守護として崇敬されていたニーダーミュンスター女子修道院においてであったと思われる。ウタはこの女子修道院の修道院長として、1002年11月20日にレーゲンスブルクで発行されたバイエルン公ハインリヒ2世（973-1024、1014年に神聖ローマ皇帝）の勅許

図5 《神の手》『ウタ・コーデクス』
バイエルン州立図書館、ミュン
ヘン Clm. 13601, fol. 1 v.

図6 《写本献呈図》『ウタ・コーデク
ス』バイエルン州立図書館、ミ
ュンヘン Clm. 13601, fol. 2 r.

状――ニーダーミュンスターに義務の免除と王の庇護を認めた――に、
「ウタという名前の尊敬すべき女子修道院長」として初めて名前があがる。
その後 1025 年まで断続的に女子修道院長として記されているが、その
後おそらく 1045 年までに没した可能性が高い。したがって彼女がその
地位にあった 1002 年から 1025 年までに――文体比較などから、おそら
く遅い時期に――制作されたと推察される。

　ウタは、シュヴァーベン地方の裕福な貴族の出身だと思われ、豪華写
本として知られる『ハインリヒの聖書』に匹敵するほどのこの写本を制
作させたことから、相当の経済力があったのは確かであろう。女子が教
育を受ける機会がまれであった時代に、彼女はシュヴァーベンの優れた
ベネディクト修道院アインシーデルン、あるいはアウクスブルクで教育
を受け、ニーダーミュンスターの女子修道院長になるためにレーゲンス
ブルクに移り住んだ。ここで、ベネディクト会の修道院改革の影響下で
活動したと考えられるが、大聖堂を管理していた司教ヴォルフガング（972
-994）や、近隣の聖エムメラム修道院のラムヴォルトなどの聖職者や、

世俗のバイエルン公ハインリヒとも友好な関係を保ち続けた。この豪華写本は自らのために制作したもので、死に際してニーダーミュンスターに寄贈したと見るのが妥当であろう。

2-2-2　神の手と三角形

「神の手」は、この写本の冒頭にある四つの口絵の最初のページに見られる。大きく描かれた長方形の中心に、三角形の上に置かれた「神の手」があり、その三角形を囲むように、二重の円が描かれ、外側の円は銘文帯になっている。その円がさらに正方形の上に載っていて、その上下に両手を広げた人物がいる半円形の区画があり、その全体がさらに装飾文様で埋められた長方形に囲まれている。その中央部の左右に、女性が身を乗り出している円があり、一番外側の長方形の四隅にも人物が描かれている。

コーエンによると、「神の手」のモティーフは、11世紀当時聖エムメラム修道院に保管されていたカール禿頭王（823-877）の『コーデクス・アウレウス（黄金写本）』（9世紀）にも、これをモデルとした『ハインリヒ2世の秘蹟集』（1002-1014）にも見られる。これらの「神の手」に付けられた銘文を古い順に並べるなら、『コーデクス・アウレウス』では「宇宙を制御して支配する父なる神の右手よ、このカールも常に敵から守りたまえ。Dextera haec patris mundum dicione gubernans/ Protegat et Karolum semper ab hoste suum.」と、カール禿頭王がその個人的庇護を願うという性格が強い［図7］。『ハインリヒ2世の秘蹟集』では、手が下向きになっていて、手の先に聖杯が置かれ、「父なる神の聖なる右手よ、我らに恵みを与え給え、いずこにいようとも、我らが皆救済されますように。Sancta dei patris benedicat dextera nobis./ Omnes atque suo nos salvet ubique sub umbro.」と記されている［図8］。聖杯はミサ（聖餐式）の象徴でもあるため、個人の庇護というより、信徒全体に関わる典礼的性格が強くなっている。世俗領主が注文主であ

図7 《神の手》『コーデクス・アウレ　　図8 《神の手》『ハインリヒ2世の秘
　　ウス』バイエルン州立図書館、　　　　蹟集』バイエルン州立図書館、
　　ミュンヘン Clm. 14000, fol. 97v.　　　ミュンヘン Clm. 4456, fol. 21r.

った前2点の場合とは異なり、『ウタ・コーデクス』の「神の手」は、
個人の庇護者のものでも、一般的な祝福の授与者のものでもない。「永
続的意志によって、あらゆる時を包みこむ神は、永遠から、その言葉に
よって創造したあらゆるものを聖として［良しとされて（筆者注記）］き
た。Perpetuo totu[m] nutu cingens d[eu]s aevu[m]; Sanxit ab
aeterno: quae condidit omnia v[e]rbo+」というこの六歩格の詩行が強
調するのは、神の本性と、時間、創造、宇宙に対するその関係である[15]。
　三角形の意味につながるのは、神の創造力を「言葉」に帰して、両者
を関係させているくだりである。この関係は、創造に関するアウグスティ
ヌスの言説、『神の国』第11巻第21章「わたしたちは、ただ神が光を
つくっただけではなくみことばによってつくったことも知るであろう[16]」
に呼応する。アウグスティヌスの分析は、ここから三位一体の考察につ
ながるのだが、『ウタ・コーデクス』の verbo（言葉）は、「言葉」とし
てのイエスの役割を創造に関係させる中世の教説に一般的に見られるよ
うに、三位一体の第二位格に言及している。また聖霊は、向かい側の献

呈ページに言及されていることから、コーエンは、神の手が載せられている三角形は三位一体の三位格の統一を示すものと見なしている[17]。

2-3 三角形ニンブス

三角形の象徴を理解していながら、それへのマニ教的崇敬に反対する立場を貫いたアウグスティヌスが、遅くとも11世紀のキリスト教美術における三角形の象徴性の復活に関係したことは興味深い。フェルトブッシュは、このことが三角形ニンブスの登場にも関係すると見なしているようだが、その端緒には触れず、三角形ニンブスをつけた老人は、父なる神のこともあれば、三位一体の三位格の統合と見なされることもあるとだけ述べている。またホールも、三角形ニンブスが三位一体の象徴として、父なる神に用いられたとした[18]。

12, 13世紀を通して、三位一体の三角形による表象はさほど多くはなかった。その後も近代に至るまで、三角形は多くの場合神の目や神の名前と結びつけられて、その他の三位一体の表徴——三つの円や弧線を用いた幾何学的形態、三体の鳥や魚や動物、植物、3という数値に関係するものなど——が添えられることが多かった。ここでは、2019年3月に実施したインスブルックでの調査過程で確認した、4点の三角形ニンブスを紹介することにしたい。

2-3-1 バシリカ・ヴィルテン、インスブルック[19]

ヴィルテンは、現在はチロル地方の中心都市インスブルック市に属す、紀元前1世紀の地域最古のローマ人入植地で、イン渓谷の利便性を活かした要衝の地としても知られている。ここに建つバシリカ式教会で発見された旧内陣跡は5世紀に遡り、かねてより三廊式柱廊バシリカであったことがわかる。この教会にプレモントレ修道会がもたらした「恩寵の四柱の聖母」像のために1310年に新たに礼拝堂が建てられて、多くの

巡礼者が訪れるようになった[20]。1485 年にその東側に内陣が加えられた。しかしながら、1750 年に身廊ヴォールトの一部が崩壊して死傷者が出たことをきっかけに、この教会は教区教会として再建されることになった。新教会堂が完成し、無原罪のお宿りの聖母に献堂されたのは 1756 年のことである。ここに施された内部装飾の中に、三角形ニンブスを見ることができる。

　教区教会のファサードは二塔式で、その幅は身廊よりやや広く、半円形の内陣はやや低く狭くなっている。この全体デザインおよび、内陣の壁に設置されたピラスタ同士の間の広々とした空間や、交差部に半円筒形ヴォールトがある内部デザインは、後述するインスブルック、聖ヤコブ大聖堂のものに類似している。

　内陣アーチに記された銘文によれば、内部のストゥッコ装飾が完成したのは 1755 年のことで、様式的に見てフランツ・クサーヴァー（Franz Xaver, 1736-1783）とヨーハン・ミカエル・ファイヒトメーア（Johann Michael Feichtmayr, 1709/10-1772）の合作だと思われる。壁面のフレスコ画はアウクスブルクの画家マテウス・ギュンター（Matthäus Günther, 1705-1788）によるもので、内陣の西側ヴォールトに署名があり、1754 年に完成されたことが分かる。

　西側身廊ヴォールトに描かれた、黙示録の女としての聖母は、右手を胸に当て、左手に百合の花をもつ、受胎告知の聖母を思わせる身振りを示す。すなわち、右足で蛇（悪竜と同等）を左足で三日月を踏み、頭上に十二の星の輪をいただき、太陽の光をまとう黙示録の女としての聖母は、百合の花に変わりつつある聖杖を差し出す大天使ガブリエルと、その胸から聖霊の鳩が分離しつつある父なる神の間で、受胎の瞬間を迎えようとしている。そして、この父の頭上に三角形ニンブスが付けられている［図 9］。この三角形は、三位格が未分化な状態の三位一体を含意していると見なすこともできる。

　東側内陣ヴォールトの、聖三位一体へ仲介者する聖母が描かれたフレ

図9　マテウス・ギュンター《三角形ニ
　　　ンブスの神と黙示録の女》西身
　　　廊天井フレスコ、バシリカ・ヴ
　　　ィルテン、インスブルック

図10　マテウス・ギュンター《聖三位
　　　一体へ仲介者する聖母》内陣ヴ
　　　ォールト天井フレスコ、バシリ
　　　カ・ヴィルテン、インスブルック

スコ画にも三角形ニンブスが見られる［図10］。ここでは、三日月に左
足を載せ、頭上に星の冠をつけた無原罪のお宿りの聖母が、右下にいる
司教によって集められた信徒たちからの手紙を、天使を経て順次受け取
り、金属の棒を使って上にいるイエスに渡している。イエスは、右にい
る父なる神と、頭上にいる聖霊の鳩と合わせて三位一体をなしている。
聖霊の鳩からは、受胎告知を暗示するような光線が聖母の頭上に落ちて
いる。イエスのニンブスは正十字をなす正十字形だが、父なる神の頭上
には白い円光があり、その上に三角形ニンブスがある。ここでは三位格
のそれぞれがはっきりと分化しており、この三角形は父なる神、あるい
は神の目を表わしていると思われる。神は右手を挙げ左手を下げる、審
判者の身振りを示し、手紙に象徴される信徒たちの地上の行為を見通す
神の目が、強調されているのである。

2-3-2 聖ヤコブ大聖堂、インスブルック[21]

　聖ヤコブ大聖堂の歴史は、1165 年から 1170 年の間に、ベルヒトルト・フォン・アンデフス伯爵がイン川に架橋させ、1180 年にヴィルテンの教団と棲み分けに関する協定を結んだ後、北岸に設置した市場地区（現在の旧市街）に最初に建てられた教会に遡る。1187 年から 1205 年の間に、町として認可されたこの地区は、アルペン地域の主要な交通・通商のハブになった。大ヤコブの骨がある、スペインの巡礼地サンティヤゴ・デ・コンポステラの二つの巡礼路の交差点にあたるため、教会は聖大ヤコブに献堂されたのである。1270 年までに教会は焼失したが、まもなく再建された。町の発展に伴い、教区教会の設立が求められたが、ヴィルテンの教会と競合するため議論が絶えず、1643 年にヴィルテンの支部教区教会となり、1650 年に、有名なルーカス・クラナハ父（Lucas Cranach the Elder, 1472-1553）の《恩寵の聖母子》が寄進された[22]。17 世紀に頻発した地震のため大きな損害を受けたが、1717 年に再建がはじまった。1722／23 年に再建工事が始まり、1724 年に聖別されたが、フレスコ画やストゥッコ装飾がアザム兄弟―― コスマス・ダミアン（Cosmas Damian Asam, 1686-1739）とエーギット・クウィリン（Egid Quirin Asam, 1692-1750）――の手で完成されたのは 1732 年のことである。クーポラのフレスコ画の中央の塔頂部には、神の目のある三角形［図 11］、すなわち「いとも神聖なる三位一体」の象徴があり、その下で聖ヤコブがキリスト教徒たちの司令官としてムーア人（イスラム教徒）たちと戦っている。キリスト教徒たち

図11　アザム兄弟《神の目のある三角形》交差部クーポラの天井画フレスコ、聖ヤコブ大聖堂、インスブルック

図12　ルネッタのある祭壇（図12 　図12-1　《洗礼者ヨハネと聖母のいる聖三位一
　　　-1と図14）、聖ヤコブ大聖　　　　　　　体》祭壇上のルネッタ、聖ヤコブ大聖
　　　堂、インスブルック　　　　　　　　　　堂、インスブルック

は闘いに際して聖母に庇護を求めたため、戦闘場面は「聖母の庇護（マ
リアヒルフ）」に関係している。

　三角形ニンブスが見られるのは、内陣の東壁を占める恩寵の聖母子祭
壇の上部のルネッタにおいてである。ルネッタでは、中央に仔羊がうず
くまっている、斜めに描かれた巨大な十字架の上部に聖霊の鳩がいて、
全体を覆うように父なる神が両手を広げ、その背後に巨大な三角形ニン
ブスが見える ［図12］。三位一体は仔羊と鳩と合わせてすでに表わされ
ているため、これは父なる神単独の象徴だと思われる。十字架を挟んで、
向かって右に地上を見下ろしている聖母、左に仔羊を指さす洗礼者ヨハ
ネが描かれ、聖母の視線の先には大聖堂の特徴的なファサードが見え、
聖母が庇護を与えていることがわかる。

　祭壇について述べるならば、これは1724年にキューニグル伯カスパー
ル・イグナツ大司教（1671-1747）によって寄進されたもので、ここ
に掲げられた《恩寵の聖母子》は、教会の入り口からもはっきりと見える。
祭壇は黒大理石の円柱に挟まれ、全体の枠も黒、赤、黄色の大理石から

図13　《銀製祭壇装飾に囲まれた
　　　《恩寵の聖母子》》聖ヤコブ
　　　大聖堂、インスブルック

図13-1　図13の部分　《三角形ニンブ
　　　　スのある神》聖ヤコブ大聖堂、
　　　　インスブルック

作られている。《恩寵の聖母子》は、1712年にプファルツのカール・フィリップが寄進した銀製祭壇装飾に枠づけられ、画像から放射状に広がる光線の前面では、プットたちが聖母の連禱に関係した聖母のアトリビュートをもっている［図13］。画面の下方には光線を放つイエスの聖心がある。一番上に三角ニンブスをつけた父なる神が右手をあげて左手を下げており、天蓋との間に聖霊の鳩がいる。したがって、三位一体はここでもすでに表わされているため、三角形は神の目の象徴と考えることができる。

　また、降臨節その他の重要な期間には、ヨーゼフ・シェップ（Josef Schöpf, 1745-1822）による初期古典主義風の油彩画にはめ込まれる。この画面では、《恩寵の聖母子》を運んでいる天使たちの、向かって左には大ヤコブが観者たちに視線を投げかけ、右では聖アレクシウスがこの絵に向かって跪き、両手を組んで祈りを捧げている［図12および図14］。

図14　ヨーゼフ・シェップ《《恩寵の
　　　聖母子》を運ぶ天使たち》聖ヤ
　　　コブ大聖堂、インスブルック

図15　《三角ニンブスのある神がいる
　　　銀製祭壇》銀の礼拝堂、イン
　　　スブルック王宮

2-3-3　銀の礼拝堂（宮廷教会）他、インスブルック

　インスブルックのチロル民俗芸術博物館から宮廷教会へ抜ける通路の
階段の上に、銀の礼拝堂と呼ばれるスペースがある。この名称は、聖母
に捧げられた銀製の祭壇にちなむもので、かなり黒ずんではいるが、周
囲の枠にはロレートの連禱にちなむ場面が表わされている。二人の天使
が聖母に授けようとしている王冠の上方の枠外には逆三角形の区画があ
り、そこに三角形ニンブスを付けた父なる神が、両手を広げて聖母の魂
を迎え入れようとしている［図15］。この礼拝堂はチロルの支配者ハプ
スブルクの大公フェルディナンド2世（1529-1595）の注文で建てられた、
いわゆる「葬礼礼拝堂」で、彼とその妻フィリピーネ・ヴェルサーのた
めに1577年から1596年にかけて二度に分けて建てられたものである。
フィリピーネはアウクスブルクの金融業者を営んでいた商人の娘で、二

64

図16 《三角ニンブスのある神がいる聖ヨセフ祭壇画》民俗博物館、インスブルック

人の結婚はハプスブルク家ではほとんど認められなかった。1559 年に皇帝フェルディナンド 1 世（1503-1564）が、内密にすることを条件に受け入れたに過ぎない。この結婚のためにフェルディナンド 2 世は皇帝につながるキャリアを放棄し、1567 年にチロルの統治者を引き受けたのである。この物語を念頭におくと、神が全面的に引き受けようとする聖母の魂に、フィリピーネの魂が重ねられているようにも見える[23]。

宮廷教会に隣接するチロル民俗芸術博物館でも、三角形ニンブスを見ることができる。18 世紀末に制作された〈聖ヨセフ祭壇画〉では、幼児イエスをあやす聖ヨセフの元に、天球をかかえた父なる神の元から聖霊の鳩が向かう場面が描かれ、父なる神が透明の三角形ニンブスを付けている［図 16］。ここでも三位一体のモティーフは他に描かれているため、三角形は父なる神の象徴とみるべきであろう。

ここでは、インスブルックという特定の都市で見られた三角形ニンブスを扱ってきた。インスブルックに特に多く見られるというわけではないが、ハプスブルク家の重要な拠点の一つであるため、ここで見られた複数のタイプは、少なくとも神聖ローマ帝国内外で標準的なものと見なしても良いであろう。

3　四角形ニンブス[24)]

3-1　四角形に付与された理念

　ラドナーによれば、一般的に四角形を意味するテトラゴノン（長方形または正方形）は、古代ギリシャ人にとって完全の象徴であり、その起源は 4 という数や四角形に関するピュタゴラス派の数的神秘的思弁に立ち戻ることができ、地上世界、人間の生命、人間の魂を意味していた。ピュタゴラス派の影響下で詩作を行ったケオスのシモニデス（BC556-BC468）は、人間の倫理的知的完全の象徴として四角形を謳い、これはプラトンの『プロタゴラス』にも引用されている。クアドラトゥス（欠点のない四角形人間）という考えはアリストテレスの『修辞学』や『ニコマコス倫理学』にも引用され、キリスト教時代まで引き継がれており、2 世紀に活躍した最初の護教論者やアテナ司教もそのように呼ばれた。

　人間の完全を表わすという四角形の象徴性は、エジプトのミイラに四角形の肖像画が描かれ始めた時期の前後に、アレクサンドリアの哲学者や神学者たちの議論に上がり始めている[25)]。ヘレニズム期のユダヤ人哲学者フィロ・ユダエウス（c. BC20-c. 50）によると、4 という数、直角、等辺を含む正方形は、彼が重要な美徳と考える、正しさあるいは正義の象徴である。このような、四角形を完全、正義の象徴とする考えは継続的に見られる。

　こうした中で注目しておきたいのは、死者と四角形を関係づけた図像に登場するエジプトの神トートが、ギリシャではヘルメスと同一視され、ヘルメスは、プラトンやストア派や新プラトン主義の哲学者たちによって、擬人化されたロゴスと見なされていたことである。ロゴスとしてのイエスとの関連は、ヘルメス主義やグノーシス派などを含めた複雑な議論を経て一定程度辿ることができると思われるが、ここでは詳述しない。

3-2　四角形ニンブス

　キリスト教時代のものに限るならば、8世紀から12世紀にかけての、ローマのモザイクやフレスコに描かれた教皇や寄進者の肖像に、四角形ニンブスの作例を見いだすことができる。これは人物像の頭部の後ろに描かれた、正方形に近い、または長方形の輪郭をもった色面または輪郭線を指し、肩に達するものも少なくなく、明るい青や緑がかった青色をしている。もっとも初期の作例として知られているのは、教皇ヨハネ7世（705-707）を描いた二点の肖像画である。うち一点は、ローマの旧サン・ピエトロ聖堂のマリア礼拝堂にあったモザイクの断片で、教皇は小型の礼拝堂をもつ寄進者として描かれている。もう一点は、サンタ・マリア・アンティカ聖堂のアプスの前壁に、他の教皇たちと共に描かれた教皇ヨハネ7世の頭部に見られるものである。ラドナーは50点以上の作例をあげて、個々の事情や形体などを分析しているが、四角形ニンブスが描かれた理由に関して以下のように考察している。

　ヨハンネス・ディアコヌス（あるいはヒモニデス、876年から882年に没）は、聖アンドレウス修道院の壁画にある教皇聖グレゴリウス1世（590-604）の肖像に四角形ニンブスがあるとし、これは教皇の生前に描かれたもので、生きている人物を象徴したものだと述べている。実際には、ギリシャ方面からきた僧によって、ヨハンネスと同時代の9世紀に加筆されたものと考えられるが、彼はそれを単に生きている人物の象徴だけではなく、その人物の肖像の象徴としての意味が、パネルのような形を通して生まれるとした。

　四角形ニンブスの意味についてはこれ以外にも、差異化を謀るためと考えられるものもある。たとえば、ローマの旧サン・ピエトロ聖堂身廊壁画にあった教皇リベリウス（352-366）の肖像画に関して、1600年頃のローマで活動していた公証人にして考古研究家のヤーコポ・グリマルディは、13世紀に制作された――初期キリスト教時代に作られたシリ

ーズの模写を含む——教皇の肖像画シリーズの中で、リベリウスだけが四角形ニンブスを付けていたと述べている。これは、アリウス派との論争で彼が示したとされる——当時広まっていた——弱さに起因して、差異化されたものではないかと述べられている。それ以外に、特殊な冠り物と見なされたこともあった。ラドナーは、四角形ニンブスが描かれたのは、聖人あるいは普通の人の双方から区別される優れた人物を顕彰するためだと結論づけている[26]。

3-3 菱形のニンブスと光線

13世紀末以降、非円形ニンブスのルネサンスとも思われる現象が見られるが、四角形ニンブスは、一辺に立つのではなく、一点で立つ正方形または菱形——以下、菱形ニンブスと呼ぶ——として現れ、六角形や八角形のものも見られるようになる。菱形ニンブスが古いタイプの四角形ニンブスと決定的に異なるのは、それが光の象徴と関連し、塗られている場合は金色で、円ニンブスよりもやや下位に位置づけられることかもしれない。四角形そのものが円に劣ると見なされていた証拠はないものの、上述のリベリウスの肖像における使用例を見ると、その起源から光の象徴を内包していた円形ニンブスより、やや劣るという扱いがあったようである。実際、四角形ニンブスの色は青みがかったものが多く、空を表わしていたとも見なすことができる。

13世紀末の典礼書記者メンデのデュランドゥス（c.1230/35-1296）は、四角形ニンブスについて、生きている人物を象徴するというディアコヌスの見解に加えて、ニンブスがある人物の四つの枢要徳を表わすとした。多角形ニンブスを美徳と結びつける表現は、14世紀初期にアッシジのサン・フランチェスコ聖堂下堂の天井ヴォールトにジョット（1267-1337）の弟子が描いた、フランチェスコ会の美徳「清貧」「貞節」「服従」を表わした寓意像に、多角形のニンブスが見られる。たとえば、「服従」

の寓意像は菱形ニンブスを付け
ており［図17］、同じ区画の「賢
明」と「謙譲」は六角形ニンブ
スを、「貞節」の区画の「純潔」
と「剛毅」、「清貧」の区画で聖
フランチェスコが結婚する「清
貧」も六角形ニンブスを付けて
いる。この時以来、菱形や六角
形ニンブスはイタリア各地で見
られるようになった。ここには
数に関する様々な象徴性も働い
ているが、旧約聖書の登場人物

図17　ジョット派《服従》フランチェス
コ会の美徳のある天井フレスコ、
サン・フランチェスコ聖堂下堂、
アッシジ

を差異化したり、装飾的目的で使われたりする場合もあった。非円形ニ
ンブスは、下位の光ニンブスと見なされることがあり、中央から周辺に
向かって光線が放たれるようなニンブスも現れた。菱形ニンブスは、そ
の中心から放たれる光の端が十字架のように見えるため、14世紀には
菱形ニンブスや菱形に広がる放射光はしばしばキリストや父なる神に用
いられるようになり、平面的菱形か、菱形状に広がる光線のみか、その
両方が組み合わされたものが登場するようになったのである。

4　七祈願図の三角形ニンブスと菱形ニンブス

　これまで辿ってきた三角形ニンブスと菱形ニンブスの大まかな歴史に
照らして、ここで改めて七祈願図に見られるニンブスの意味を検討する
ことにしたい。本銅版画シリーズが制作されたと思われるリヨンは、サ
ンティヤゴ・デ・コンポステラに向かう巡礼路の重要な拠点であるため、
同じく巡礼路の要であったインスブルックに見られた三角形ニンブスは、

人の流れを介して16世紀に共通に見られていたのではないかと思われる。この点についてはさらなる検証が必要だが、この地域に標準的なものだったとして扱っていく。

4-1 父なる神…三角形ニンブス ［図18］

父なる神は、筒袖の下着に袖刳りの大きな外衣を着てマントをはおり、雲塊の上で複数のケルビムに座っている。神は、インスブルックで見られたような審判者としての身振りを採っておらず、右手に宝珠形の先端と持ち手の両端に環状分節がある笏杖を持ち、左手に十字架を載せた球をもっている。球体の左端には陸のような形が見えるが、不明瞭なため、地球と断定することはできない。ホールによれば、「旧約聖書の造物主・律法学者としての神の姿

図18 《三角形ニンブスのある神》
（図2部分）© BnF

は、15世紀にいたるまでの中世美術を通じて、おおむねキリストとして表現された。」しかしながらルネサンス期には、「父なる神はヤハウェと同一視され、長い白髪と豊かな髭をもって」描かれた[27]。

ユダヤ教には像忌避の伝統（『創世記』第20章、十戒）があるため、この豊かな髪と髭のある神のイメージは、同じくルネサンス期に注目されたギリシャ・ローマ神話のゼウス／ユピテルの形姿に由来すると思われる。もっともよく知られている姿は、オリュンピアにあったゼウスの初期の祠跡に、紀元前520年頃アテナイの僭主ヒッピアス（BC6世紀-BC5世紀）らが、父ペイシストラトス（BC6世紀-BC527）の遺志を継いで建設を再開させたゼウス神殿の、フェイディアス（BC490-BC430）

の手になる巨大な神像のものである[28]。座像で
あるにも拘わらず天井に届かんばかりの大きさ
の黄金象牙製の像のイメージは、ホメロス（BC8
世紀？）の叙述「クロノスの御子ゼウスが漆黒
の眉でうなずかれると、かぐわしい御髪は深々
と頭から垂れてなびき、その勢いはオリュンポ
スの大峰をおどろおどろと揺り動かした」（『イ
リアス』1 巻 528-530 行）にあったとストラボ
ン（BC63-BC23）が『地理書』において述べ
ている[29]。かつては畏怖の的であったゼウスも、
ルネサンス期以降は好色さがめだつ髪や髭が豊
かな老人として描かれることも少なくなかった。
ミケランジェロ（1475-1564）やラファエロ
（1483-1520）が描いたのは、このゼウスのよ
うな神であった。

　しかしながら七祈願図の神は、額の中央に髪
の毛の房を残し、その左右が禿げ上がった特徴
的な髪型である。この髪型が伝統的にペテロ［図
19］に用いられていたことを思い起こすなら、
ここに教皇との繋がりを見いだすこともできそ
うだが、ここではその可能性を指摘するだけに
止めておきたい。

図19
ヤーコポ・ベリーニ《聖
ペテロ》1430-35年　ポ
プラ材　85×24cm　ベ
ルリン州立博物館
©bpk/Gemäldegalerie,
SMB/Jörg P. Anders/
distributed by AMF

　父なる神は、半透明の三角形のニンブスを付
け、上方から降り注ぐ光の源からケルビムに乗ってこの場所にやってき
たようでもある。その頭上では、前面が影になった雲が、左右対象形の
天蓋か花綱のように神を荘厳している。この三角形は、イエスが地上に
いるため三位一体の象徴ではなく、地上に描かれた炎が聖霊とは考えに
くいため、父という位格の象徴ではなく、新約と対照的に描かれた旧約

の造物主・律法学者でもなかろう。むしろ、16世紀から急速に数が増してくる「神の眼」の象徴とするのが、地上での美徳や秘蹟の表現などと照らし合わせて、妥当であるように思われる。実際グロイター（Matthäus Greuter, 1564/66-1638）周辺に、神の眼としての三角形ニンブスを探ることはできるのであるが、紙幅の関係で稿を改めなければならない。

4-2　地上のイエス…菱形ニンブス

　イエスは、地上にいて12人の使徒たちと共に、神に祈りを捧げている。使徒たちが跪いているのに対して、イエスは両膝を広げて椅子に座り、格が高いことを示している。父なる神と同じく、袖剰りの大きな外衣を着ているが、同一のものかどうか不明である。長い髪の毛は、額中央付近で左右に分けられ、肩の上で軽いカールを描いている。指先を軽く触れる形で両手を合わせ、父なる神の方を見上げている。使徒たちの中には、左から3番目の顔が影になった人物がユダ、中央付近の髭のない若者がヨハネであろう事が推察されるが、詳細な検討は稿を改めたい。

　イエスの頭部には、光を放つ菱形のニンブスが付けられている［図20］。上で検討したように、菱形ニンブスは古いタイプの四角形ニンブスと決定的に異なり、光の象徴と関連するようになるとその中心から放たれる光の端が十字架のように見えるため、14世紀にはキリストや父なる神に用いられるようになった。ここ

図20　《菱形のニンブスのある神》
（図2部分）©BnF

では、平面的菱形に周囲に広がる光線が組み合わせられたものになっているため、平面的菱形がしばしば用いられた美徳の寓意的意味と、神から人間に対する連絡の徴が光によって示されたことを勘案するなら、この光線に秘蹟の象徴を見ることができる。すなわち、イエスを通した神への祈願に、美徳と秘蹟とが結びついているという、このシリーズの基本構造がイエスのニンブスに集約されていると見なすことができる。

5　まとめに代えて　　ニンブスからみる本シリーズの意味

　本稿では、七祈願図の表紙に見られる、神の三角形ニンブスとイエスの菱形ニンブスの意味を探るために、三角形と四角形の伝統的な意義と、ニンブスとして用いられる場合に、それが付けられた対象にもたらされる性格とを歴史的に概観した。その上で、七祈願図の神の三角形ニンブスは神の眼を、イエスの菱形ニンブスは、祈願に美徳と秘蹟とを結びつけるという、このシリーズの基本構造が集約されているのではないかと推測した。信仰心ある人の世界の有様を、神の眼が見続けているというシステムがこの表紙には表わされていると見なすことができるのである。この神の姿に、明示的ではないが教皇につながるペテロがほのめかされている点や、美徳や秘蹟がイエスに直接繋げられている点も、プロテスタントの刺激を受けたカトリック改革派的なイメージを示しているように思われ、これまでの仮説を一定程度補強することができたのではないかと思われる。この解釈の妥当性については、当時の文献による補強が必要になるが、これも稿を改めて検討していきたい。

注

1）蜷川 2019: 51-77.

2）「光輪」ホール 1999: 127 頁.

3）Dr. Smith, "Art, Nimbus," *Dictionary of Christian Antiquities*〔s.n.〕referred in: Tavenor-Perry 1907: 20-23. ここでは、太陽に関連してアッシリアのヴィーナスと呼ばれた女神ミリッタや、太陽神ミトラなどへの言及もある。ワイドレは「光輝を発する雲」に関して、その起源がヴェルギリウスの『アエネーイス』からの一文「ふり返って眺めてほしい。アテーネー女神がゴルゴンを侍らせて城砦の頂上に座り、雲によって自らを輝かせているのを。Iam summas arces Tritonia, respice, Pallas / Insedit, nimbo effulgens et Gorgone saeva」（II 615）に施された注釈にあったと見なしている。すなわち、ヴェルギリウスの注釈者として知られる、4 世紀後半のローマの詩人にして文法学者だったセルウィウス（Maurus Servius Honoratus, late 4C-early 5C）が「雲によって自らを輝かせる nimbo effulgens」という字句において、「「雲」はただの雲ではなく、神聖な雲のことである。「自らを輝かせる」とは、神々の頭をとりまく雲が光を放っているという意味である。Nimbo effulgens; nube divina. Est enim fulgidum lumen, quo deorum capita cinguntur. Sic etiam pingi solet」という注釈を記した。そしてワイドレは、セルヴィウスの注釈のうちの「神々の」を「聖人たちの」と書き替えれば、それはそのままキリスト教芸術の中でのニンブスの定義といて通用しうるであろうと述べている。また、アエネーイスの母ウェヌスの登場における「光に包まれ忽然と in luce; in nimbo, qui cum numinibus semper est」（II 590）も後のマンドルラの起源の一つだとしている。W. Weidle, "Nimbus," in: LCI 3: col. 323. 引用文は、ヴェルギリウス 1997: 123 頁（II 590）、II（615）の翻訳については、京都大学人文科学研究所名誉教授山下正男氏に御教示いただいた。記して感謝申し上げる。

4）Ramsden 1941: 123-131. ここでは、宝冠起源説や、拝火教と呼ばれるゾロアスターの火の光輝にも言及がなされているが、最終的には太陽神を起源とする立場をとっている。

5）本節は全体としてリヒャルト・トイフェルの叙述に基づいているが、必要に応じて参照した文献をあげている。Teufel, "Dreieck," in: RDK: Bd. IV. cols. 403-414.

6）たとえばプロクレスは、「彼（ピュタゴラス）こそが、比例についての教説と宇宙を形作る図形の構造とを発見した」と述べている。ピュタゴラス 2008: 201 頁.

7）プラトンとピュタゴラス派の関係について、テイラーは「世界の事物を数、もしくは数の似像としたピュタゴラス派の数形成の理論と、こうした事物を認識する「魂」の形成法として叙述されているものの間に、密接な関係が見られるとする。」プラトン 1987: 185 頁、また 256-259 頁も参照。

8）三角形の問題については、プラトン 1987: 87-102 頁を参照。

9）クセノクラテスについては、プラトン 1987: 183 頁を参照。

10）Feldbusch 1958: cols. 415-416; Martigny 1877: p. 766.

11）Augstinus CF18 http://www.newadvent.org/fathers/140623.htm 2019 年 7 月 26 日確認

12）Augstinus CF20 http://www.newadvent.org/fathers/140620.htm 2019 年 7 月 26 日確認「誰もが…太陽は丸いというのに、あなた方（マニ教徒）は、太陽の光は天の三角形の窓から、その光が地上に降り注ぐので、太陽は三角形だと主張する。あなた方が頭を垂れてお辞儀をする太陽は、目に見えている太陽ではなく…あなた方の神の信奉者たちは、罪深い情熱と好色な貪欲さによって…解放される。」

13）三角形と三位一体の関係に関して、13 世紀のイギリスが発信地だと思われる「信仰の盾」あるいは「三位一体の盾」と呼ばれるイメージ群がある。盾形または下向きの三角形の各結節点に、左上に「父なる神 PATER」、右上に「聖霊 SPIRITUS SANCTUS」、下の頂点に「息子 FILIUS」の文字があり、中央に「神 DEUS」と書かれ、各点を結ぶ銘文帯には「～ではない NON EST」、中央と結ぶ帯には「～である EST」と書かれて、三位一体の概念を図解したものである。おそらく、イギリスのサン・トーバンの画僧マシュー・パリス（1259年没）が考案したものと思われるが、逆三角形である点、盾形のものも少なくない点から、頂点が上にある三角形である三角形ニンブスとは直接関係しないと考えられる。Evans 1982: 14-68 にいくつかの作例が掲載されている。パリスについては、蜷川 2011: 12-16 頁をみよ。

14）本節は全体としてアダム・S. コーエンの叙述に基づいている。コーエン独自の発想である場合は、その頁を註に記した。また、必要に応じて参照した文献をあげている。Cohen 2000: pp. 9-96.

15）Cohen 2000: pp. 28-33.

16）アウグスティヌス 1983: 56 頁.

17）Cohen 2000: pp. 32-33.

18）ホール 1999: p. 127 および p. 393. ここでは、ヤーコポ・デルラ・クェルチャ《アダムの創造》（部分）1425-38 年　大理石　ボローニャ、サン・ペトロニオ聖堂の図版があげられている。同じレリーフの別の場面における三角形ニンブスが、LCI 3: col. 325 でも示されている。

19）本節は Hösch 2009: pp. 4-42 に基づいている。

20）プレモントレ修道会は、クサンテンの聖ノルベルトゥス（1080 年頃-1134 年）が創立した修道会で、彼がマグデブルク大司教に就任した 1126 年に、教皇ゲラーシウス 2 世（在位 1118-1119）によって認可された。砂原教男「ノルベルトゥス」『キリスト教人名辞典』日本基督教団出版局、1986 年、1051 頁. ヴィルテンの教会は 1138 年にこの教団に委ねられた。

　　この恩寵の聖母像に関する伝説によれば、キリスト教徒のローマ兵士たちが、四本の木下で聖母像を崇敬していた。彼らは撤退するときに、この像を地中に

埋めたと思われる。後にロウレンスという名前の敬虔な小作農が土中からそれを見つけ、その地に教会が建てられた。Hösch 2009: p. 4.

21) 本節は Friedrich 2014: pp. 1-48 に基づいている。

22) 非常に薄いヴェールで覆われたエレウーザ型聖母子の聖画像である。この作品はおそらく 1517 年にザクセン公妃バルバラ（1478-1534）の個人礼拝堂のために作成されたものと思われる。1520 年にはドレスデンの聖十字架教会にあったが、宗教改革の直後に、ザクセン選帝侯の芸術蒐集に入った。1611 年にパッサウ司教大公レオポルド 5 世（1586-1632）が、外交上使節としてプロテスタントのザクセン選帝侯ヨーハン・ゲオルグ 1 世（1585-1656）を訪問した際、彼は貴賓として迎えられ、芸術蒐集から作品を 1 点選ぶように薦められた。パッサウ司教は件のクラナハ作品を選び、地元に持ち帰ったところ、非常に人気が出て、拡大された模写作品が作られた。まもなくこの聖画を前になされた多くの祈りが叶えられて、多くの町や村にマリアヒルフ信心会が作られた。1619 年に大公レオポルド 5 世がチロル公国の知事に指名された際、彼は司教職を辞して結婚し、知事公舎があったインスブルックに移住した。これに伴って聖画も移されたが、その評判はその前から広がっていた。宮廷礼拝堂に安置されたこの聖画を市民たちは教区教会に置くよう請願したが、それが叶えられたのは息子の大公フェルディナンド・カールに継承されてからのころで、移管の契約が交わされてマリアヒルフ信心会の管理下で、教区教会に置かれることになった。Friedrich 2014: pp. 14-15.

23) チロル民俗芸術博物館のオーディオ・ガイドのテキスト情報による。2019 年 3 月 16 日訪問。また Pitzal Holiday; https://www.pitztalholiday.eu/en/sights/hofkirche-innsbruck/　2019 年 7 月 14 日確認。

24) 本節は全体としてゲアハルト・ラドナーの叙述に基づいているが、必要に応じて参照した文献をあげている。Ladner 1941: 15-45 & Ladner 1942: 82-84.

25) 最初は装飾的なものに過ぎなかったミイラ肖像画の四角形が、象徴的意味合いを帯びるようになった時期を特定するのは難しいが、2 世紀のエジプトや 3 世紀のドゥラ（シリア）の四角形を当時の象徴主義と結びつける証拠をラドナーはあげている。Ladner 1941: 32.

26) ホール 1999: 27 頁は、存命中の教皇、皇帝、寄進者など聖俗双方の人物に対して使われるとしたが、ラドナーも指摘したように存命中とは限らない。Lander 1941: 42.

27) ホール 1999: 222 頁.

28) 最終的に神殿が完成したのは、実に 638 年も経過した、第 14 代ローマ皇帝ハドリアヌスの統治時代のことである。

29) オリュンピアのゼウス像は、BC450 年頃のマケドニア産の銀貨にも見られ、17 世紀の銅版画『世界の七不思議』にも描かれている。また現在ヴェティカン美術館にある豊かな髭が掘り出された大理石の《オトリーコリのゼウス》は、4 世紀のギリシャ彫刻のローマ時代のコピーで、1774 年にティヴォリ近郊のカ

ッシウス邸に由来するものである。19世紀にはこの髭に対する熱狂的な崇敬が見られた。このことは『裸のヘッセ、ドイツ生活改革運動と芸術家たち』法政大学出版局、2019年、執筆中の関西大学文学部森貴史教授にご教示いただいた。

参考文献

Cohen 2000　Adam S. Cohen, *The Uta Codex: Art, Philosophy, and Reform in Eleventh-Century Germany*, Pennsylvania State University Press 2000.

Evans 1982　Michael Evans, "An Illustrated Fragment of Peraldus's Summa of Vice: Harleian MS 3244," *Journal of the Warburg and Courtauld Institutes* Vol. 45 (1982), pp. 14-68.

Feldbusch1958　Hans Feldbusch, "Dreifaltigkeit," in: RDK, Bd. IV, cols. 415-416.

Friedrich 2014　Verena Friedrich, *Innsbruck, St James Cathedral*, Passau: Kunstverlag Peda, 2014.

Hösch 2009　Karin Hösch, *Innsbruck, Basilika Wilten*, Passau: Kunstverlag Peda, 2009.

Ladner1942　Gerhart B. Ladner, "The So-called Square Nimbus," *Medieval Studies*, 3 (1941) 15-45 & 4 (1942) 82-84.

Martigny 1877　Abbé Martigny, "Triangle," *Dictionnaire des antiquités chrétiennes*, Paris 1877, p. 766.

Ramsden 1941　E.H. Ramsden, "The Halo: A Further Enquiry into its Origin," *The Burlington Magazine* 78 (1941) 123-131.

Tavenor-Perry 1907　J. Tavenor-Perry, "The Nimbus in Eastern Art-1," *The Burlington Magazine* 12 (1907) 20-23, 95-96.

Teufel 1958　Richard Teufel, "Dreieck," in: RDK, Bd. IV. cols. 403-414.

アウグスティヌス 1983　アウグスティヌス（服部英次郎訳）『神の国』（三）岩波文庫、1983年.

ピュタゴラス 2008　国方英二訳「ピュタゴラス」『ソクラテス以前哲学者断片集』（第一分冊）内山勝利監修、岩波書店、2008（1996）年.

プラトン 1987　プラトン（種山恭子訳）『ティマイオス―自然について』［プラトン全集　第12巻］岩波書店、1987（1975）年.

ホール 1999　ジェイムズ・ホール『西洋美術解読事典―絵画・彫刻における主題と象徴』高階秀爾監修、河出書房新社、1999（1988）年.

ヴェルギリウス 1997　ヴェルギリウス（泉井久之助訳）『アエネーイス』（上）岩波文庫、1997（1976）年.

蜷川 2011　蜷川順子「神の肖像―ヤン・ファン・エイクの《聖顔、あるいはイエスの肖像》」『初期ネーデルラント美術にみる〈個と宇宙〉Ⅰ、人のイメージ、

　共存のシミュラークル』ありな書房、2011 年.

蜷川 2019　蜷川順子「茨木市立文化財資料館蔵『七秘蹟と七美徳がある主の祈りの七祈願（いわゆる「天使讃仰図」）』について」『関西大学　東西学術研究所紀要』第 52 号（2019 年 4 月 1 日）

LCI 3　*Lexikon der christlichen Ikonographie*, hrsg. Von Engelbert Kirschbaum in Zusammenarbeit mit Günter Bandmann [*et. al*] 3, Rom: Herder, 1968-1972.

RDK　*Reallexikon zur Deutschen Kunstgeschichte*, red. H.M. von Erffa, Bd. IV. Stuttgart 1958.

Augstinus CF18 Augstinus, *Contra Faustum*, Book XVIII New Advent http://www.newadvent.org/fathers/140623.htm

Augstinus　CF20 Augstinus, *Contra Faustum*, Book XX New Advent http://www.newadvent.org/fathers/140620.htm

Pitzal Holiday　https://www.pitztalholiday.eu/en/sights/hofkirche-innsbruck/

【図版出典】

茨木市立文化財資料館　　　　　　　　　　　　　　　　　　　図 1

パリ国立図書館　ⒸBnF　　　　　　　　　　　　　図 2、18、20

Richard Teufel, "Dreieck," in: *Reallexikon zur Deutschen Kunstgeschichte*, red. H. M. von Erffa, Bd. IV. Stuttgart 1958, col. 404.　　　　図 4

Adam S. Cohen, *The Uta Codex: Art, Philosophy, and Reform in Eleventh-Century Germany*, Pennsylvania State University Press 2000. 図 5、6、7、8

Karin Hösch, *Innsbruck, Basilika Wilten*, Passau: Kunstverlag Peda, 2009
　　　　　　　　　　　　　　　　　　　　　　　　　　　　図 9

Verena Friedrich, *Innsbruck, St James Cathedral*, Passau: Kunstverlag Peda, 2014　　　　　　　　　　　　　　　　　　　　図 11、13、14

Photo Ⓒ bpk/Gemäldegalerie, SMB/distributed by AMF　　　図 19

筆者撮影　　　　　　　　　　図 3、10、12、15、16、17

日本近代絵画と宗教の
関係の「かたち」
—— 小磯良平におけるキリスト教受容について ——

恵　崎　麻　美

序　　言

　画家小磯良平（1903-1988）は、その生涯において、キリスト教に親和性のある環境にあったといえるであろう。

　神戸という地でキリスト教を奉じていた岸上家に生を享け[1]、貿易商を営む父、美術に深い関心をもつ兄の影響で、日常的に西洋の文化に触れる環境に身を置いていた。幼少の頃より通った教会の日曜学校では、キリストのテーマを描いた外国の絵画の写真に関心を寄せたといい[2]、また、23歳のときには、遠縁の小磯家の養子となるが、この家もキリスト教徒であった。そして30歳になろうとする時に、彼は神戸教会で受洗する。

　ただし、受洗したのは養母の強い勧めによるものであって[3]、依頼により挿絵を手掛けるまでは聖書も拾い読み程度だったと後年語っていることから理解されるとおり[4]、小磯の傍には、キリスト教の影が寄り添っているものの、一辺倒にその信心に身を投じていた訳ではなかったと考えられる[5]。

　ただ、画家小磯の作品に眼を転じると、直接キリスト教に関連するモティーフや聖書を主題とした作品群が存在する。その他にも、《斉唱》（1941年 o-0227[6]）では、彼が育ってきた環境を背景とする、女性たちが聖歌を歌っている場が描かれている旨の指摘がなされ[7]、さらに、彼

が追及した母子像、働く人のモティーフについては、彼の宗教性との関連が言及されてもいる[8]。こうした先学による検証を総合するに、小磯は画家として、キリスト教を主題とするイメージやモティーフに関心をもたないわけではなかったと言えるであろう。しかし、彼の作品制作の発心は、自らの信仰心の発露というよりも、縁者や関係者からの依頼か、モティーフの表現追及を主眼としていたと考えられるのである。

　小磯のみならず、近代日本の美術家とキリスト教の関係は、それぞれの伝記や研究の中で叙述されてきている。しかし彼らのそれぞれの生涯において、キリスト教や聖書、さらには信仰心の問題がどのような意義を持ち、各々の作品において、それが如何に表出しているのか、また、あるいは近代日本美術史の潮流の中にあって、キリスト教が如何なる意味や役割をもつのかについては、美術史家の間において、未だ整理されているとは言い難い状況ではなかろうか[9]。こうした問題については、マクロとミクロ双方に目配せをしながら、注意深く検証を重ねていく必要があろうが、昭和洋画壇を代表する小磯良平の作品におけるキリスト教受容の一つの「かたち[10]」について、迫ることができれば、近代日本の美術とキリスト教の関係の整理に繋がるのではないかと考えられる。

　そこで本稿では、まず第一章において、小磯がキリスト教を主題とした数々の作品に取り入れ、追及したモティーフとして母子像を取り上げる。複数の母子像の特徴や表現の変遷を分析することを通じて、小磯が、いかにして母子像を自らの作品に取り込み、西洋美術の摂取を模索したかについて検討を重ね、小磯による母子像や宗教画制作の観念の礎を確認することとしたい。

　次に第二章では『口語聖書』（日本聖書協会、1971年）のために描かれた小磯の挿絵について、検証を行うこととしたい。具体的には、西洋絵画と比較して共通点や相違点を探ることと、素描の分析による制作プロセスから、画家の西洋美術摂取の様相と意図の究明を目指すこととなるが、この過程において、小磯のキリスト教作品制作のいくつかのケー

スをつぶさに取り上げることにより、その様態を確認していくことになるであろう。

　最後に第三章では、《幼子イエスとヨハネ》の制作に関して、筆者が文献を調査して得た新たな情報や小磯の証言をもとに、彼がいかなる芸術理念や過程を経て、聖書やキリスト教を主題とする作品に取り組んだのかについて検討を加え、彼とキリスト教との関わりについて一定の見解を提示する予定である。

　以上のように、本稿では、母子像表現、『口語聖書』挿絵、《幼子イエスとヨハネ》への考察を通して、小磯作品におけるキリスト教受容の特徴の抽出を目指すことが終極的な目標となることを、言明しておきたい。

　なお、とりわけ注意を要する問題として、それぞれの時代における小磯の西洋美術受容観念の特質への留意が挙げられるであろう。小磯は、青年時代に初めて渡欧した際、「日本の洋画界」に足りない「古いところの研究」を行うこと、「洋流の伝承を十分咀嚼して我邦に植える」ことを自らの任務とする旨を語ったという[11]。そこで西洋芸術の歴史の中で数々の芸術家たちが画題としてきた「聖書」やキリスト教のモティーフを描く際にも、彼の念頭には、そうした伝統と、それを洋画家としていかに描くかという気概があったように思われる。ただその作業は同時に、西洋芸術を日本人である自分が摂取・咀嚼することに対する葛藤と、後年の逡巡へと直結していたのではなかろうか。こうした、画家小磯の時代ごとの葛藤と西洋美術受容の展開を足掛かりとして、第一章では「模索」、第二章では「挑戦」、第三章では「逡巡」をキーワードに検証を重ねることとしたい。

1　母子像表現の模索と変遷

　母子像は戦争中から1960年代にかけて、小磯作品に度々登場するモ

ティーフであった。それは、後の章で取り上げる『口語聖書』挿絵[12]と《幼子イエスとヨハネ》に登場し、小磯が抱く聖書の世界の総合的なイメージ図であると指摘される《聖書より》（1960年頃　o-0654）[13]にも描き込まれている。また、聖歌を唄っているとの指摘がなされた《斉唱》のように、小磯の宗教的背景との関係で語られることもあった。母子像は、洋の東西を問わず現在にいたるまで広く親しまれているもので、もちろん、必ずしもキリスト教のモティーフであるとは言えないが、それはまた、西洋美術ではとくに聖母マリアと幼子イエスの姿として、度々描かれた重要なモティーフであることも事実である。

　ここからは、彼が追求したイメージの一つとして母子像を取り上げ、具体的に作品を見ながらその特徴や画風の変遷の分析を行う。その際、西洋の芸術作品と比較し、画家の言葉についても検討を加えることによって、母子像における彼の西洋美術摂取の模索と葛藤について、考察していくこととする。

　母子のテーマが小磯の作品に初めてあらわれたのは、第二次世界大戦中のことである。彼は日中戦争から太平洋戦争の時期にかけて、軍部からの要請により計4度の従軍を経験し戦争画を手掛けていた。歴史画の体裁をもつ、アカデミックな形式により記録することが求められる戦争画制作を通して、その西洋美術受容の使命に取り組んでいた小磯であったが、一方で、1941年から1943年の三年間に、現在判明しているだけで7点、母子像をテーマにした油彩画を制作している。

　この時期に描かれた作品《母子》（1943年）（図1）や《母子像》（1943年）（図2）では、座っている女性が膝の上で子どもを抱きかかえる、日常風景の中の母子がモティーフにされている。女性は子の方に顔と視線を向け、前で固く両腕を結んで幼子をしっかり抱きしめており、その様子からは、母子の親密さや関係性が窺われるであろう。そして、それぞれの作品の背景を見ると、《母子》には、カンヴァス立てらしきものが、《母子像》にも、人物を取り囲むように室内の家具や道具類が描き込ま

れている[14]。このように室内の日常的な母子の姿を捉えた作品であるが、ここで小磯は家族を描いているのではなく、女性は《斉唱》等にも登場する、当時のお気に入りのモデルであった。幼子に関しても、小磯には二人の娘がいたが、長女が1933年、次女が1936年生まれであるため、1943年の時点では絵に描かれたような年齢とは考えにくく、娘のどちらかというわけでもないようである。つまり彼は、実際の日常風景や自らの家族を描いたのではなく、あくまでもモデルを用いて繰り返し「母子」の表現を追求していたと考えられるのである[15]。こうして描かれたこの時期の母子像の特徴としては、母子ともに顔貌が捉えられていること、背景と人体の関係にも画家の注意を払われていることが挙げられるであろう。

　戦後になり生活が落ち着き始めると、小磯は日常風景の中の母子像のみならず、数々の西洋芸術のモティーフや技法を取り入れながら母子の姿を描き、その画風を変化させていく。伝統に裏打ちされた数々の西洋芸術を研究した小磯にあっては、戦争画における課題は追い風となり、大いにその本領を発揮したと考えられる。しかし、それはまた国威発揚への貢献という目的をもつ、特殊なジャンルの芸術であったために、戦争画制作の時代は終焉を迎えた。よって、この画題に代わり、今度は別のモティーフを通して、小磯は西洋美術受容の模索を続けたのである。その一つが「母子像」であったと考えられる。

　1951年に手掛けられた《子供群像》（図3）《母子像》（図4）は、小磯が発起人として結成して以降、主たる新作発表の場とした新制作協会の第15回展に出品されたもので、複数の西洋芸術の摂取に取り組んだ作品といえるであろう。画面を見ると、前者では脚を立てて地面に座る、キトン風の白の衣装をまとった女性と、それを取り囲むように五人の裸の子どもが描かれている。後者において、子に授乳する母の姿で描かれた女性も同様の形状の衣装を着ており、三角座りをした横向きの裸婦が組み合わされている。彼は西洋芸術の群像表現に、日本にはない伝統の

精神があらわれているという考えをもっており [16]、戦前、とりわけ戦争画の時代においても群像表現を追求していたが [17]、複数の人物を描いたこれらの作品で、その課題に引き続き取り組んでいるのである。

　小磯は《斉唱》など戦前の群像表現において、同じモデルに異なったポーズをとらせるか、見る角度を変えて複数のデッサンをとり、それらを同一画面に構成して描くという手法をよく用いたが、《子供群像》《母子像》でも、やはり同様の方法に依拠していた [18]。具体的に述べると、《子供群像》の五人の子どもは、様々なポーズをとった一人の子どもが画面上で組み合わされたものであることが、指摘されている [19]。そして《母子像》でも、女性の髪形や顔貌の特徴が似通っており、同一人物を描いているのではないだろうか。各人物のデッサン（《母子像のための習作》（1951 年 d-0414）、《母子像》（1951 年 d-0416））は、注意深く升目がひかれた別々の紙に残されており、本作は、これらを組み合わせて、構成されたものと考えられる。

　さらにこの二作品は、古代ギリシアの衣装であるキトン風の白のコスチュームに身を包んだ人物が登場する、小磯の数々の作品の中で、ごく初期に手掛けられたもので、ギリシア美術、特に彫刻のレリーフに関心を寄せた時期のものとして、その影響が指摘されてきた [20]。

　《母子像》の女性二人の背景には、小磯が当時入手した、パルテノン神殿の東面フリーズのレプリカが描き込まれている。彼はギリシア神殿のメトープやフリーズについて、「このレリーフ彫刻の美しい組立てから各時代の群像は暗示を受けているところが多く、今日の油絵の群像もすべてこれに学んでいるものが多いといってもいいのではないかと思います [21]」と、その群像表現に関心をもっていた。そしてここで彼は、奥行きの浅い空間に人物を配置することによって生まれる、レリーフ的な効果を狙っているものと考えられるのである。というのは、《子供群像》では、人物の背後に白い布を広げることによって、《母子像》では、背景にフリーズのレプリカが置かれることによって奥行きが狭められてお

り、またそれぞれ、下にも白の布地が敷かれていて、人物の背景の大部分が白系の色で覆われることになることからも、画面をできるだけ平面的にしようとする画家の意図が見受けられるからである。こういった作品の特徴や小磯の意図は、人物の背景や周囲に室内の道具類が描き込まれた、戦前の母子像とは異なるものと考えられるであろう。

　ただ、この時期に小磯が関心を寄せていた西洋の芸術は、ギリシア美術や彫刻のレリーフだけではなかった。彼は、雑誌『教育美術』1950年11月号の中で、次のように述べている。

　　僕なども戦争中は戦争画ばかり描かされて、戦争画に片棒かついであちこちを歩き廻った。そういうように、戦争中は抽象絵画はすっかり影をひそめてしまった。戦後われわれ絵を描くもの、及びもっとわれわれより若い人々は、非常によろこんでこれを迎えた。熱狂して一時に新しいものに向ったのであります。（中略）僕はここで新しいということは何か、といことを考えてみたい。たとえばピカソの絵です[22]。

ここで小磯は、戦争中に抽象絵画が影をひそめる中、戦争画ばかり描かされたと述べ、戦後に美術界が迎え熱狂した新しい西洋芸術として、パブロ・ピカソ（Pablo Picasso, 1881-1973）を取り上げている。実は、1951年に東京と大阪でその展覧会が開かれたことを契機として、1950年代前半、日本の美術界にピカソは大きな衝撃を与えていたのである。

　従来、この時期の小磯作品について、影響を受けた西洋画家として、ピカソはほとんど挙げられなかったように思われる。その理由としては、序言で引用したように、西洋芸術の「古いところの研究」をし、「洋流の伝承を十分咀嚼して我邦に植える」ことを使命としたことが、小磯芸術の本質として、たびたび言及されてきたことと関係があるものと考えられる。そのため、ピカソのような、西洋の芸術の新しい潮流を代表す

るような画家との関係については、あまり言及されてこなかったのではないだろうか。しかし、いかなる時代の絵画であろうとも、彼が摂取しようとしたのは、あくまで、西洋芸術の長い歴史の中で、試行錯誤を繰り返しながら構築された技法であったといえるであろう。

　実際、『教育美術』に掲載の文章のみならず、1950年代初頭に、小磯は複数の著作の中で、ピカソについて言及していることが確認され、当時の彼の関心の高さが窺える。《子供群像》《母子像》を手掛けた1951年に刊行された著書『人物画の話』においても、小磯は人物画について解説するために挙げた九点の西洋絵画の内の一点として、ピカソの《海辺母子像》（1922年）（図5）を取り上げ、その技法や表現を解説していた。

　小磯は《海辺母子像》を「ピカソのクラシック時代（古典風な絵をかいた時代）の一枚」であるとして、この時代に、ピカソが「非常に優れた多くの裸や母子像の一連の絵を残しています」と述べ[23]、その画面で用いられた色彩や「組立て」については、次のように説明している。

　　　一つの画面の中に、これ位安定感の強い組立てをなし得た人は少いと思います。背景は灰色の混った明るい空色であり、その下に濃いコバルトの海らしいものが描かれ、皮膚の色はジョン・ブリアン（黄色系の明るい色）、顔の強いデッサンは、茶色であくまで強く現わされ、子供や布の影は、生の黒で思い切って全体を引締めています[24]。

《海辺母子像》を見ると、キトン風の衣装を身に着けた女性が、膝の上に乗せた裸の子どもの右手と背を、しっかりつかんでいる姿が描かれている。ピカソは、イタリア旅行を嚆矢に、ギリシア、ローマなどの芸術に関心を寄せ、創作に取り入れていた。そして1921年に最初の妻との間に長男が生まれると、彼らをモデルに一連の作品を描く。《海辺母

子像》の他にも、小磯が言及している、この時期のピカソによる母子像
を確認すると、横長のカンヴァスに、脚を立てて地面に座る、キトン風
の衣装をまとった女性を、子どもと組み合わせて描いた《母子》(1921年)
(図6) など、小磯の《子供群像》や《母子像》の着想に、ギリシア美
術のレリーフとともに影響を与えたと考えたくなる作品が挙げられる。
小磯が上の解説で述べている黒でつけられた影や、キトン風の衣装、背
景の平面的な処理に共通点が見受けられ、さらにいえば、ピカソはこの
時代の作品で、腕や手、頭部など身体の各部分にデフォルメを加えてい
るが、《子供群像》に描かれた女性をはじめこの時期の小磯作品の人物
でも、ピカソの作品ほどではないものの、太い手首や大きな手が見られ
る。ピカソと小磯の作品を比較して得た、以上のような類似点は、小磯
が当時ピカソに関心を寄せていたことを考慮しても、彼ら二人が同じギ
リシアの芸術に感化されたという理由だけでは、説明しにくいものであ
ろう。

　ただ、それぞれの母子の表現を比較すると、ピカソが自らの妻と子の
慈愛に満ちた母子像を描いたのに対し、小磯は西洋芸術の摂取につとめ
たこれらの作品で、母と子の関係やそれぞれの個性のようなものを描く
ことには重きを置いていないようである。このように小磯の作品に母子
の親密さを見て取ることができない要因の一端は、その面貌にほとんど
表情が表れていないことにあるのではないだろうか。《子供群像》《母子
像》の二作品でも、子どもは背中を見せていたり、他の子どもの後ろに
隠れてしまっていたり、顔全体が暗い影に覆われていたりで、顔がはっ
きり見えていない者が多く、見えていても、目、鼻、口や顔面の凹凸に
沿って、若干黒で影がつけられているだけで、ほとんどその特徴がわか
らないようになっている。後に小磯は、《働く人びと》(1953年 o-
0468) をはじめとする働く人を扱う一連の作品やギリシア風の衣装を
取り入れた作品などでも、母子のモティーフを描いていたが、同時に日
常的な母子像も手掛けていた。これらの作品における母子像表現をその

顔に着目して見ると、《母子像（A）》（1954年）（図7）《母子像（B）》
（1954年）（図8）では、日常風景の中の母子を捉えたように、母も子
も日本の普段着を着ていて、ポーズや子の仕草も自然であり、母子の面
貌もしっかり捉えられている。一方、同時期に描かれたキトン風の衣装
を着た女性と子のデッサン（1954年頃）（図9）では、母は顔がぼやか
され、子は観者にほとんど背を向けている。また、《母子群像》（1956年）
（図10）や《働く人と家族》（1955年 o-0529）では、作品中の他の人
物と比較しても、表情がなく人形のような姿で描かれている子どもや、
群像の中で後ろを向いている子どもの姿が特徴的である。

　こうした、作品による母子の表現方法の違いは、小磯が西洋のモティ
ーフを日本の作品に取り入れる際に起こる矛盾や葛藤を自覚していたこ
とに、起因するのではないかと推察する。それは、先述した『教育美術』
においてピカソを挙げながら、小磯が次のように述べていることからも
読み取ることができるであろう。

　　ピカソの絵は抽象絵画のどぎついものです。その中に一つの真理
　があります。白人の油絵の伝統の中に属しています。所が、われわ
　れは黄色人種であってそういう伝統から遠いのです。ピカソの絵を
　見ていると、つきつめた線、形白人の日常身辺の簡単な何でもない
　もの、コップ、魚網、卵（尤も卵は日本にもありますが）マントル
　ピースの飾りなどといったざらに身のまわりにあるもの、或はギリ
　シャ、ローマの神話、キリスト教の伝説を描いている。ですから日
　本では日本的に、台所、鍋釜等をやるべきだが、そうではない。日
　本の人がピカソの如く描くには、それをやるべきだが、事実やらな
　い。もしやればちっともピカソらしくなくなってしまう。そこに実
　に滑稽な矛盾があるのです。
　　建築も絵と同じであります。（中略）外国の新しい建築は、窓外
　の風景と内部の新感覚とよく調和している。それはあたりまえのこ

とです。日本にはそれがない。そういう矛盾した空気を反映してい
るのが現状です[25]。

　つまり小磯は、「白人の油絵の伝統の中」に属するピカソの絵画にあ
るモティーフを「日本的に」取り入れ、日本人が描いた場合に「ピカソ
らしくなくなってしまう」、その「矛盾」を懸念していたのである。そ
うしたピカソ作品のモティーフとして、「ギリシャ、ローマの神話、キ
リスト教の伝説」も挙げられていることには、注目すべきであろう。小
磯はこの「矛盾」に対する意識から《子供群像》や《母子像》などの母
子のモティーフにおいては、ギリシア風の衣装と組み合わせるべき顔を
見つけられなかったのではないだろうか。彼は眼の前のモデルを参考に、
自分の理想とする女性像の面貌やフォルムを類型化して描いたことが知
られている[26]。その理想の女性像のイメージとは、「神戸に生まれて、
若いころから外国に行ったり画集を見たりしているうちに」「でき上がっ」
た、「いつの時代のどこの人ともいえない」もので、「外国のいい絵に出
てくる女性」の雰囲気を出したかったと画家自身が述べている[27]。しか
し一方で、西洋の母子のモティーフ、特に子どもの面貌に関しては、西
洋芸術を熱心に研究した小磯にあっても、理想像が定まらなかったもの
と考えられるのである。

　1950年代後半からは、小磯作品に幾何学的な画面構成が表れるよう
になり、他の時代には見られない、実験的な作品を描いた。こうした画
風が用いられた《解放（はなつ）》（図11）《休息》（図12）は、ともに
1959年の第23回新制作展に出品された作品である。二作品とも、ほぼ
正方形の紙に直接油絵具で描かれており[28]、背景は、遠近感が曖昧な空
間になっている。《解放（はなつ）》では、大胆な色彩構成と抑揚をつけ
た線描によって、羽のある天使、ピエタを連想させるモティーフや、十
字架が取り入れられた《群像（受難）》（1959年頃 o-0608）にも登場す
る後ろ手を括りつけられた女性など、複数の小磯のキリスト教的なイメ

ージが重なり絡み合うようにして、描き出されている。一方《休息》の主要なモティーフは、後ろに肘を付いて仰向きに座っている女性三人と、ほぼ真ん中に配置された子どもであり、その周囲には、静物らしきものや、円形や四角などの幾何学的な図形で表現された形態が描かれている。ここでは、同じ白の衣装の人物の、類似した三つのポーズを、向きを変え円形に配置することによって画面が構成されている。

　これらの作品で、小磯は、モティーフの個々の質感や量感をなるべく表現せずに、幾何学的な形態や色彩の組み合わせによって、構図を作り出すことに関心を払っているように見受けられる。その中では女性と子の姿も、面貌がはっきり描かれないだけでなく、絡み合うように置かれたモティーフの一つとして、画面構成の一端を担っているに過ぎない。

　小磯は、画風を変えようとしていた 1959 年から 1960 年頃、上で挙げたものを含め、数多くのキリスト教と聖書をモティーフにしたと思われる作品や母子像を手掛けていた。彼は 1959 年に《幼子イエスとヨハネ》の制作に着手し、1960 年には生涯二度目の渡欧を通して数々のキリスト教主題の作品を実見したことも証言しており[29]、これらの経験から、そのモティーフへの関心が高まっていたものと考えられる。また、それは、西洋芸術の中で長い歴史と伝統をもつ宗教画を、自らの作品表現に取り入れるための試みでもあった。1980 年の対談において、彼は宗教画がむずかしい旨を述べる中で、「抽象的にしないで、私は写実的に描こうとするから、いけないんでしょうね[30]」と語っているが、確かに抽象的にすると、人物の面貌もそのフォルムも写実的に描く必要がなくなるであろう。この時期に小磯は、画面に抽象的な処理を施すことによって、キリスト教のモティーフや母子像を自らの作品に取り込もうと模索していたと見受けられるのである。

　以上、母子像の画風の変遷について検証を重ねてきた結果、小磯の西洋美術受容に対する様々な葛藤と試行錯誤の痕跡を見る事ができたと考える。小磯は戦後、母子像やキリスト教のモティーフを描いた作品で模

索を行っていくことになるが、その道は、多くの苦難と痛痒を彼に与えたのではないだろうか。彼は、意識的に西洋芸術の「古いところの研究」をし、その伝承を日本の洋画に根付かせようとした画家であったが、それを現実に自身の作品に摂取・咀嚼することの矛盾や問題を自覚していたことが、その証言から理解された。こうした意識からであろうか、彼は日常風景の母子像を描くときには、面貌の特徴を捉えているのに対して、ギリシアのレリーフに感化されて取り入れた技法やキトン風の衣装など、西洋芸術摂取に取り組んだ作品においては、母子、特に子どもの面貌をぼやかす、背を向けさせるなどして描く傾向のあることが判明したのである。

　1950年代後半から小磯の作品には幾何学的な画面構成が表れるようになり、1959年から1960年代初期にかけて小磯は、数多くのキリスト教や聖書を画題とした作品や母子像を手掛けるが、そこでは、人物の面貌も写実的に描かれず抽象的な処理が施されるようになっていた。その後1960年代半ばごろまでは、背景の描写や画風に、抽象的な描線や色彩の構成があらわれていたが、1960年代後半にはそれも影をひそめ、再び、室内の中で静かに座る女性を描くことを通して、小磯の理想とする女性の美を追求し、その世界を豊かにすることに、画家の関心は向けられていった。このことは、彼が西洋宗教画を模索する進取の方向性から離脱し、自身の追及すべき画風について、別の回答を得たことを意味していたのではないだろうか。

　抽象的な表現を多作した1960年代初期より後には、依頼により手掛けられた『口語聖書』挿絵を除いては、母子像もキリスト教や聖書をモティーフにしたと思われる作品も、描かれなくなっていたのである。

2　『口語聖書』挿絵における西洋美術摂取の様相

　『口語聖書』挿絵は、1967年末から1968年初頭に日本聖書協会から依頼され手掛けられたもので、1970年の秋に完成し、1971年3月に刊行された[31]。日本聖書協会が提示した70程の場面の候補の中から、小磯が「絵にしやすいところ、面白い構図になりそうなところ」を選択した、32の場面が挿絵として付されている[32]。画材としては、竹ペン[33]に墨汁をつけて描き、水彩で着色が施されており、また、塗り残しによって光を表現し、ドリッピングで波しぶきを表すなど、挿絵という性格もあって、通常小磯作品では用いられない手法が本作には取り入れられている。

　このキリスト教の聖典である聖書の挿絵という仕事は、宗教画制作から遠ざかっていた小磯にとっては、伝統的な西洋芸術への再度の「挑戦」でもあったと考えられる。それだけあって、彼は書籍や新聞、雑誌の連載小説の挿絵を数多く手掛けていたことが知られるが[34]、『口語聖書』の挿絵については、構想を練るのに半年、描くのに半年かかったと語っており[35]、非常に長い時間を要していたと言える。

　このように時間がかけられた理由としては、期限が指定されていなかったこともあろうが[36]、小磯が聖書の挿絵の制作においては、通常とは異なる手法を求められたことも一因であったと考えられる。というのは、この仕事について語る中で小磯は「私が写生する時は、いつも目の前に物があるのですが、想像で描いたのは後にも先にもこの作品だけでした[37]」と述べているように、彼は自分の眼で見たものを描写することを基本的な姿勢とする画家であったからである。よって、通常挿絵を手掛ける際には、小説の中に出てくる建物や場所の雰囲気が不明であれば、雑誌に掲載されている写真などを見るのみならず、小磯がそれにふさわしい場所を取材のために訪ね写真に収めて描いたという[38]。ところが、

聖書の挿絵では、その場面を見ることなく筆をとらなければならなかったのである。そのために、彼が参考とする資料を求めたことは想像に難くない。

　まず、彼が参考にした中で、最も重要な資料の一つは聖書の記述であったことであろう[39]。彼は「あまり熱心な信者じゃなかったから聖書は拾い読み程度でした。この仕事をすることになって、はじめて聖書を熟読しましたが、結構面白かったですよ[40]」と述べており、「構想をまとめるため、何回も聖書を読」んでいたというエピソードも、制作中の小磯と直接やり取りを行っていた日本聖書協会出版部の職員によって語られている[41]。

　また、小磯が聖書のテキストを読み込むとともに、聖書辞典、聖書の動植物や風俗等に関する図書、海外で発行された聖画などを資料として借り出していたことがわかっているが[42]、西洋芸術の研究に熱心に取り組んだ小磯にあっては、相当数の宗教絵画を調べたことが推察される。

　小磯旧蔵の2000冊余りの図書を保管する小磯記念美術館に所蔵されているキリスト教関係の書籍としては、『キリスト　美術作品に見る』（日本基督教団出版部、1956年）と『名画に見るキリスト』（保育社、1969年）が、当館学芸員によって紹介されており[43]、これらの書籍には西洋のキリスト教絵画が多数掲載されていることが確認できる。特に『キリスト　美術作品に見る』に関しては、外箱から出して裏表紙を見ると、黒い墨らしきものが擦れたように付着していることが報告されており、小磯が本作を制作しながら参考資料として眺めた可能性を高めるものとみなされている[44]。

　そして実際、これらの書籍に掲載されている西洋美術作品と、小磯の挿絵を比較して見ると、いくつかの共通点と相違点を見つけることができるであろう。ここからは『口語聖書』から三点の挿絵「聖霊が降る」「善いサマリア人」「最後の晩餐」を取り上げ[45]、聖書のテキストや、西洋絵画と比較することによって、小磯が西洋美術を摂取しながらも、いか

に自らの視点から聖書に向き合い、それぞれの場面を描写したのか、その特徴について考察したい。また着想を得てからも、彼は注意深く構図や表現の検討を重ねていた。画家の証言によると、素描や構想を描いたトレーシング・ペーパーの上に、さらにトレーシング・ペーパーを重ねていき、良い部分をトレースし良くない部分を描き直す。これを繰り返すことによって下絵を制作したという[46]。つまり、素描と完成作を比較すると、その変更点や手法から、制作過程における画家の意図を、窺い知ることができるのである。

2-1 「聖霊が降る」

小磯が西洋絵画に登場するモティーフの形を参考にしたと考えられる例が、「聖霊が降る」（図13）である。ここで描かれている場面について、『使徒行伝』第2章には次のように記述されている。

　　五旬節の日がきて、みんなの者が一緒に集まっていると、突然、激しい風が吹いてきたような音が天から起ってきて、一同がすわっていた家いっぱいに響きわたった。また、舌のようなものが、炎のように分れて現れ、ひとりびとりの上にとどまった。すると、一同は聖霊に満たされ、御霊が語らせるままに、いろいろの他国の言葉で語り出した[47]。

先行研究では、小磯の挿絵がスペインの画家エル・グレコ（El Greco, 1541-1614）による同場面の絵画《聖霊降臨》（1600年頃）（図14）と比較されている[48]。グレコの作品の図版は、小磯が所有した『名画に見るキリスト』にも掲載されており[49]、彼が目にしていた可能性は高いと考えられる。

小磯の作品で人物たちの頭上を見ると、それぞれ白く細長いものが浮

かんでいることがわかる。素描では炎のような形で表現されている様（図15）は、「舌のようなものが、炎のように分れて現れ、ひとりびとりの上にとどまった」という聖書の記述に従って描かれた聖霊である。グレコの作品でも描かれていることを指摘されているが[50]、筆者が同場面を主題としたキリスト教絵画を見たところ、聖霊の姿は炎のような白の形態として人々の頭上に描き込むことで、表現されることが多いようである。聖書の記述ではこれに関して、どのような色と形状をしているのか詳しい説明はないため、小磯はこうした西洋絵画での表現を参考にしたのであろう。

　次に、二作品を比較して見ると、グレコは場面を横から捉え、縦長の画面に聖母マリアや使徒たちの立像を凝縮している。そして使徒たちの多くが天を仰いでおり、身振りと表情で驚きや感嘆を表現しているようである。一方、小磯の作品では俯瞰的に使徒たちを捉え、奥行きのある空間に遠近感をもって彼らを配置している。使徒たちのほとんどは聖書の記述に基づいて座っており、天を仰いでいる者もいれば、言葉を交わし合っているように見受けられる者もいるが、その表情まではほとんど見て取ることができないようになっている。つまりグレコが、天からの聖霊に対する使徒たちの劇的な驚きに焦点をあて、場面の瞬間性を描写しているのに対して、小磯は聖書の記述に基づいて、「音が天から起る」「使徒たちの上に舌のようなものがとどまる」「使徒たちが他国の言葉を語り出す」という、物語の流れを描き出しており、より説明的な描写になっているのではないだろうか。そして、こうした使徒たち各々の様子が、小磯の挿絵では俯瞰的な視点で捉えることによって、見てとりやすくなっているのである。

　以上で考察してきたように、「聖霊が降る」において小磯は、過去の西洋絵画を参考に聖霊の形態を描いたと考えられるが、同場面を描き、「舌のようなもの」の表現も似通っているグレコの作品との比較によると、グレコとは異なり小磯は俯瞰的な視点から捉え、より説明的な描写を行

うなど、物語を描き出すために工夫を施していることが理解された。

2-2 「善いサマリア人」

　次に「善いサマリア人」（図16）については、場面の選択やモティーフの配置にあたって西洋絵画を参照したと考えられる。この挿絵は、ルカによる福音書第10章のイエスが述べたたとえ話を主題としたもので、それは以下のような内容である。

　旅人がエルサレムからエリコに向かう途中、強盗に遭い半死の状態となっていたところを、祭司とレビ人が通りかかったが、通り過ぎて行った。一方サマリア人は旅人の手当てをして、宿屋に連れて行って介抱した後、世話をするようにと、主人にお金を置いて行ったという。キリスト教絵画の中では、旅人は道端に横になって手当てを受け、サマリア人は傷に油を注いでいるか、包帯を巻いている場面がよく取り上げられる。あるいは、宿屋に到着し、サマリア人が財布を出して、宿屋の主人に近づく場面が表されることもあるが[51]、この物語の中で小磯が選択して描いたのは、道端に残された旅人を、サマリア人が自分の家畜に乗せるところであった。

　この場面について聖書では、サマリア人が旅人を手当てしたあとに自分の家畜に乗せた、との記述があるだけである。にも拘らず、同場面を主題としたフィンセント・ファン・ゴッホ（Vincent van Gogh, 1853-1890）の油彩画《善きサマリア人のたとえ》（1890年）（図17）と比較すると、複数の共通点が見受けられる。実際このゴッホの作品は、小磯が所有していた『名画に見るキリスト』に掲載されており[52]、小磯がこれを参考にした可能性が高いものと筆者は考えている。

　ゴッホも小磯も描いているのは、一連の物語の中で、旅人をサマリア人が自分の家畜に乗せる場面であるが、ゴッホがサマリア人を背後から、家畜を前方から捉えているのに対し、小磯はちょうどそれぞれの向きを

逆にするようにサマリア人を前方から、家畜を後方から捉えている。また、細かく見ればゴッホが旅人を家畜に乗せかかっている場面を捉えているのに対し、小磯が描いたのは旅人を抱えているところであることなど、相違点も見受けられる。しかし共通点もまた、複数挙げることができるであろう。まず、西洋の美術作品において伝統的に黄色で描くことは決まっている訳ではないにも拘らず、両者ともにサマリア人の衣服の色は黄色である。さらに、サマリア人が旅人の元を訪れる前に通り過ぎたと思われる祭司かレビ人が去っていく姿を、遠方に小さく描いていることも共通している。実はゴッホは、ウジェーヌ・ドラクロワ（Eugène Delacroix, 1798-1863）の 1849 年の作品を参考に左右を反転させて描いており、このとき、ドラクロワの作品にはない祭司とレビ人の姿を描き加えていた。そして小磯もまた、ゴッホと同様に、通り過ぎた人物の姿を描いたのである。

　ただ、ゴッホとドラクロワが、サマリア人が旅人を家畜に乗せる際の身体の動きや造型を、画面の中心に置いているように見受けられるのに対して、小磯は先に人物が通り過ぎたことを表すための道の奥行きや遠景との距離感にも、注意を払っていたと考えられる。というのは、残された素描を見てみると、前景のサマリア人、旅人、家畜と、遠景の通り過ぎた人物、風景や道とが、わざわざ別のトレーシング・ペーパーに分けて描かれているからである。遠景が描かれた素描（図 19）で、左の道の線が切れているが、これは両者を重ねて透かしながら描いている際、先に描いた前景の素描（図 18）の、家畜の部分を避けるようにして線を引いたからであり、二枚の素描が重なってはじめて一つの構図ができあがることが指摘されている[53]。ここからさらに、二枚のトレーシング・ペーパーの位置が調整され、前景部分がより下に配置されたため、結局完成作では、道の線と家畜の重なりはなくなっている。

　つまり、小磯は場面の選択やモティーフの配置、色彩に関しては、ゴッホの作品を参考にしていたと考えられるものの、その素描の分析から

は、主要モティーフである旅人とサマリア人の様子だけではなく、近景と遠景の距離感や奥行きの表現にも関心をもち、制作の過程の中でその位置関係を調整していたことが、うかがわれるのである。

2-3　「最後の晩餐」

　最後に、小磯が聖書のテキストを読み込んだうえで、西洋絵画とあえて異なる表現を選択したと思われる例として、「最後の晩餐」（図20）を挙げることとしたい。これは多くの名画でよく知られている場面であり、マタイ、マルコ、ルカ、ヨハネの四つの福音書で取り上げられている。

　小磯の所蔵した書籍『名画に見るキリスト』には、この場面に関する解説文が次のように記されている。「最後の晩餐を作品にしようとした芸術家たちは、その構図について苦心してきた。それぞれの時代の会食の風習を反映させながらも、ユダの取り扱いに頭を悩ました。不自然さを避けつつも、ユダを表現上で差別しなければならなかったからである。数ある名作の中でもっともよく知られているレオナルド・ダ・ヴィンチの『最後の晩餐』はその構成において最高のものとされている[54]」。ここで解説されているように、西洋絵画の中でユダは様々な方法で他の人物と区別されて描かれてきた。レオナルドの作品（1495-98年）は、『名画に見るキリスト』にその部分[55]とデッサン（図22）[56]が掲載されており、横一列に並ぶテーブルの中央にイエスを配置して使徒たちが並んでいるなか、ユダが銀貨の袋をもっていることはよく知られている。また、一人だけ顔を暗くされて、身体を引き加減にしているという指摘もある[57]。『キリスト　美術作品に見る』に掲載されているディーリック・バウツ（Dirk Bouts, 1415頃-1475）の作品（1464-67年）（図23）でも[58]、レオナルドと同様、銀貨を入れた袋をもつことでユダが示唆されており、他にも、イエスから受け取ったパンを抱えた姿や、一人だけ光輪がないことでユダを示したものや、ドメニコ・ギルランダイオ

（Domenico Ghirlandaio, 1449-1494）の作品（1480年）のようにイエスを中央に置いて、ユダ一人だけを食卓の手前に配して描いた例もある。では小磯の挿絵において、「最後の晩餐」の場面やユダは、どのように表現されているのであろうか。

　彼の作品では、イエスと使徒たちは横一列にではなく、テーブルを囲むように配置されているが、それを俯瞰的な視点から捉えることによって、各々の使徒たちの動作や様子を見て取ることができるようになっている。その中で、イエスは画面向かってテーブル右側の中央に座っている人物であろう。小磯の挿絵の一点「徴税人と食事をする」では、色を重ねない事によって透けて見える下地の白でイエスが表現されているが、本作でも薄暗い中で、この人物の衣服だけがほとんど塗り残されており、また、テーブルの反対側に暗い影ができていることからも分かるように、その背後からは光が射している。そして、彼の右手の近く、ちょうど画面の中央に置かれた赤色は、イエスが自らの血として与えた杯を示していることが推察される。テーブルの上に置かれたいくつかの皿の上には、イエスが自らの身体としたパンらしきものが載せられている。

　では、ユダはどの人物なのであろうか。銀貨の袋をもっている人物や、一人だけテーブルの反対側にいるといった、特別に区別されている人物は一見いないように見受けられる。ここからはマタイ、マルコ、ルカ、ヨハネの四つの福音書で、ユダに関してどのように記述されているかを参照し[59]、小磯が作品の中でどのように彼を表現したかについて、確認していきたい。

　まずマタイによる福音書第26章では、イエスの「わたしと一緒に同じ鉢に手を入れている者が、わたしを裏切ろうとしている」という言葉に対して、ユダが「先生、まさか、わたしではないでしょう」と答えて言うと、イエスは「いや、あなただ」とはっきりその場で告げている。マルコによる福音書第14章では、「裏切ろうとしている」者について、「わたしと一緒に同じ鉢にパンをひたしている者が、それである」とイエス

が告げる。ルカによる福音書第22章では、「わたしを裏切る者が、わたしと一緒に食卓に手を置いている」と言うが、その場では誰が裏切ろうとしている者なのか、イエスは明示していないようである。

　一方ヨハネによる福音書第13章では、イエスの「あなたがたのうちのひとりが、わたしを裏切ろうとしている」という言葉に対し、使徒の一人が「主よ、だれのことですか」と尋ねると、イエスは「わたしが一きれの食物をひたして与える者が、それである」と答え、一きれの食物をひたしてとり上げ、ユダに与えたとある。注目すべきはこの後の記述で、「この一きれの食物を受けるやいなや、サタンがユダにはいった。そこでイエスは彼に言われた、「しようとしていることを、今すぐするがよい」。（中略）ユダは一きれの食物を受けると、すぐに出て行った」とある。このとき、他の使徒たちは、イエスの言葉の意味は理解していなかったものの、ユダに対して告げたものだということは認識していたようである。

　筆者は、小磯が最も参考にした聖書の記述は、四つ目に挙げたヨハネによる福音書だと考えている。四つの福音書全てで「最後の晩餐」の場面は取り上げられているが、イエスが告げた後、ユダがすぐに立ち去ったという記述があるのは、ヨハネによる福音書だけである[60]。

　小磯による「最後の晩餐」の画面を見ると、テーブルを挟んでイエスとちょうど反対側にいる人物だけが、後ろを振り向いている。素描（図21）を見ると、この人物がなぜ振り返っているのか、これから起こそうとする動きがより明確となるであろう。素描では、この者がこの場から立ち去ろうと、足を椅子の外に踏み出している姿で描かれていたのである。つまり、彼こそが「一きれの食物を受けると、すぐに出て行った」という、ユダを表しているのではないだろうか。加えて他の使徒たちの様子を確認すると、イエスの方を見る者、身を乗り出す者など、多様な身振りを見せる中、多くの使徒たちの視線の先に、この振り向く人物がいることが理解されるのである。

　興味深いのは、小磯が素描でのユダの表現方法を、完成作ではよりさり気ない、後ろを振り向くだけの姿にあえて変更していることである。代わりに画面右下で立ち上がった使徒の一人の椅子を倒すことで、全体のバランスをとっているのであろうが、素描よりも完成作の方に、ユダがどの人物なのかが、より曖昧に描かれているということになる。このような方法を選択した理由としては、小磯が大袈裟な表現より控え目なものを好んだこと、テーブルに着く 13 人もの人物から構成される群像表現にあたって、そのバランスを重視したことなどが推察される。

　小磯による「最後の晩餐」の挿絵では、伝統的な西洋絵画によく見られる「最後の晩餐」の様式に則っているわけでも、聖書の読者の多くが知っているであろうレオナルドの《最後の晩餐》に則っているわけでもなく、また挿絵としてのわかりやすさを重視しているようにも見受けられなかった。筆者は、小磯によるこうした表現は意図的なものと考える。なぜならレオナルドの《最後の晩餐》は、小磯が所有していた書籍『名画に見るキリスト』に掲載されているだけではなく、1960 年の渡欧の際にこの作品を実見していたことがわかっている[61]。また、西洋芸術を熱心に研究した小磯が、こうした作品でのユダの表現方法を知らなかったとは考え難いからである。このことは、小磯が過去の西洋美術と異なった表現を選択して、場面を描きだしていたことを示すものであろう。それどころか、彼が挿絵としての分かりやすさよりも、自らの芸術理念を作品に反映させることを優先したものと考えられるのである。

　以上、小磯の『口語聖書』挿絵の制作について見てきた結果、「聖霊が降る」ではモティーフの形態を、そして、「善いサマリア人」では画面の構成や色彩について、西洋絵画を参考にしたと考えられようが、ただし、場面の描き方や構図には独自の工夫が見て取れるものとなっている。一方「最後の晩餐」については、小磯がレオナルドなど著名な西洋画家とは異なる構図で場面を描いており、素描との比較からは、あえて

控えめな表現を選択していることも明らかになった。聖書の挿絵制作に
あたって、小磯にとって聖書のテキストとともに、西洋絵画は重要な資
料であったことは確かであろう。ただ、あくまでも彼の芸術理念に則っ
て、聖書の物語に沿った情景を作り出し、挿絵を描き出そうとしていた
と考えられる。このように、自らの関心や意図から表現に独自の工夫を
施していたことは、小磯が自らの芸術をもって、過去の西洋宗教画を乗
り越えようとしていたことを意味するのではないだろうか。

3 《幼子イエスとヨハネ》に見るキリスト教との関係について

《幼子イエスとヨハネ》（図24）は、頌栄短期大学[62]からの依頼によ
り手掛けられた作品である。本作の制作年は、これまで1959年と見な
されてきたが、先年、筆者による資料調査の際、『月刊神戸っ子』1987
年12月号に、作品の来歴についての詳細が記述されていることを発見、
制作過程に関する新たな事実が判明したのであった。その資料とは当時、
頌栄保育学院理事長を務めていた今井鎮雄氏による「小磯良平画伯作ス
テンドグラス小史」と題された文章である[63]。

本章では、この資料や小磯の証言を基礎として、彼がいかなる芸術理
念や過程を経て聖書やキリスト教を主題とする作品を制作したのかにつ
いて考察を行い、あわせて、《幼子イエスとヨハネ》における小磯の意
図を読み取るために、作品の画面についても具体的に分析を加えること
としたい。これら文献資料の発掘と美術史的な手法の両面からの作業を
組み合わせ行うことによって、はじめて、画家とキリスト教作品、ひい
ては西洋美術との関係について、その実像に迫ることが可能となるであ
ろう。そこで、まずは今井鎮雄氏と小磯の発言を整理して、事実関係を
確認していくこととしよう。

　今井氏によると、1959 年、頌栄保育学院の創立七十周年を記念して
チャペル造営の計画が持ち上がった。そこに飾るステンドグラスの原画
として小磯に依頼がなされ、制作されたのが、《幼子イエスとヨハネ》
であったとのことである。その後、チャペルが完成されるまで小磯がア
トリエに作品を保管することとなったが、着工されないまま時が過ぎ、
1979 年の学院創立九十周年の段となって、大講義室にチャペルの機能
をもたせることになったという。その際に今井氏が本作を掲額したいと
小磯に依頼したところ、それなら少し色を改めたいと小磯が修正を申し
出、その後、現在の絵画作品として完成したとの経緯であったようであ
る。そして 1980 年 7 月には、小磯とともに友人で画家の田中忠雄（1903
-1995）が参列して、本作と田中による作品の掲額式が行われるに至った。
その後、小磯が亡くなる前年の 1987 年 10 月に、原画を元に制作された
ステンドグラスが大講義室に設置され、現在は、1991 年に完成した頌
栄短期大学のハウ記念館チャペルに、件のステンドグラスが掲げられる
に至っているのである。
　このように、今井氏の述懐に基づくとするならば、小磯は非常に長い
期間アトリエに《幼子イエスとヨハネ》を保管し続けていたことになる。
その間画家は、この作品とどのような関わりをもっていたのだろうか。
掲額式直後の 1980 年 10 月に刊行された対談の中で、小磯は次のように
述べている。

　　二十年ぐらい前に神戸の頌栄短期大学の校長先生に頼まれて、描
　いてはみたんですが気にいらなくて放りっぱなしになっています。
　最近、手をいれて、新しい講堂に掛けてはあるんですが、ステンド
　グラスにする自信がなくて、そのままになっています。

　　友人の田中忠雄さんにキリスト教美術展への出品を誘われるんで
　すが、どうも宗教画はむずかしくてね。神戸の教会でマリアさんが

異人で、まわりに日本人の信者がいるステンドグラスを見たのです
　　が、どうも、ぴったりきません。田中さんのように抽象的にしない
　　で、私は写実的に描こうとするから、いけないんでしょうね[64]。

　つまり、画家小磯としては最初に本作を描いてから、気に入らないと
思いながらも、20 年もの間、ずっと手元に置いていたことになる。そ
して 20 年の時を経て手を入れ、掲額してもなお、ステンドグラスにす
る自信がないと述べていた。彼は本作に取り組むにあたって、筆が思う
ように運ばず、一時は制作を中止することも考えたという。そのような
時に、キリスト教を題材にした作品を多く手掛けた田中忠雄の助言と励
ましを受け、完成に至ったという経緯があったことが、先学により指摘
されている[65]。
　今井氏の言説と画家の証言から判明したように、やはり本作の制作過
程においても小磯は、これまでの宗教画制作の時と同様に、この画題を
いかにして描けばよいのか苦慮し葛藤していたということである。キリ
スト教に親しむ環境にあった彼にとってキリスト教の画題とは、ちょう
ど《幼子イエスとヨハネ》がそうであったように、側に置いてその存在
を感じながらも、いかに取り組むべきかが定まらず、向き合うことが困
難なものであったのかもしれない。そして、その困難の原因は、ここで
小磯が述べている、「異人」のマリアと「日本人」の信者を組合わせる
ことに違和感を抱いたということ、つまり、彼が自らの信仰心の発露と
してというよりは、何より画家としてそのイメージに向き合っていたこ
とを示すものではないだろうか。
　筆者は、その違和感は、まさしく洋画家小磯良平の中で「洋流の伝承
を十分咀嚼して我邦に植える」ことへの苦難に繋がっていたと考える。
なぜなら「聖書」やキリスト教のモティーフこそ、西洋美術史上数々の
芸術家たちが取り上げてきた、伝統的な画題であったからである。第一
章で引用した画家の言葉にあったように、小磯は、「白人の油絵の伝統

の中」に属し、「キリスト教の伝説」なども描かれるピカソの絵画のモティーフを、日本人が「日本的に」取り入れ、描いた場合に起こる「矛盾」を懸念していた。この矛盾に対する彼の葛藤は、《幼子イエスとヨハネ》の作品からも読み取ることができるであろう。次は、具体的に画面より検証を加えていきたい。

アーモンド型の画面の頂上にいるのが、イエスに授乳する聖母マリア、円の左下側からアトリビュートである十字架を捧げ持つのが、聖母の従姉エリサベツの子にあたる洗礼者ヨハネと考えられる。聖家族の場面で通常ヨハネはイエスと同じ年ごろか、イエスよりも幾分年上に描かれることはあるが[66]、本作では両者にかなり年の差があるように見受けられる。画面右側には天使が二人おり、それぞれ鳩を抱えている。この鳩は後にヨハネがイエスに洗礼を施した際に、舞い降りたという精霊の鳩からインスピレーションを得て描き込んだものである可能性も考えられるが、その場合、鳩は通常洗礼を受けているイエスの頭上に描かれることが多いという[67]。

本作には、頭に光輪が置かれ聖人として描かれた、マリアとイエス、傍らの天使二人、そしてヨハネの他に、四人の人物がいる。画面の右下には、イエスの方に顔を向ける女性とその腕に抱きかかえられた幼児が、ヨハネのすぐ横には赤い衣装を身に着けた女性、その脇にはよく見ると、十字架に手を伸ばす幼児が描かれている。つまり「幼子イエスとヨハネ」がテーマの画中に、聖母マリアと幼子イエス以外に二組の母子像が描き込まれているのである。このことは、依頼をした頌栄短期大学が、イエス・キリストの精神に基づいて、幼児教育を学ぶ場であることを考慮したものとの解釈もされているが[68]、キリスト教美術には「聖なる親族」というテーマがあり、聖母の異父姉妹のマリア二人と、それぞれの子の姿を小磯が想定した可能性も考えられる[69]。

本作の母子の描写について考える際に注目すべきは、《幼子イエスとヨハネ》の構想を示すと思われるデッサン（図25）ではなかろうか。

完成作とデッサンを比較して見ると、両者ともに、聖母マリアと幼子イエスを中心にして、群像が構成されている点は共通している。ただデッサンでは、十字架をもつヨハネの姿が見受けられない代わりに、後ろ姿の子どもが二人置かれ、画面両上に十字架のモティーフが描かれていた。また、このデッサンの段階において、すでにイエス以外の子どもを置くという小磯の構想が、ほぼ固まっていたことがうかがわれるが、その子どもの姿は完成作よりも身体が大きく、成長した姿である点が異なっているであろう。さらに、元々イエスは黄色の衣装を身に着けて両手を広げ、観者の方を真っ直ぐに向いていた[70]。そのイエスも、完成作では、他の幼児と同様の姿に変更されているのである。画面右に描かれた母子像についても、デッサンでは女性は観者の方に正面からの顔面を向け、子どもは横顔を見せている構図であったが、完成作では、画面奥のマリアとイエスの方を振り返る母と幼児の姿に変更が加えられている。

　つまり、結果として、本作では《幼子イエスとヨハネ》というタイトルが付されていながら、イエスは頭に光輪がある以外には、他の幼児と似たような姿で描かれている上に、手前の女性やマリアの腕によって身体の一部が隠され、ヨハネも完全に観者に背を向けていることが理解される。さらに、画面右下の母子と、赤い衣装の女性の脇にいる幼児に関してもほとんどその顔貌を見ることができなくなっている。このように、画家の構想の過程の中で、あえて人物の顔貌を描くことを避ける手法を選択したふしが見受けられるのである。

　小磯がこうした表現方法をとった理由の一つには、画家の意識がキリスト教美術の決まりに則って信仰を表すことよりも、縦長の円の中に、九名もの人物をいかに配置するかという群像表現に向けられた、その結果、この観者に背を向ける手法を選択したといえるのではなかろうか。群像表現は、小磯が生涯に渡って取り組み、追求し続けたテーマであった。直立している人物が多い構想素描と比べると完成作では、後ろ向きの人物が観者を画面に誘い込む役割を担っており、マリアとイエスを作

品の中心にして求心的な画面をつくりだしているようである。さらに、周囲の各人物の視線や身体の向き、ポーズや配置に変化をつけてアーモンド型を構成しながらも、ヨハネが円の一番下から上奥に向かって十字架を捧げ持ち、複雑な人物配置の構図にまとまりを与える役割を果たすという、画面の構成上における積極的な理由に依拠しているのである。

　いま一つ、考えられる理由としては、これまでにも重ねて述べてきた小磯の西洋宗教画受容に対する葛藤に起因するのではないか、というものである。本作に登場するどの人物の肌の色も、灰色をしていて同一であることに、「異人」の聖人と「日本人」の組合わせに対する違和感を軽減しようという画家の意図を読み取ろうとするのは、あながち穿ち過ぎとは言い得ないであろう。さらに、本作での母子の表現に関しても、第一章において考察を重ねたように、小磯の中で理想の母子像のイメージが定まらなかったために、母子、とりわけ子の顔貌を描くことを意図的に避けたと考えられるのではなかろうか。なぜなら、これまで検証してきたように小磯は、母子像やキリスト教作品、聖書の挿絵の制作を通して、いかにキリスト教の画題に向き合い取り組むか、試行錯誤を行ってきた。しかし、彼は自らの西洋美術受容の観念の中で、その矛盾や「異人」と「日本人」との組み合わせに対する違和感をついに、払拭するには至らなかったと考えられるのである。《幼子イエスとヨハネ》を二十年もの間アトリエに保管した後に手を入れ、なおも作品に自信がもてなかったという事実、そして本作の背を向けた母子の姿を多用した構図の採用こそが、筆者には小磯のキリスト教作品への逡巡の思いを象徴しているように思われてならない。

結　語

　本稿では、小磯の絵画芸術におけるキリスト教受容を解明するために、

ほぼ制作年代順に、母子像、『口語聖書』挿絵、《幼子イエスとヨハネ》を取り上げ、その特徴について分析を行ってきた。その際に、先行研究の成果や画家と関係者の証言、さらには関連資料に精査を加えながら、作品の画面の具体的な分析を行うことによって、検証を重ねてきた。

　そこから総合的に理解されたことは、小磯の西洋宗教画受容においては、あくまで洋画家がもつ固有の苦悩の中で終始しており、小磯個人の宗教心の強烈な発露のような側面が希薄であったということである。ただ、論旨が多岐にわたったので、各章ごとに理解された要旨を示して筆を擱くこととしたい。

　第一章では、後に『口語聖書』挿絵や《幼子イエスとヨハネ》にも描き込まれる母子像を主眼に、これを自らの作品に取り入れるための模索や表現の変遷について考察を行ってきた。小磯の母子像のモティーフは、必ずしもキリスト教的な宗教画に限定されるものではないかもしれないが、《斉唱》などと同じく、画家小磯の宗教的な側面を確認しうる材料として、採り上げるに値すると考えられたからである。それらの検証の結果、彼が日常的な母子像を描く際には、その面貌の特徴を描いた一方で、ギリシアの衣装、レリーフの表現、ピカソなど西洋美術受容に取り組んだ作品においては、その多くが表情が見られないようにするなど、面貌を曖昧にする傾向が見受けられた。そして最終的には、抽象的な画面構成の中に、母子やキリスト教のモティーフを取り入れようと試みていたと考えられるのである。そうした傾向を裏付けるように、彼は西洋芸術を日本の作品に摂取する際の矛盾や葛藤を綴った文章を残している。つまり、母子像を描いていた1950〜60年代の画家小磯は、西洋の母子の理想像も、どのように描けば良いか、定まった見解を持つに至ってはいなかったことが理解されるであろう。

　次に第二章では、『口語聖書』挿絵三点と西洋絵画を比較し、作品画面を具体的に分析することによって、1960年代末期から1970年頃の彼のキリスト教美術摂取の実体を確認していくことを目指した。結果、モ

ティーフの形態、画面の構成や色彩について、西洋絵画を参考にしたと考えられるケースもあったが、その摂取のあり方では、あくまで彼の芸術理念を反映させて挿絵制作に取り組んでいたことが、理解されたであろう。そうしたことの証左として、「最後の晩餐」においては、著名な西洋絵画とは異なる構図や手法で場面を描いており、その素描との比較からは、必ずしも挿絵としてのわかりやすさを重視していないことも明らかになったのである。つまり小磯は、『聖書』のテキストと西洋宗教絵画の知識やイメージを念頭に置きながらも、画家としての視点から、聖書の物語や場面を描くために必要なモティーフや構図を選択し、表現することに力を注ぐという、西洋美術受容における彼独自の立ち位置を確立していたことが理解されたのである。

　そして、第三章の《幼子イエスとヨハネ》に関する考察では、もっぱら、その制作過程と表現技法の分析を通して、小磯とキリスト教との関わりについて検討を重ねることとなった。従来、本作の制作年は1959年とされてきたが、筆者が近年発見した資料によると、その後二十年もの間、アトリエに保管された後、1979年から1980年頃に小磯の手によって、加筆修正が加えられていたことが明らかになったのである。また小磯は、「異人」のマリアと「日本人」の信者を組合わせることに違和感をもっており、宗教画を描くことに苦慮していたことも理解された。その結果として、《幼子イエスとヨハネ》では人物が観者に背を向ける、面貌がはっきり描かれないなどの表現がなされているものと推察されたが、これらは、先に第一章で考察を加えたように、母子像において用いられた表現と同様の効果があったと考えられるであろう。つまり西洋芸術史の中で伝統をもつキリスト教絵画に、洋画家小磯がいかに取り組むかという、逡巡と追及の思いについて再度確認することができたと考える。

　以上のような検討を経た結果、小磯がいかなる意図や芸術理念をもって、キリスト教や聖書の主題を自らの作品に取り入れたのかが、その変

遷過程を通して、理解されてきたのではなかろうか。これまで未確認の
事象が多岐にわたり、曖昧な確認しかされてこなかった画家小磯の芸術
作品におけるキリスト教受容や、西洋美術との関係については、本検証
で一定の方向性を示すことができたであろう。

　明治のはじめから、西洋美術の成果をつぎつぎと取り入れることで形
成されてきた、近代日本の洋画史の中で、小磯は意識的に西欧の伝統的
な絵画理念を日本に移植しようと試み、あくまで「ヨーロッパの「作法」
に忠実であろうとした」画家の一人と評価されている[71]。実際、彼は、
ジレンマをかかえながらも、「模索」「挑戦」「逡巡」を重ねながら、西
洋の伝統的なキリスト教や聖書の画題を自らの作品に摂取しようと、面
貌を描くのを避ける等の手法の採用をはかって、その日本的応用に取り
組み、悪戦苦闘していた。

　小磯は、1971年の対談において、それまでの自らの作品を振り返り、
次のように述べている。

　　僕は油という材料を使って描く場合に、日本人だからどうの、外
　国の伝統をふまえた人の作だからどうのということでなく、日本人
　が素直に内容に適した技法でもって油絵を描いた場合はどうか。あ
　るいは、西洋人がやった油絵はどういう気持で、どういう材料をつ
　かって、こんなテーマで描いたものだろうか。ことに西洋人をモデ
　ルとした場合は油絵の技法でかくと、いかにもむこうの絵のように
　見えますね。そういった意味のことを実験的にやってみるという気
　分が多分にありますね。（中略）今の日本人が日本人として感じる
　美しさについての考え、あるいはその美感、日本人が昔から持って
　いた美に対する気持が油絵に表われるのはどうだろうということは
　僕の場合二の次なんですね。そういういう（ママ）実験がどこまで日本人が
　やって普通に材料にぴったりするような絵になるかということをず
　っと繰返しやってきたんですが、実際に僕の絵を最初から見てみま

すと、自分でもびっくりするくらい日本人臭くて異人臭いところが
ひとつもないんですね。内心びっくりしたり、がっかりしたりして
るんです[72]。

　この内容によると、小磯は、日本人がもつ美感、美に対する考えや気
持が表れるということは二の次に取り組んできたはずの自らの油絵を振
り返って、彼の言葉でいうところの「日本人臭くて異人臭いところがひ
とつもない」との感想を抱いたという。これに対して、彼自身は「びっ
くりしたり、がっかりしたりしてる」と述べているが、筆者はそれこそ
が、小磯作品の特徴であると同時に、彼の苦難の原点でもなかったかと
考える。その生涯にわたって西洋人が描く彼の理想像を、己が手にする
のに苦闘を続けた小磯であったが、彼本人の内なる精神性は、やはり日
本人のそれと大きな差異は存在しなかったと考えられるからである。

　小磯は国際港湾都市神戸で、生まれながらにキリスト教に親しみ、幼
少の頃より西洋画家の画集に関心を寄せ、クラシックの鑑賞を行うなど、
当時の日本でいえば、格段に異国の文化に触れる環境に身を置いていた
画家であった。一方、彼の祖父は九鬼家に仕えていた武士で、書を好み、
父は能楽に親しんで太鼓を得意とするなど、いかにも武家らしい雰囲気
も持ちあわせされていたのである[73]。こうした日本の古風な気質と西洋の
雰囲気が合わさった環境こそが、小磯の作風を象徴していたのではない
だろうか。

　東京藝術大学在学中には、こうしたみずみずしい小磯の感性溢れる、
和装姿の親戚の女性を描いた《T嬢の像》（1926年 o-0023）や、ラグ
ビーのユニフォームを着た竹中郁をモデルとする《彼の休息》（1927年
o-0027）などの人物画で、小磯は洋画壇の高い評価を得た。ところが、
その後には思うように評価を得られず、戦争画の時代が終焉を迎えると、
母子像、そしてキリスト教や聖書を画題とする作品において、西洋芸術
の伝承を日本の洋画に根付かせるための「模索」と「挑戦」を続けたの

である。しかし、1960 年代初期より後には、そうした進取の方向性も影を潜め、じきに、自らの取り組むべき画風を別の方向に定めたかのように小磯の作品は、女性像の美の追求に集中するようになっていった。そうした画家小磯良平の西洋美術の伝承に対する姿勢は、宗教画《幼子イエスとヨハネ》においても、「逡巡」という「かたち」で表出していると見受けられる。

　最後に、小磯がこの《幼子イエスとヨハネ》を 20 年もの間手元に置いて、その後手を入れたという事実は、何を示しているのであろうか。それは、「宗教画はむずかしい」「ぴったりこない」という思いを抱えながらも、生涯を通して追求したいテーマの一つであったという、小磯の精神の一断面をあぶり出しているのではないだろうか。聖歌を唄っているとの指摘がなされた《斉唱》、働く人、母子像などのモティーフについても、小磯の心には、日本人、いな彼独自のキリスト教の図像のイメージが存在していたことは疑いを容れない。明治・大正・昭和という変化と激動の時代を生き抜いた彼の中で、様々な文化的な衝突・葛藤を経て、ことあるごとに、そのイメージが作品に表出していたように思われてならないのである。そして、その宗教受容の「かたち」は、彼の日本洋画壇での地歩と相まって、日本近代洋画の「かたち」を代表する、一つの象徴そのものと考えられるであろう。

注
1）小磯の生家である岸上家と養家の小磯家が仕えた、旧三田藩九鬼家やそのキリスト教との関係については、高田義久『三田藩士族』（1996 年）、高田義久『三田藩九鬼家年譜』（1999 年）に詳しい。
2）長谷川智恵子「アトリエ訪問　小磯良平氏に聞く　神戸での閑談、その慳かな時の刻み」（『繪』日動画廊、第 200 号、1980 年 10 月号）26 ～ 30 頁、27 頁。
3）岩井健作「随想／小磯先生を偲ぶ（1）　小磯画伯の婦人像」（『月刊神戸っ子』344 号、1989 年 12 月号）59 頁。
4）前掲注 2、27 頁。
5）辻智美は、少年時代の小磯とキリスト教の結びつきを「緩やかなもの」と表

現している。辻智美「小磯良平と聖書の挿絵」（『小磯良平　聖書のさしえ展』［図録］［神戸市立小磯記念美術館、笠間日動美術館編］笠間日動美術館、2008 年）頁表記なし。

6）本文中の『東京美術倶楽部カタログレゾネシリーズ　小磯良平全作品集』（求龍堂、2014 年）に掲載の小磯良平の作品に関しては、制作年とレゾネ番号を記載することとした。図版を掲載している作品は、各図版のキャプション中にレゾネ番号を付した。

7）例えば、親友で詩人の竹中郁（1904-1982）は、小磯がキリスト教の家庭で育ったことに着目して次のような解釈をしている。「色彩を抑制して描いた「斉唱」という女人群像があったが、小磯の思考は何かへの祈りのようにみえた。市民そのものの叫びではない。その側面に立って、女人の姿をかりての何かへのすがりつきのようであった。それにもまして、例のキリスト教的雰囲気で、讃美歌をうたっているようだった。清く透明であった。」竹中郁「小磯良平＝人と作品」（『小磯良平画集　1923-1970』求龍堂、1971 年）頁表記なし。

8）山野英嗣「小磯良平再考―『口語聖書　聖画集』をめぐって」（『小磯良平展　偉大な業績をしのぶ』［図録］［神戸市立小磯記念美術館、読売新聞社編］読売新聞社、1997 年）10 ～ 11 頁、11 頁。

9）宗教学者の竹中正夫は、『美と真実　近代日本の美術とキリスト教』（新教出版社、2006 年）で、総勢 49 名の画家や彫刻家、陶芸家をとりあげ、個々の芸術家とキリスト教との関係を概説的に論じる試みを行っている。画家の一人として、小磯も取り上げられており、従来の研究において、小磯作品とキリスト教との関係に関して、断片的な言及しかなされていなかったことを踏まえると、これは小磯の宗教的側面に焦点を当て、総括的に述べようとした初めての文章であったと言えるであろう。

10）小磯は 1953 年に東京藝術大学教授に任じられ、1971 年には同大名誉教授へと昇任、最晩年の 1982 年には日本藝術院会員へ推挙され 1983 年に文化勲章を受章、日本画壇における高い栄誉を獲得するに至った画家である。本稿において、「かたち」とは、日本洋画壇を代表する画家小磯の西洋受容の「かたち」であり、それは同時に、近代日本画壇の「かたち」、すなわち一典型と規定されるものであろう。

11）竹中郁「小磯良平論」（『新美術』春鳥会、第 10 号、1942 年 6 月号）35 ～ 40 頁、38 頁。なお、本稿における引用文の旧漢字および旧仮名遣いは、すべて新字および現代仮名遣いに改めた。

12）「占星術の学者たち、イエスを拝む」「エルサレムに迎えられる」「神殿から商人を追い出す」「十字架」などである。

13）廣田生馬「小磯良平と関西学院、キリスト教― 本展出品作家たちと絡めて ―」（『関西学院所蔵の絵画 II　Art of the Bible ― 視る聖書の物語 ―』［図録］関西学院大学博物館解説準備室、2011 年）6 ～ 11 頁、11 頁。

14）この時代の作品制作において、小磯は、アトリエや室内の装飾、道具類をそ

のまま描き込むことが少なくなかった。これは彼が室内での人体、つまり人物とそれを取り囲む背景との関係を描き出すことに、関心をもっていたためと考えられる。

15）戦争が激しくなる時期に、小磯が母子像を続けて制作した理由に関して、彼自身の証言は残っていないが、銃後の女性にとってのお国への奉仕、すなわち戦争への参加が、戦力となる子を産む事であったと考えると、このような母と子のテーマを描くことが、画家にとって限られた制作の中で自由に筆を使える主題であったことが指摘されている。金井紀子「母子像」［小解説］（『没後10年　小磯良平展』［図録］兵庫県立近代美術館、神戸市立小磯記念美術館、神戸新聞社、1998年）86頁。またこの時代に、母子関係や母性愛が強調されていったために、婦人雑誌『主婦之友』の表紙にも母子像が多く登場していたことが分析されている。しかしそこには、日の丸の小旗や戦闘機など戦争を彷彿とさせるモティーフも描き込まれていた。川村邦光『戦死者のゆくえ　語りと表象から』（青弓社、2003年）219頁。母子が小磯作品にあらわれたきっかけには、当時の時代背景があったのかもしれない。ただ彼は、この時代のどの母子像においても、プロパガンダ性を感じさせるモティーフや自分の家族を描いたのではなかった。つまり、あくまでも「母子」の表現に関心をもっていたと考えられるのである。

16）小磯良平『人物画の話〈少年美術文庫〉』（美術出版社、1951年）38頁。

17）小磯による、戦中期の群像表現の追及については、拙著「小磯良平の戦中期作品における群像表現の展開―エドガー・ドガ受容との関係を中心に―」（『祈りの場の諸相』［新谷英治編著］（共著）、関西大学東西学術研究所、関西大学東西学術研究所研究叢書第2号、2017年）47～85頁を参照。また、戦争画における小磯の表現技法や西洋美術受容との関係については、拙著「戦中期という時代と芸術―小磯良平の戦争画三作を巡って―」（『関西大学東西学術研究所紀要』第49輯、2016年）467～490頁においても、触れている。

18）筆者はこの群像表現について、エドガー・ドガ（Edgar Degas, 1834-1917）の受容が重要な役割を果たしたと考えている。前掲注17、拙著、2017年を参照。

19）辻智美「子供群像」［作品解説］（『生誕110年　小磯良平の世界』［図録］神戸市立小磯記念美術館、ふくやま美術館、郡山市立美術館、2012年）73頁。

20）前掲注19、73頁。辻智美「母子像」［作品解説］、前掲注19図録、74頁。

21）前掲注16、32～33頁。

22）小磯良平「新しいということ」（『教育美術』教育美術振興会、第11巻第11号、1950年11月号）4～6頁、4～5頁。

23）前掲注16、46～47頁。

24）前掲注16、47頁。

25）前掲注22、5～6頁。

26）小磯は対象であるモデルは参考にすぎず、自分の頭の中にあるものや理想像を描くということを繰り返し述べている。小磯良平「私のモデル　竹中郁君」

（『朝日新聞』1953 年 3 月 21 日）6 頁。小磯良平「人体デッサンのコツをつかむ法」（『アトリエ』アトリエ出版社、第 498 号、1968 年 8 月号）3 頁。小磯良平「"べっぴんさん"がいない」（『素敵な女たちよ！』朱鷺書房、1977 年）6 ～ 11 頁、6 ～ 7 頁。小磯による女性の面貌の類型化とモデルの関係については、西田桐子「この清澄なるもの―女の面貌の表現の確立」（『小磯良平と吉原治良』［図録］兵庫県立美術館、2018 年）198 ～ 205 頁に詳しい。

27）前掲注 26、小磯良平、1977 年、6 ～ 7 頁。

28）小磯が正方形のカンヴァスを用いるようになったのは、この時期からであった。また、紙に直接油絵具で描く手法も 1960 年代に何度か試みられたが、これは古くから見られ、小磯が敬愛した画家であるドガやアンリ・ド・トゥールーズ＝ロートレック（Henri de Toulouse-Lautrec, 1864-1901）が用いた技法でもあった。彼はこれを、「習作には便利な技法」と説明している。小磯良平「エドガア・ドガ 踊りの教師〈原色版解説〉」（『美術手帖』美術出版社、第 53 号、1952 年 2 月号）58 ～ 59 頁、59 頁。また特に、ロートレックが用いたカルトンについては、「手っとり早く彼の発想をぶっつける強烈な意欲をもてあます結果、とりあげた材料として一番便利なもの」とも述べている。小磯良平「ロートレック展から① 天性の素描」（『読売新聞』1969 年 1 月 20 日夕刊）1 頁。

29）この滞欧で小磯は、美術館や画廊を訪ねたほか、イタリアではサンタ・マリア・デルラ・サルテ聖堂やアッシジの聖フランチェスコ聖堂を訪問、ジョット・ディ・ボンドーネ（Giotto di Bondone, 1267頃-1337）の《小鳥への説教》（1296-99 年）の壁画、レオナルド・ダ・ヴィンチ（Leonardo da Vinci, 1452-1519）の《最後の晩餐》（1495-98 年）の壁画など、数々のキリスト教を主題とする作品を見たことを証言している。小磯良平「林武・小磯良平滞欧デッサン展 なつかしい昔の面影」（『朝日新聞』1961 年 3 月 8 日）7 頁。

30）前掲注 2、28 頁。

31）前掲注 5、頁表記なし。鈴木二郎「小磯良平画伯の描いた聖書挿絵」（『繪』日動画廊、第 200 号、1980 年 10 月号）23 ～ 25 頁、24 頁。

32）前掲注 2、27 頁。小磯に挿絵の制作を依頼した日本聖書協会出版部の職員鈴木二郎氏も、「聖書のどこを絵におかきいただくか、その選択決定は一切先生におまかせいたしました」と証言している。前掲注 31、24 頁。

33）小磯は、1960 年代から柔らかい線に魅せられて、よく竹ペンにインクや墨汁をつけて用いるようになっていたが、『口語聖書』挿絵でもその力の入れ具合によって太さの変化する線が効果的に用いられている。

34）小磯は、現在確認されているものだけでも、新聞連載、月刊誌連載を合せて 30 本以上の長編小説のために 4000 点を越える挿絵を制作した。金井紀子「挿絵②」［小解説］、前掲注 15 図録、175 頁。ただ、小磯の手掛けた挿絵の数は膨大であるため、未だその発見と調査が要され、総論的に語られることが多い。本稿では、『口語聖書』挿絵の作品としての重要性に鑑み、総論から各論へと比重を移し、その特徴について分析と考察を行いたい。

35）前掲注2、28頁。

36）前掲注31、24頁。

37）前掲注2、28頁。

38）前掲注5、頁表記なし。

39）小磯が熟読した聖書の所在は不明とされてきたが（前掲注5、頁表記なし）、小磯の死後、遺族の手によって、当時兵庫県立近代美術館に勤め、小磯とも親交のあった増田洋に預けられたということが、今回の資料調査によって判明した。その聖書には小磯による二、三百もの付箋がつけられていたという。増田洋「小磯さんをインタビューした」（『月刊神戸っ子』380号、1992年12月号）40〜41頁、41頁。

40）前掲注2、27頁。

41）前掲注31、24頁。

42）鈴木二郎氏の証言によると、聖書協会内にある聖書図書館の蔵書から、英文の聖書辞典、聖書協会世界連盟（UBS）発行の、聖書の動植物や風俗等に関する図書、海外で発行された聖画、そして鈴木氏の蔵書の中から一、二冊を選んだものが小磯に手渡されたということであるが（前掲注31、23〜24頁）、これらの書籍がどれに当たるのかを特定するのは、難しいと考えられるであろう。その他、小磯自身が明言しているイメージソースとしては、テレビで見たアラビアのイメージ、東京藝大で小磯と同時期に教授をしていた画家吉岡堅二（1906-1990）が美術史家の新規矩男（1907-1977）らとともに、アラビアに行ったときに撮影したスライドがある。これらに関しても実際に小磯が目にした映像、写真の特定が難しいため、考察対象として取り上げるのは困難であるが、「バベルの塔」の挿絵はそのスライドから着想したということが、画家自身によって語られている（前掲注2、28頁）。

43）前掲注5、頁表記なし。

44）前掲注5、頁表記なし。

45）他にも小磯の挿絵と影響関係を考えたくなるような西洋絵画が、『名画に見るキリスト』や『キリスト　美術作品に見る』に紹介されている。小磯の「イエス、洗礼を受ける」に関しては、ピエロ・デラ・フランチェスカ（Piero della Francesca, 1415/20-1492）の《洗礼》（1445-50年頃）（田中忠雄・田中文雄『名画に見るキリスト』（保育社、1969年）26頁）やカミーユ・コロー（Camille Corot, 1796-1875）の《受洗》（19世紀半ば）（『キリスト　美術作品に見る』［柳宗玄・中森義宗・田中忠雄解説］（日本基督教団出版部、1956年）44頁）の構図や人物の衣装、舞台設定に共通点が見受けられるであろう。一方「復活する」については、ドッチオ・ディ・ブオニンセーニャ（Duccio di Buoninsegna, 1255/1260頃-1319頃）の《復活》（1308-11年頃）（『キリスト　美術作品に見る』106頁）との類似が指摘されている（前掲注5、頁表記なし）。また、これらの書籍に掲載されてはいないものの、「ボアズの畑で落ち穂を拾うルツ」の姿から、ジャン゠フランソワ・ミレー（Jean-François

Millet, 1814-1875）の《落ち穂拾い》（1857 年）を思い浮かべずにはいられないのは、筆者だけではあるまい（岩井健作「10　ボアズの畑で落ち穂を拾うルツ」（『聖書の風景　小磯良平の聖書挿絵』新教出版社、2018 年）54 ～ 58 頁、54 ～ 55 頁）。ただ、同じ聖書の記述に基づいて絵を描く際には、ある程度同様の表現にならざるを得ないことも確かである。また、西洋の芸術を熱心に研究していた小磯にあっては、単線的にそのイメージソースを指摘することには注意が必要であろう。

46）前掲注 2、28 頁。

47）『口語聖書』（日本聖書協会、1971 年）より引用。

48）前掲注 5、頁表記なし。

49）前掲注 45、田中忠雄・田中文雄、94 頁。

50）前掲注 5、頁表記なし。

51）ジェムズ・ホール『新装版　西洋美術解読事典 ― 絵画・彫刻における主題と象徴 ―』〔高階秀爾監修、高橋達史・高橋裕子・太田泰人・西野嘉章・沼辺信一・諸川春樹・浦上雅史・越川倫明訳〕（河出書房新社、2004 年）355 頁。

52）前掲注 45、田中忠雄・田中文雄、54 頁。

53）前掲注 5、頁表記なし。

54）前掲注 45、田中忠雄・田中文雄、137 ～ 138 頁。

55）前掲注 45、田中忠雄・田中文雄、63 頁。

56）前掲注 45、田中忠雄・田中文雄、64 頁。

57）三浦篤『まなざしのレッスン〈1〉西洋伝統絵画（Liberal arts）』（東京大学出版会、2001 年）87 ～ 88 頁。

58）前掲注 45、柳宗玄・中森義宗・田中忠雄、77 頁。

59）ここでの聖書の記述は、前掲注 47 を参照、引用している。

60）『口語聖書』の各挿絵の傍には出典が記されているが、「最後の晩餐」「イエス、洗礼を受ける」では「ヨハネによる福音書」の記述は抜けている。また、「最後の晩餐」の挿絵が挟まれているのは「ルカによる福音書」の頁中であるため、「ヨハネによる福音書」の内容に適した挿絵だとは、読者にわかりにくくなっている。

61）前掲注 29 を参照。

62）この大学との縁は、小磯のみならず、養子先の小磯夫婦にまで遡ることができ、もともと夫婦が短期大学の前身である頌栄幼稚園の創設に尽力していたことが知られている。また、小磯は戦争前後に非常勤講師として美術史の講義を担当した他、彼の二人の娘が頌栄幼稚園に通っていた。本作はこうした数々の縁があり、小磯に依頼されたものと考えられる。

63）今井鎮雄「小磯良平画伯作ステンドグラス小史」（『月刊神戸っ子』320 号、1987 年 12 月号）頁表記なし。

64）前掲注 2、28 頁。

65）辻智美「第 2 章　ステンドグラスのデザイン」（『企画展　小磯良平の挿絵と

デザイン展』［図録］神戸市立小磯記念美術館、1997 年）14 頁。

66）前掲注 51、198、358 頁。

67）前掲注 51、204 頁。

68）前掲注 65、14 頁。

69）前掲注 51、198 〜 199 頁。

70）これは、大浦天主堂の「信徒発見の聖母」のイエスに類似したポーズと考えられる。蜷川順子「出現と痕跡—パリ外国宣教会を手がかりに」（『関西大学東西学術研究所紀要』第 49 輯、2016 年）163 〜 188 頁、168 〜 170 頁。

71）島田康寬「小磯良平の「絵画」」、前掲注 6、10 〜 11 頁、10 頁。

72）「小磯良平氏に聞く」［小磯良平談、林編］（『ピロティ』兵庫県立近代美術館、第 1 号、1971 年 6 月号）6 〜 7 頁、7 頁。

73）前掲注 5、頁表記なし。

【図版出典】

挿図 1・2・3・4・7・8・9・10・11・12・24・25　『東京美術倶楽部カタログレゾネシリーズ　小磯良平全作品集』（求龍堂、2014 年）。

挿図 5　小磯良平『人物画の話〈少年美術文庫〉』（美術出版社、1951 年）。

挿図 6　シカゴ美術館公式ウェブサイト。

挿図 13・15・16・18・19・20・21　『小磯良平　聖書のさしえ展』［図録］［神戸市立小磯記念美術館、笠間日動美術館編］（笠間日動美術館、2008 年）。

挿図 14・17・22　田中忠雄・田中文雄『名画に見るキリスト』（保育社、1969 年）。

挿図 23　『キリスト　美術作品に見る』［柳宗玄・中森義宗・田中忠雄解説］（日本基督教団出版部、1956 年）。

付記

　　本稿での小磯良平の作品図版の掲載にあたって、「小磯美術クラブ」代表嘉納邦氏、担当澤村典子氏よりご高配を賜った。末筆ながらここに記して、厚くお礼申し上げたい。

【図版】

図1　小磯良平《母子》1943 年
油彩、カンヴァス　60.6×50.0cm
神戸市立小磯記念美術館　o-0269

図3　小磯良平《子供群像》1951 年
油彩、カンヴァス　90.9×116.7cm　o-0420

図2　小磯良平《母子像》1943 年
油彩、カンヴァス　80.0×61.0cm
o-0271

図4　小磯良平《母子像》1951 年
油彩、カンヴァス　91.0×116.0cm　o-0421

図5　パブロ・ピカソ
《海辺母子像》1922 年
（小磯良平『人物画の話』より）

図6　パブロ・ピカソ《母子》1921 年
油彩、カンヴァス　142.9×172.7cm
シカゴ美術館

図7　小磯良平《母子像（A）》
1954 年
サンギーヌ、紙　63.5×48.0cm
神戸市立小磯記念美術館　d-0509

図8　小磯良平《母子像（B）》
1954 年
サンギーヌ・水彩、紙　63.3×47.6cm
神戸市立小磯記念美術館　d-0510

図9　小磯良平《母子像》1954 年頃
パステル、紙　62.7×47.4cm　d-0512

図 11　小磯良平《解放（はなつ）》1959 年
油彩、紙　116.5×115.0cm　o-0606

図 12　小磯良平《休息》1959 年
油彩、紙（板に張り付け）
116.5×115.0cm　o-0605

図 10　小磯良平《母子群像》1956 年
油彩、カンヴァス　91.0×273.0cm　o-0566

図13　小磯良平《聖霊が降る》1970 年
水彩・墨、紙　31.0×25.0cm
笠間日動美術館

図14　エル・グレコ
《聖霊降臨》1600 年頃
油彩、カンヴァス　275×127cm
プラド美術館
（『名画に見るキリスト』より）

図15　小磯良平
《聖霊が降る（デッサン）》1970 年
鉛筆、トレーシングペーパー　38.0×28.4cm
笠間日動美術館

図16　小磯良平
《善いサマリア人》1970 年
水彩・墨、紙　31.0×25.0cm
笠間日動美術館

図17　ファン・ゴッホ
《善きサマリア人のたとえ》1890 年
油彩、カンヴァス　73×60cm
クレラー・ミュラー美術館
（『名画に見るキリスト』より）

図18　小磯良平
《善いサマリア人（デッサン）》1970 年
鉛筆、トレーシングペーパー　38.0×28.4cm
笠間日動美術館

図19　小磯良平
《善いサマリア人（デッサン）》1970 年
鉛筆、トレーシングペーパー　38.0×28.4cm
笠間日動美術館

図20　小磯良平
《最後の晩餐》1970 年
水彩・墨、紙　31.0×25.0cm
笠間日動美術館

図21　小磯良平
《最後の晩餐（デッサン）》1970 年
鉛筆、トレーシングペーパー
38.0×28.4cm　笠間日動美術館

図22　レオナルド・ダ・ヴィンチ
《最後の晩餐（デッサン部分）》
（『名画に見るキリスト』より）

図23　ディーリック・バウツ
《最後の晩餐》1464-67 年
油彩、板　180×290cm
聖ペテロ教会、ルーヴェン
（『キリスト　美術作品に見る』より）

124

図24　小磯良平《幼子イエスとヨハネ》
（ステンドグラス原画）
1959 年制作、1979-80 年頃加筆
油彩、カンヴァス　193.5×116.5cm
頌栄短期大学　o-0634

図25　小磯良平《聖母子》1959 年
グアッシュ、紙　73.0×50.0cm
セキ美術館　d-0801

潜伏キリシタン・隠れキリシタン集落の立地と信仰の場
—— 五島・生月島・茨木市千堤寺地区の違いに注目して ——

野　間　晴　雄

1　潜伏キリシタンの関連資産の世界遺産登録の物語の書き換え

　2018 年 7 月、ユネスコ世界文化遺産に「長崎と天草地方の潜伏キリシタン関連遺産」が登録された。ただし 2007 年に最初に世界遺産暫定リストに掲載された当初の名称は「長崎の教会群とキリスト教関連遺産」である。その後、2012 年に文化庁への推薦書提出、翌年再提出で早くも国の文化審議会で国内候補推薦が決定した。ただこの年は、九州地域を対象とする「明治日本の産業革命遺産　九州・山口と関連地域」が先に経済産業省などがバックにある内閣官房会議で国内候補推薦を決定したため、推薦が見送られた。その後、国からユネスコへの正式推薦書が 2015 年 1 月に提出され、ICOMOS（国際記念物遺跡会議）による現地調査も 7 月に実施された。このような順当な登録への一連の流れにのっていたものの、ICOMOS の指摘で異例ともいえる推薦取り下げがなされた。その後に見直されたタイトルが「長崎と天草地方の潜伏キリシタン関連遺産」である。熊本県の下天草島の潜伏キリシタン集落のひとつである崎津（天草市）が構成資産に加わるとともに、3 つの構成資産が削除され、当初の 14 から 12 の構成資産に厳選することによって 2016 年に国内推薦が決定した。この 2 時期の構成資産を地域別に比較したのが表 1 である。

表1　世界遺産申請における構成資産の変化

県	地域	当初の世界遺産候補のキリスト教関連の構成資産（2007）	最終決定したキリスト教関連の構成資産（2018）
長崎	平戸島	平戸の聖地と集落（中江ノ島） 平戸の聖地と集落（春日集落と安満岳）	平戸の聖地と集落（中江ノ島） 平戸の聖地と集落（春日集落と安満岳）
	北松浦郡	田平天主堂	──
	五島列島	野崎島の野首・舟森集落跡 頭ヶ島天主堂 江上天主堂 旧五輪教会堂	野崎島の集落跡 頭ヶ島の集落 江上の集落 久賀島の集落
	西海離島	黒島天主堂	黒島の集落
	外海地方	大野教会堂と関連施設 出津教会堂	外海の大野集落 外海の出津集落
	長崎市	大浦天主堂と関連施設	大浦天主堂
	島原半島	原城跡 日野江城跡	原城跡
熊本	天草地方	天草の崎津集落	天草の崎津集落
	構成遺産数	14	12

　この表を見てまず気づくことは、潜伏キリシタンに関連する教会が、大浦天主堂以外はすべてその教会が所在する集落に置き換わったことである。潜在的な登録候補地の普遍的価値は認めながらも、個別資産の果たす役割が不十分とされた。当初は「西洋と東洋の建築文化の融合として生み出された多様な造形意匠の達成」、すなわち教会建築が中心であった。その建築を手がけた鉄川与助[1]（1879-1976）は五島の中通島、長崎県南松浦郡青方村（現、長崎県南松浦郡新上五島町）出身で、幼少期に青方の北の魚目村丸尾郷（現在は新上五島町）に移った大工棟梁・建築家である。明治以降のキリシタン復活期に、木造和風建築技術を融合した教会建築を、長崎県下を中心に数多く手がけたことで知られ、現在も鉄川組という会社を長崎市で子孫が経営している。世界遺産再申請にあたっては、禁教期に焦点をあてて、上のようにタイトル自体も改称された。世界遺産登録が国の威信をたかめるとともに、観光への効果が絶

大なため、世界各国はこぞって登録にむけてロビー活動をして登録をめざしている。そのため、ユネスコは毎年の登録数を絞り込もうとするのが近年の傾向である[2]。

　松井圭介は2016年の構成資産を、代表資産と対応させて、以下のようにまとめている（2018：255）。1549年の鹿児島へのキリスト教伝来から1614（慶長13）年に徳川家康が以心崇伝に命じて起草させた「伴天連追放文」によって全国禁教令がでて神道、仏教、儒教の三教一致思想を基礎とする「神国思想」によるキリスト教排斥が宣言され、さらに最後の神父が殉教した1644年までを①伝播普及期とする。その後は1873（明治6）年に禁教の高札が撤去されるまでが②禁教期、そのあとを③復活期とした。復活期には、隠れキリシタンを継続するか、教会に属してカトリック教徒になるか、棄教して仏教徒などになるかの選択が迫られた。正式のカトリック教にとっては再布教となる。

　この3時期に対応するのが①城跡―日野江城跡、原城跡、②集落―平戸の聖地と集落（中江ノ島）、平戸の聖地と集落（春日集落と安満岳）、天草の崎津集落、③教会建築―大浦天主堂と関連施設、野崎島の野首・舟森集落跡、頭ヶ島天主堂、江上天主堂、旧五輪教会堂、黒島天主堂、野教会堂と関連施設、出津教会堂、出平天主堂である。

　ところが、書き直しは禁教期の潜伏キリシタンを重視する方向でなされた。そのため、当然のことではあるが、当時は、教会が存在しないのであるから、その信仰の場であった集落が対象となるのは自然の流れであった。つまり、鉄川与助らによる日本化した教会建築のある潜伏キリシタン集落を信仰の場として中心に据えた。禁教期、すなわち時代を繰り上げて江戸時代の集落で営まれた信仰の諸要素に意味をもたせようとしたのである。

　野崎島は1990年代に無人島になったが、北松浦郡小値賀町に属する。江戸時代は平戸藩領で、1716（正徳6）年に小値賀島の商人・小田家が野首地区を開拓した、五島では開発の新しい島である。1800年頃より

図1　頭ヶ島教会（2019 年 2 月筆者撮影）

　大村藩領から潜伏キリシタンがこの島へ移住し集落へ移り住んできた。
1840 年頃には南の舟森集落も移住してきた潜伏キリシタンによって形
成される。明治時代に入りカトリックを表明して、教会も野首と舟森の
2 ヶ所に建設された。

　現在は新上五島町に属する頭ヶ島も幕末までは無人島だったが、1859
（安政 6）年に中通島の鯛ノ浦から迫害を逃れてキリシタンが住み着い
て成立した集落である。大村藩領の外海地方の黒崎から移り住んだドミ
ンゴ森松次郎が、長崎でプチジャン神父の教えをうけて帰島し、1867（慶
応 3）年に自分の住家を青年伝道士養成所として仮聖堂としたのが教会
の始まりある。教会の本格的建設が始まり、1919（大正 8）年に鉄川与
助の設計によって、現在のカトリック頭ヶ島教会（図 1）がコンバス司
教により完成する。頭ヶ島教会がある白浜地区は台地上から海へ下りた
海岸にあり、隣接してキリシタン墓地（図 2）がある。他の浜泊、田尻
は山の斜面を切り拓いた畑地が主の集落で、崎浦漁港がある福浦にも小

図2　頭ヶ島白浜のキリシタン墓地（2019年2月筆者撮影）

集落がある[3]。

　紆余曲折の後、禁教期の潜伏キリシタンに焦点を移行して世界遺産登録が2018年7月に決定した。

　そのストーリー（物語）の書き換えは上記の①が1）「信仰の継続に関わる伝統の開始・形成」の段階、②が2）「信仰の継続に関わる伝統の多様な展開」の段階と、3）「移住による信仰組織の戦略的維持」の段階の2つに分けられたことが最大の変更である。2）には平戸の聖地と集落（中江ノ島）、平戸の聖地と集落（春日集落と安満岳）、外海の大野集落と出津集落、下天草島の崎津集落が当てはめられた。また3）には、五島の野崎島の集落跡、頭ヶ島の集落、久賀島の集落と西海沖の黒島集落を構成資産とした。潜伏キリシタンの二次的移住は3）の段階にあたる。もとは大村藩の外海地方などからの人口圧の高いところからのプッシュによる五島のなかでの非常にマージナルな存在に脚光をあてたのである。久賀島は下五島の中心である福江島の北に位置する。1566年、五島藩でキリスト教布教が始まると久賀島の住民も改宗したが、禁教令でいったんキリシタンは途絶える。そこに、1797年以降、大村藩の外海地方のから潜伏キリシタンが移住して再びキリシタン集落が形成され

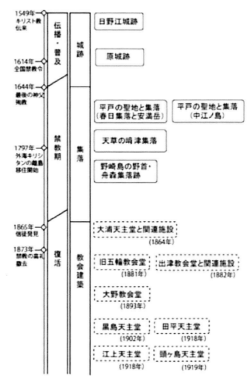

図 3　2007 年暫定世界遺産リスト「長崎の教会群」におけるコンセプトと構成資産
（松井 2018：255）

る。信徒発見後、五島でも 1868（明治元）年 9 月以降「五島崩れ」により、久賀島での信仰を表明した 200 人余が牢屋に閉じ込められたというエピソードをもつ。1880 年に下五島に常駐したマルマン神父により教会が建設される久賀島では、1881 年には浜脇教会も建てられる。1931 年にはこの教会が五輪教会として移築された。初期の木造教会建築の代表例といわれ、瓦葺木造のリブ・ヴォールト天井をもつ建築で、1999 年に国の重要文化財に指定されている。

　さらに④の信仰復活期は、「信仰における新たな局面が到来し、信仰の継続に関する伝統が変容・終焉」の段階として、禁教の撤廃から現在

までをあげる。ここに長崎市の大浦天主堂（1864年建設）を最初にもっていき、それに続くかたちで奈留島（現、五島市）の江上天主堂をあげる。1881（明治14）年、西彼杵郡などから移住した4家族が洗礼を受けたことではじまり、キビナゴの地引網で得た資金で教会が建てられた。上述の鉄川与助に建築施工を依頼した。現在、この教会は重要文化財になっている。

2　潜伏キリシタンと隠れキリシタン

「潜伏キリシタン」とは、江戸時代は表向き寺の檀家となりながら信仰を保持・継承し、1873（明治6）年に禁教令が解かれて以降、開国によって渡来した宣教師によって、ふたたびカトリックに復帰した人々をさす。世界遺産登録に際しては、「キリスト教禁忌の17世紀から19世紀の日本において社会的には普通に生活しながらひそかにキリスト教由来の信仰を続けようとしたキリシタンのこと」と定義されている。一方、「隠れキリシタン」（「カクレキリシタン」、「かくれキリシタン」とも綴る）は、明治以後も潜伏時代特有の信仰形態を維持し、公式のカトリック教会にも、また寺の檀家にも属しない集団である。潜伏する必要がなくなった現在でもその信仰を続けている信者は、自身を「古キリシタン」「旧キリシタン」などと称する場合もある。

　自らも カトリックの信徒である宗教家・研究者である宮崎賢太郎は両者を区別し、前者を「潜伏キリシタン」、後者をすべて片仮名で「カクレキリシタン」と区別している。宮崎（2003）は以下のように定義している。

　　キリシタン時代にキリスト教に改宗した者の子孫であり、1873年に禁教令が解かれて信仰の自由が認められた後もカトリックとは

一線を画し、潜伏時代より伝承されてきた信仰形態を組織下にあっ
　　て維持し続けている人々を指す。オラショや儀礼などに多分にキリ
　　シタン的要素を留めているが、長年月にわたる指導者不在のもと、
　　日本の民俗信仰と深く結びつき、重層信仰、祖先崇拝、現世利益、
　　儀礼主義的傾向を強く示すものである（宮崎 2003：21）。

　ここでいう「隠れキリシタン」とは、宣教師、正当なカトリックから
みた土着の神仏信仰とむすびついた「異端」である（大橋 2019：kindle
版ロケーション 138）。つまり、このような隠れキリシタンの代表が生
月島の農村部や平戸島北部の海岸にみられるが、いずれもの今回の世界
遺産登録の構成資産にはいっていない。それはなぜか、ある意味では純
粋でないキリスト教まがいのものとして、フランスを中心とするユネス
コの世界遺産の参照基準にはあてはまりにくいと考え、当初からその枠
組みには組み込まれてこなかった。
　本稿はこの中心である生月の隠れキリシタンについて、私は以前に三
度ばかりこの島を短期に訪問したばかりで新たな資料を発掘したわけで
はない。しかし、農業技術史や開発の歴史地理に関心のある筆者の立場
から再解釈をこころみたい。
　そこで最も参照したのは、生月町（現在は平戸市生月町）の博物館、
島の館の学芸員である中園成生氏からの情報や著作である。近年、氏は
500ページ近い大著『かくれキリシタンの起源 —— 信仰と信者の実相 ——』
（2018）を上梓された。この研究を口頭発表した折[4]には未刊であった
がこの地域での隠れキリシタンに関しては、現在もっとも信頼のおける
現役研究者といえよう。民俗学出身の中園氏は、旧来の生月の隠れキリ
シタン研究者である田北耕也（1954）、助野健太郎（1960）、古野清人
（1966）、片岡弥吉（1967）、宮崎賢太郎（1996）らの諸研究を批判的
に咀嚼しながら、独自の見解である「宗教並立論」の含意を考え、さら
に長崎県外海地方の旧大村藩の隠れキリシタンや、彼らが江戸時代に選

んだ移住先である五島地方（五島列島）、また、北摂、大阪府茨木市の山間部に残る隠れキリシタンにも言及して比較論の端緒をつくりたい。

3　平戸地方におけるキリスト教の布教

　1549 年、スペインのイエズス会の宣教師で、バスク地方出身のフランシスコ＝ザビエルは、ポルトガル王の要請で、インドのゴアから、マラッカ、モルッカ諸島、アンボンなどで布教していた。ザビエルはマラッカで日本人ヤジロウに接して、日本布教の重要性を認識して鹿児島に上陸してキリスト教を伝えたとされる。ただし当時のイエズス会は反宗教改革の先頭にたつカトリックの男子修道会である。平戸で領主の松浦隆信に謁見して布教、その後、京都にのぼったが布教は果たせず、大内義隆の山口、大友宗麟の豊後で布教した。平戸を拠点とする松浦氏は松浦地方、彼杵郡<ruby>彼杵<rt>そのぎ</rt></ruby>郡の一部や壱岐国<ruby>壱岐<rt>いき</rt></ruby>国を治めたが、複雑な海岸線を有した西九州を拠点とした水軍的性格をもっていた。南北朝以降は地縁的、共和的団結が図られ、倭寇の根拠地ともなっていく。この時代、イエズス会をはじめとした布教されたカトリック信仰は日本人によって受容され、それらの信仰と信仰者はキリシタンと呼ばれた。長崎におけるキリスト教の布教は 16 世紀の南蛮貿易と世界ステムとがセットで平戸に入った（吉居・山田 2012：116）。1600（慶長 5）年に徳川氏から平戸地方が藩として認められ、1641（寛文 4）年にオランダ商館が平戸に置かれた。こうして、長崎の出島に移るまでは平戸が繁栄の中心となる。

　日本と中国及び東南アジアにいたる環シナ海の貿易システムを形成したのは、倭寇の中心人物で、密貿易で巨額の富をなした中国・明の王直である。王直はポルトガル人や日本人、南洋人を取り込んで平戸や五島に拠点を置き、浙江省の舟山列島を密貿易の前進基地として東シナ海の中国沿岸を荒らし回った。平戸もこのシステムの中に組み込まれていっ

た。大航海時代を迎え、環シナ海に登場したポルトガル人は、中国人密貿易に倣って中国・日本との貿易を始めた。中国における拠点を寧波など密貿易商たちの拠点に置いたこと、日本では中国海商が拠点としていた坊津、笠沙など薩摩の各港や平戸に入港したことから、ポルトガル人が中国密貿易家に倣ったことが明らかになった。ポルトガル人は、既成のシステムに参加したのである。

　1567 年、明が海禁を解き、日本以外への渡航に渡航許可書「文引」を発行したために、中国海商は東南アジアへ向かうようになった。数は少ないながら日本からも東南アジアへ船が向かい、出会い交易が行われた。17 世紀に日本国内が安定すると生糸需要が高まり、多くの日本商人や大名が朱印船を仕立てて海外貿易に乗り出した。東南アジアで中国船と出会い貿易が行われたことは、文引と朱印状の発行先が一致することからも明らかである。文引の発行が多い渡航先はフィリピン各地とマレー半島であり、朱印状の発行も同地に多い。朱印船は特に現在のベトナムであるトンキンや交趾シナに多く渡航しているが、この地では日本向けに生糸が生産されていた。朱印船は中国船との出会い貿易だけでなく、東南アジアの物産も購入していたのである。平戸も日本有数の港として朱印船貿易に参加していた。

　平戸における朱印船貿易の主体は李旦など平戸に拠点を持つ中国の海商であった。ポルトガルに遅れて環シナ海に登場したオランダ船は日本の平戸と台湾のタイオワンを拠点とし、中国と日本を結ぶ貿易を開始した。イギリスは平戸に拠点を置くが、李旦に頼った仲介が失敗し、中国貿易を開始できずに平戸を去っていくことになる。

　江戸幕府の鎖国体制が成立すると貿易は制限されるようになっていった。禁教を名目上の理由としていたが、本当の狙いは、海外貿易による西国大名の富裕化を阻止するためであったとも考えられている。中国人は長崎に集住させられたため、平戸はオランダ船のみの寄港となった。しかし、朱印船とポルトガル船が廃止されたことと、オランダが平戸の

みで取引を許されたことで、平戸の日本における地位は上昇した。さらに、日本人及び日本船が海外渡航を禁止されたことで、日本国内と環シナ海に形成されていた朱印船貿易のシステムをオランダ船は受け継ぐこととなった。これは、日本来航オランダ船の出航地と朱印船の渡航地が一致することと、朱印船派遣者の居住地とオランダ商館から白糸を購入した人々の居住地が一致することから明らかである。朱印船貿易のシステムを受け継いだオランダ船の貿易は、1640年前後に最高潮に達した。それは平戸城下町の最盛期と時を同じくしていた。このときの貿易額は長崎の中国船の比ではなく、平戸は日本における第一の国際貿易港となったのである。しかし、1641年オランダ商館は長崎出島への移転を命じられ、平戸を去った。平戸は環シナ海システムから完全に切り離され、その地位は回復されることがなかった。

4　生月島の隠れキリシタンの諸相の含意

　九州北西部の北松浦地方と平戸瀬戸を隔てて平戸島が位置し、その北の先端に、生月島が東シナ海に面して位置する。面積 16.57 km²、南北 14km、東西 3km の南北に細長い島で、最高地点は番岳の 286 m に過ぎない。現在は九州本土から平戸島を経由して、生月大橋によって結ばれている。人口 5344 人（2019 年 10 月）で、平成の合併以前は北松浦郡生月町で、現在は長崎県平戸市生月町が正式行政地名である。北にうかぶ的山大島や度島とあわせて広義の平戸地方にあたる。

　島全体が北松浦玄武岩の溶岩台地からなり、とりわけ西海岸は玄武岩の柱状節理の急峻な海食崖で、林野や草地が広がり無住地域となっている。島の東側は緩やかな斜面が海岸部まで達しており、玄武岩の柱状節理に沿って末端から倒壊し、大規模な滑落崖と崩落物などからなる移動ブロック（移動体）が形成され、さらに大規模な移動ブロックの末端で

は二次的な地すべりも発生する。このような地すべりは火山活動のさかんであった新第三紀中新世（2300万年～258万年前）のもので、「北松型地すべり」と称している（町田ほか2003：98-100）。この緩斜面が平戸島における棚田や畑地となっているが、大きな河川はなく用水には苦労していたが、東の傾斜面からはカワと呼ばれる湧水が得られ、これと小規模ため池を用水としている水田もある。

　戦国時代に、生月島南部の領主で平戸松浦氏の重臣だった籠手田安経（こてだやすつね）（1532-1581）がキリスト教（カトリック）の洗礼を受けてキリシタンになる。その後イエズス会宣教師のガスパル・ヴィレラやルイス・デ・アルメイダらが生月島で布教をおこなって約2500人の島民のうち800人ほどがキリシタンとなったといわれる。16世紀末にはほぼ全島民がキリシタンとなったが、その後の禁教令により島を離れたり殉教したりしたが、また多くの島民が隠れキリシタンとして密かに先祖から受け継いだ信仰を維持する道を選んだ。

　生月島の現在の集落は、「浦」と呼ばれる漁業集落と、「在」と呼ばれる農業集落にはっきりわかれる。浦は漁業者や在村商人などが居住する商業的機能ももっていて、海岸に面して浦の集落は2列の道路にそって街村状に家屋が密集する（図4のa、b）。平戸島には南の館浦と北の壱部浦（いちぶ）の2つがある。旧町役場は壱部浦にあった。また壱部浦にはひと

a　浦　　　　　　　　　　　　　　b　在

図4　壱部のおける浦と在の景観（2009年7月撮影）

きわ大きな屋敷があるが、これが西海屈指の鯨組で、江戸中期からある益富家であるは沿岸のみならず同じ平戸藩の壱岐漁場など各地に進出して、江戸中期から明治初期まで大いに栄えた。

　また、平戸藩に共通するものとして、「免（めん）」という歴史的区分がある。島の北部の壱部免（壱部在：竹崎触、森触）壱部浦が生月村に属する。南部は、里免（里免：堺目触、元触）と、山田免（正田触、馬場触、本触）と南免、館浦が山田村を形成していた。平戸藩では藩政村の下位の単位である免が実村落共同体の中核をなす（野崎 1988：128）。つまり、農業集落である壱部、堺目、元触、山田が地区名としての触である。この4集落にまとまった組である垣内（かきうち）（津元（つもと））があり、これが宗教行事の単位となっている。垣内の下にはさらにコンパンヤと呼ばれる小組にわかれ、これが御神体としてのお札様を祀り、それを祀る宿の主人を御弟子という。また、壱部浦のさらに北に御崎は軍馬の牧場とされていたところが1826（文政9）年に開放され、壱部、堺目、元触から移住していった集落である。もとの集落の組とむすびついている（平戸市生月町博物館・島の館 2006：19-20）。

　島内に2ヶ所のカトリック教会があるが、いまも潜伏時代の隠れキリシタンの信仰形態をそのまま受け継いでいる人も多くいる。現在は隠れキリシタンの家は基本的にこの在にのみ残存する。非常に多くの年中行事が1年を通してある。宮崎は壱部在の岳の下の年中行事を1）カトリック由来―4、2）豊作祈願―6、3）豊作祈願以外の現姓利益をもとめるもの―6、4）神様・先祖・死者供養と感謝―7、5）組織維持―5、6）お払い―5、7）その他のカトリック由来行事、8）後代創作の行事の8つにわけて数え上げた（―以下が数、重複も1つある）。娯楽が少なかった時期にはこれらの行事遂行がスムーズになされたが、現在ではで伝承しうる高齢者によってのみ維持されている。

　従来は浦にも隠れキリシタン組織は存在したが、現在では在にのみ4つあるにすぎない。田北によると1953年当時、人口1.1万人の島民の

図5　壱部における宗教施設の分布
（野間喬雄 2009）

うち 8 割が隠れキリシタン信仰に関わったとされ、垣内、津元も 26 を
数えた（田北 1954）。この地方の「浦」の集落の住民は戦後は東シナ海
の網旋漁業に進出、最盛期には 20 以上の大型巻網漁船団を擁し、島の
経済は大いに潤った。近年は漁獲量の減少などにより船団数も激減して
いるが、「浦」が島の経済を支える構造には変わりない。

　壱部地区には仏教寺院（永光寺：臨済宗、玄祥院：日蓮宗）、神社（白
山神社）、カトリック壱部教会が集落内にある（図 5）。このうち、白山

図6　壱部における水分神（2008 年 7 月撮影）

神社は「在」地区の谷内に鎮座する。旧村社で才人は伊邪那岐命、
伊邪那美命、紀久理姫命で、1625（寛永 2）年キリシタン弾圧のため
に平戸の安満岳から遷宮したと伝えられる。1875（明治 8）年の『神社
明細帳』には1725（享保 10）年に鯨組主、益富又左衛門の祈願により
建立されたとあり、壱部、壱部浦の両集落の氏神である。この時期以降、
益富家は壱岐漁場にも進出して 4 つの捕鯨組を経営する全盛期を迎える。
鳥居は瀬戸内海産の白っぽい花崗岩を用いてあるなど、益富家の反映の
証でもある（生月町史郷土史編さん委員会 2005）。

　さらにこの地区には隠れキリシタン関連の遺跡のほか、島内をめぐる
四国霊場の遺跡、さらには乏水地域の山麓の灌漑用ため池のそばには水
分神の民俗を残すモニュメントも分布する（図 6）。つまり、現在の島
民は、仏教、氏神、カトリックのほか、民俗信仰的な要素も使い分けな
がら維持してきた宗教的シンクレティズム（混淆）の様相が強い。

　それは 17 世紀以降の島内の状況にも相通じるものある。それは、図
7 に示される中園の近著で提示された生月における信仰構造の変遷概念

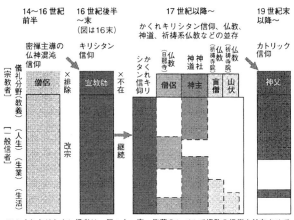

図にもあらわれている。14〜16世紀の僧侶が主導する密禅主導の仏神混淆信仰が、キリシタン信仰が16世紀後半から末にかけて領主の主導によって宣教師によるキリシタン信仰が一気に島内に広まる。しかし禁教以後は、宣教師が不在になるが、津元などの住民の秘密組織によって維持されるものの、島民はいずれも檀那寺に属して僧侶のもとでとくに冠婚葬祭や日常生活、戸籍管理のもとでかかわる。また祈祷仏教としての山伏や盲僧が生活の一部に浸透しており、さらに協議や生業、とりわけ捕鯨や漁業には神社がかかわる。中園は「かくれキリシタン信者は、個々人、家、集落のレベルで複数の信仰を並列させている。個々の信仰は重複、分担しつつ信者が必要とする儀礼分野を担っている」（中園2018：441）もので、根底には隠れキリシタン信仰をもちながらも、柔軟でゆるやかな混淆状態を常態とする状況がつづいてきたといえるのではないだろうか。

　19世紀末以降、つまり禁教が解かれるとカトリック教会の神父が派遣され、島には2つの教会が建設された。そのうちのひとつが図6にも

記載されている壱部カトリック教会で、もうひとつは南の山田免にある山田カトリック教会である。その時点でキリシタン信仰を棄教して仏教徒になった者もいるであろう。現代では新興宗教（天理教、創価学会など）に帰依する者もある。ますます純粋の隠れキリシタンは数が減少するとともに、1年間の儀礼の多さ、煩雑さから、若い世代にはとても受け入れられなくなり、世代交代ができないなかで化石的に「在」の高齢者によって伝承されてきたといえよう。その継承は日本で最も濃厚に残っている生月島においてさえ風前の灯火である。

　生月島は西九州の僻遠の地と思われがちだが、近世の捕鯨業や近代の旋網などの沖合漁業の好況に支えられて、経済原理が主導の行動パターンがとくに「浦」の住民には浸透し、季節のサイクルによって集団でなされる信仰形態はあわなくなり、いち早く脱隠れキリシタン化の道を歩んでいったと想定できる。原理的、強固なキリスト教信仰は漁家には根付かず、次第に遠ざかっていったのが実体であろう。

5　五島の隠れキリシタン立地の含意

5-1　五島の開発史と外海地方から移住

　五島列島のキリシタン史は大きく二つの流れがある。最初のキリシタン大名となった大村藩領主の大村純忠が1566年横瀬浦で洗礼を受けて藩内に広まる。ここで五島の第18代領主の宇久純定が西洋医学による治療を求めたことから、宣教師が五島に渡り処方と布教を行う。その後に、島内の有力家臣の青方氏や有川氏によって上五島にも広がったが、秀吉や徳川幕府の禁教策で18世紀頃にはいったんほぼ壊滅する。

　その後に五島にやってきたカトリック信者は、大村藩の外海地方の潜伏キリシタン農民である。外海地方は大村湾側に比べて僻地で、監視の

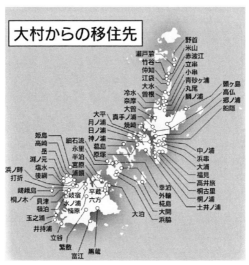

図8　大村藩領から五島の移住先
（五島市世界遺産登録推進協議会『五島キリシタン史』2013）

目が緩かった。彼らは自耕地の絶対的過小と人口抑制策のなかで、新天地を求めて五島に移住した。人口稀少な五島の農業活性化策として1796年に「千人貰い」協定が両藩で結ばれる。移住先では浦と浦の間のわずかな耕地や背後の緩傾斜地を開墾し、甘藷や麦などの自給的農業を営みながら信仰を守った（図8）。多くは散村あるいは小村的な村落形態である（図9）。孤立しながらも、捕鯨・漁業の雇い労働にも従事して、生計を維持できたことも残存の要因であろう。ただし、上五島でもカトリック教地域に顕著な分割・均分相続が存在したか否かについては今後の課題である。

　五島の開拓は宇久氏の出身である宇久島から、小値賀島、中通島、福江島へと飛び石伝い南下していったが、潜伏キリシタンはむしろ福江島から北上していくルートをとる（図8）。明治に禁教が解かれて以後は、新たなカトリック教会が日本の部材を用いて、中通島横瀬郷出身の大工・鉄川与助らによって19世紀後半から20世紀前半に、木造、煉瓦、石造、

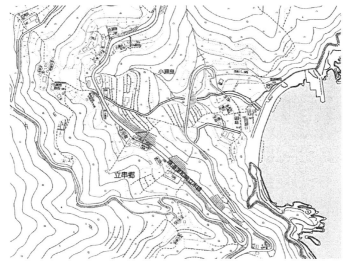

図9　立串郷小瀬良の集落と教会の位置
（ゼンリン住宅地図『新上五島町』2017 より筆者追記）

コンクリートとさまざまな部材を用いて教会堂が次々と建設された。今
回の世界遺産登録にはこの洋と和の融合建築技術がひとつの要となって
いる。

　なお五島列島の隠れキリシタン信仰とその集落形態との関係について
は、住宅地図、空中写真島、地形図等で広域調査したあと、2019 年 2
月に五島列島の中通島、若松島、奈良尾を訪問して概査を実施した。

5-2　五島列島の丸畑、畑作技術と隠れキリシタン集落

　「耕地は四角」という一般通念からは、「丸い畑」という五島の丸畑は
確かに特異なものである。が、それを〝原初的な畑〟と推測する通説に
は明らかに論理の飛躍がある。「かたち」から事象を考える発想は、地
理学、あるいはより狭めて地図分析を専門とするものにとって身近な手
法であるが、その「かたち」の呪縛から〝離陸する〟術はそう容易では

ない。そんな反省の材料として、長崎県五島列島福江島に顕著な丸い形の畑、通称「丸畑」をとりあげてみたい。これは人口稀少なフロンティア地域と地質条件、農法それにカトリック的な相続制度が結合した一つの事例である。

　森（1934）の福江島溶岩台地の耕地形態に関する論考は、文化景観論・地形計測論が華やかりし時期の所産である。辻村太郎の『地理學序説』（1954）の口絵には三井楽溶岩台地の丸畑を載せ、景観の重要性を印象づけている。地形図から計測できる土地利用面積を台地面、火山丘麓、火山丘、台地縁に便宜的に区分して集計比較したものである。溶岩台地の開発が隔絶した離島であるにもかかわらず極度に進んでいること、1枚の畑の面積が広く、緩傾斜なこと、傾斜が上がるに従い円形から多角形、さらに細長い階段状に地片の形が推移する傾向、粗放的な畑作の段階にとどまっているなどの指摘は正しい。ただ、その形態分析からは、丸畑の起源には結びつく材料は得られない。広域を比較する手法や、地域の歴史的・経済的・生態的な技術的連関の考察が欠如していたことが大きい。

　農法に関心の深かった家永（1964・1980）は、「ウッパイ」といわれる珍しい長床犂（図10のA）を福江島で発見したことから、このタイプの犂がこの地域の原初的なもの考え、そこから、「モッタテ」といわれる無床犂（図10のB）や短床の改良犂へ進化の道筋を考えた。「ウ

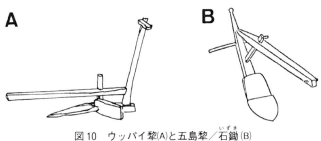

図10　ウッパイ犂(A)と五島犂／石鋤(B)
家永（1980）、清水（1953）より作図

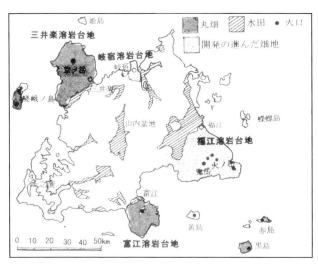

図11　福江島の丸畑分布（空中写真判読による）

ッパイ」は嵐（1977）のいう「打延式」、すなわち長床犂である。家永は通説とは逆に、「無床犂が先で、あとから長床犂」という形で五島の犂の導入時期を推定した。さらに家永は、耕地を渦巻き型に耕起しながら播種・覆土を行うマワリズキ農法によるコムギ・ダイズ作に注目して、五島列島の畑作を、大陸的な畑作技術として位置づける。

　家永説の魅力は、農法の違いが犂の形態、さらにはその伝播・起源論と結びついている点にある。しかし家永が明示的に言及しなかったことで重要な点として、この地域のマワリズキに適した耕地形態の存在がある。渦巻き状に耕して、隅まで最も効率よく耕起できるのが円形である。そのような例外的形態が福江島の三井楽・富江・福江の溶岩台地にみられる（図11）。図11は、空中写真の判読によって円形あるいは楕円形をした丸畑と、台地面全体にわたって畑地として開発され、1枚の地片が多角形から四角形をした丸畑の類似した形態をいちおう区別して示したものである。

　最も典型的な丸畑は三井楽溶岩台地（図12）で、1枚の地片の面積

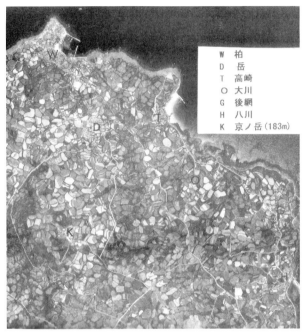

図12　三井楽溶岩台地の空中写真
（約 22,000 分の 1、KU-6-5X C19-3）

も数十アール、場合によっては1ヘクタールをゆうに超えるものもあり、耕地1枚の面積がきわめて大きい。次に典型的なのが富江溶岩台地で、三井楽のそれに比べると1枚の耕地はやや小さめであるが、丸い形状は顕著である。福江溶岩台地もスコリア丘である鬼岳（315m）・火ノ岳（314m）の周囲が森林となっている以外は、ほぼ全域が畑地化されている（図12）。ただ、傾斜が前二者に比べて大きいこともあり、一部には円形に近い畑もあるが、階段畑状の地片が卓越する。岐宿溶岩台地は火口がはっきりせずに侵食が進んでおり、顕著な丸畑はみられないが、溶岩流によって閉塞された内陸部は山内盆地となって、福江島最大の水田地帯となっている。しかし全面開発の状況は他の溶岩台地と共通する。

　これらの溶岩台地はいずれも黒っぽい多孔質の玄武岩質の溶岩流から

なり、土壌になると粘土化・酸性化が進み、排水不良をきたすこともある。カルシウム分が多い貝殻を含んだ海岸砂に堆肥を混ぜたものを耕地に入れるこの地域の慣行は、玄武岩起源の土壌を物理的改良する手段でもある。以上のことから、軽捷で耕作しやすい玄武岩質溶岩台地は、丸畑形成の必要条件となっていることがわかる。

5-3　西九州の玄武岩地質の分布から見た耕地開発

　東松浦半島、北松浦半島から平戸島・生月島にかけて、五島列島の福江島や小値賀島・宇久島には、わが国では比較的まれな玄武岩質の火山や溶岩台地が広がる（図12）。これは珪長質に富んだ粘性の少ない玄武岩質溶岩流が第三紀（一部は第四紀）に噴出したもので、傾斜地ではあるが、農地開発が著しく進んでいるのが特色である。その多くは棚田や階段畑である。北松浦地方や生月島は著名な第三紀地すべり地帯にもなっているが、土地利用からみれば加工しやすい土壌であることを意味する。

　五島列島の火山の多くはスコリア丘火山と分類されるものである。小値賀島は10以上のスコリア丘の集合体である。黒島・赤島など属島にも多くは同じ様式のものが多い。ただ前項で述べた福江島の三井楽・富江・福江の溶岩台地は、中心火山から流出した直径5〜6km、比高100m程度の小盾状火山の上にスコリア丘がのっている（守屋 1983）。しかも時期的にも完新世まで噴火が続いた可能性が高く、台地面の侵食はあまり進んでいない。京ノ岳（183m）はわが国では珍しい表式的アスピーテ火山地形である。ここには挙げなかったが、小値賀島の畑地も福江溶岩台地に似た形状である。

　玄海灘にうかぶ壱岐島も全域が玄武岩質溶岩台地からなる（図13）。東部の芦辺町を例にとれば、農用地率33％、うち田が63％の数字（1989）が示すように、離島では例外的に開発が進んだ島で、しかも水田が卓越する。侵食された谷底部の水田と対照的に、台地の尾根部には森林植生

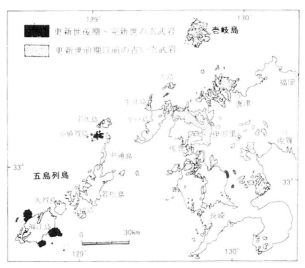

図13　西九州の玄武岩地質の分布
（各種地質図から編図）

が一部残り、水源涵養の役目をはたす。触集落と畑地は台地斜面に散在
し、その耕地の形は楕円的なものが多いが、三井楽や富江の溶岩台地の
ような典型的なものはない。溶岩台地の時期の古さが地形がその偏倚に
寄与していると推定される。

　以上の検討から、丸畑は傾斜がなだらかな玄武岩質溶岩台地の、しか
も形成が新しい部分にもっとも典型的に分布すると結論できる。ただ、
円形という形状自体は台地の微起伏に規制される側面が強い。

　以上のことを踏まえると、家永が提起した、ウッパイ犂が五島で一般
的であった五島犂・石鋤と呼ばれる無床犂（図10のB）より早い導入
とする考えは無理がある。私見として結論を先取りすれば、やはり無床
犂が先行する。図10のAにみるように、ウッパイ犂は「枠型犂」とい
われるタイプ（嵐 1977）で、犂柄、犂床、犂柱、犂轅（練木）が別々
の部材でき、しかも金属の犂先がないため、深耕は困難である。加工し
やすい土壌といっても、多孔質のごつごつした溶岩が混ざった土壌を耕

150

起するのに A は不向きである。丸畑の周囲には破棄された溶岩が山積みされている。ただ犂耳がついているため、覆土効果は大きいと思われる。

長床犂は、中国華中・華南方面で華北畑作農法に適応した短床犂あるいは無床犂が水田適応型に変質したものとされるが（応地 1987）、やはり A はその系譜につながるものではないだろうか。五島では水田犂としては長床犂が一般的で、農民は畑用の犂と峻別していたから、その応用として、畑で A を試験的に使用した可能性がある。一つの事例だけで結論するにはやや早計で、現地での地道な農具と農法の掘り起こしが今後となろう。

五島列島は古来漁業が主たる産業で、農業はごく粗放的な段階にとどまっていた。元来五島の開発は平氏の流れをくむ宇久氏が北の宇久島に 12 世紀に入ったことに始まり、14 世紀後半に福江島に進出するなど、北から漁業を中心に開発が進む（宮本 1952、菱谷 1955）。

小値賀島は属島を含め 20 以上の小火山群がひしめきあい、標高は 105m、多くは数 10m 以下の溶岩台地である。波打つ平坦地を赤褐色の重粘な土壌、その単調さを破る噴火丘の草地と火山体が海食で断崖とダキの偉観。しかし予想に反して台地の谷筋は棚田で、圃場整備がかなり進行していた。河川がないためにため池が重要な水源だが、水もちのよい土ゆえが水不足の緊迫感は薄い。ただ小値賀島では福江島の三井楽台地でみられたような典型的な丸畑は見られなかった。小値賀島はもと平戸藩、現在は北松浦郡に属し、福江・中通島など五島南部が五島藩、南松浦郡であるのと対照的に狭い意味での五島に含めない。小値賀島は、平戸方面からの流入によって五島の中ではいち早く開拓が進んだ島で、近世には壱岐から移住した小田氏を中心とした近世西海捕鯨の一基地となる。捕鯨衰退後もそれにかわる鮑・海藻・鰯などの海の恵みで栄え、主邑の笛吹には遊郭や芝居小屋まであった。松浦氏をいだくこの地域、進取の気性に富み高度な漁業技術を持った泉佐野・紀州・熊野などの漁

業者を受け入れつつ、巧みに陸の辺境性を海の開放性に転化していく。小田氏は長子・本家を重視する一党型であるが、鯨で得た富を土地兼併や新田開発に振り向け、廻船業、酒造業、海藻採取販売など幅広くてがけた（野間 1987）。

　しかし元をたどれば松浦一統に連なる親族結合集団という同根である。建武の中興以降さまざまな戦乱に出陣しながら、時には一族間で足を引っ張り合い、牽制しあいながらゆるやかな連合体を形成し、実力あるものが統率者として推戴される。この連合はふつう松浦党と呼ばれるが、宮本常一はこれを一揆と位置づけている。それは、総領を中心とした武家集団というより、お互いが平等の権利を主張しながら、均分相続によって耕地を細分化していく。インボリューション（回旋、内向的発展）とか貧困の共有といった概念に通じるものがある、女性にも相続権があり、婚姻によって領主的な地位にまでのぼりつめた者さえいる。

　倭寇・海賊の根城とされた西海の島々では、中国や朝鮮の人びととの通婚も珍しくない開放性があり、人びとが移動に対して抵抗感もあまりもたない。ただ五島は山がちの土地ゆえ、この平等的な慣行は土地という農本主義に固執すればすぐ限界が見えてくる。これは豊漁不漁の差が大きい水産物を皆で分有する海民的な慣行である。これを農地に適用させるためには、十分な未開墾地の存在を前提とする。

　福江島はいわば五島のフロンティアである。大村藩外目地方から 17 世紀以降移住したキリシタン農民が最終的にめざしたのは耕地が広い玄武岩溶岩台地であった。三井楽台地はそのなかでもとりわけ移住者に好条件の地といえよう。岳・新村・高崎・後網・淵の元・塩水、貝津、嵯峨ノ島などの集落に海に背をむけて定住し、畑作に従事したのである。キリシタン農民の均分相続的慣行も広大な開拓余地が存在したゆえ、可能となった。

　丸畑の畑作では畦は作らないし、覆土も犁が一周したあとに作る播種溝から出る土を自然に覆うだけですませるなど、マワリズキ農法は省力

152

化の意義が大きい。福江島では麦とダイズ作を基本とした2年2作が伝統的作付体系であり、明治前期になってようやくサツマイモが導入される。サツマイモによる夏作・ダイズの競合も、省力化を支えた要因であろう。現在ではトラクターによる耕起に変わり、桑畑が増加するなどの変化はみられるが、著しい基幹労働力の流出にも適した省力農業を継承している点は変わりない。

　丸畑を可能にした畑作技術として、マワリズキ農法は注目すべきものである。隠岐、対馬やチェジュ（済州）島にもそれに類似した農法が存在した可能性がある。いずれも朝鮮半島経由の乾地系畑作技術の流れ（野間 2014b）を汲むものを基本として、近世以降の本土からの隔絶性ゆえに、長らく相対的にプリミティブな状態で保持されてきた私は考えているが、その考察は今後の課題としたい。

6　茨木市北部山地、下音羽・千提寺の隠れキリシタンの性格と農地開発

　17世紀に30万人といわれるキリシタンの多くは京都、大坂など畿内に分布していた。とくに安土桃山時代のキリシタン大名である高山右近（1552-1615）は幕府の禁教前に摂津国高槻の城主となり、安土にあったセミナリヨを高槻に移転し、彼に感化を受けて蒲生氏郷をはじめとして多くの大名が彼の影響を受けてキリシタンとなったほか、細川忠興・前田利家など洗礼は受けなくても好意的な大名が多く出た。またその領民も多くがキリシタンとなったが、その一方で、北摂高槻地域の寺社が右近によって破壊され、その廃材で教会を建設の材料にしたとされる。千提寺と下音羽地区[5]は隠れキリシタンの里として知られる。下音羽の曹洞宗の高雲寺には2基のキリシタン墓碑がある。花崗岩製の石棺型で、碑面上部にギリシャ十字、碑文は「セミハルマルタ」と記されてる。茨

木市の最北部の銭原のマルタと推定される。高雲寺の檀家として葬式なども仏式で行っていた。

　この隠れキリシタンの「発見」は千提寺の寺山で 1920（大正 9）年に十字と洗礼名「マリア」が刻まれたキリシタン墓碑で、小学校教員をしながらキリシタンを研究していた藤波大超によってである。それを後押したのが東家の主人の藤次郎であった。この東家の屋根裏の梁にくくりつけてあったのが、聖フランシスコ・ザビエル像やマリア十五玄義図、メダイなどの遺物であった。これを東家と親戚関係にある橋川正が、京都帝国大学の濱田耕作により『京都帝国大学文学部考古学研究報告』第 7 冊で発表されて、一躍知られるようになった（茨木市文化財資料館 2018：40）。

7　まとめにかえて

　以上、筆者のこれまでにおとずれてきた平戸、生月島、五島列島を中心に、潜伏キリシタン、隠れキリシタンといわれる信者の歴史とその実態の一部を既往の数々の研究をまとめながら、その事実から汲み取れる地理的な場の問題に引き寄せていくつかの視点を提起してきた。ただし多くは先学の成果の再解釈でもあり、ごく予察的な考察にとどまる。

　図 14 は中園（2018：22）が長崎県における 2 つの隠れキリシタン集落の分布域とその時間的系譜を図化したものである。この図をみながら、私がこの小稿で強調した経済原理、生業という点から別の読み取りの可能性を以下に試みる。

　まず、この図は長崎県の外海地方や長崎市郊外の浦上地域の信徒集団を「外海・浦上系かくれキリシタン信者集団」としてそれらが五島列島や平戸・北松（筆者注、北松浦地域）に移住してたルートを点線枠で囲んでいる。五島列島は最北の宇久島とその南にある小値賀島を除いて、

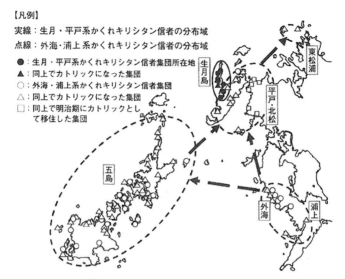

【凡例】
実線：生月・平戸系かくれキリシタン信者の分布域
点線：外海・浦上系かくれキリシタン信者の分布域
● : 生月・平戸系かくれキリシタン信者集団所在地
▲ : 同上でカトリックになった集団
○ : 外海・浦上系かくれキリシタン信者集団
△ : 同上でカトリックになった集団
□ : 同上で明治期にカトリックとして移住した集団

図14　長崎県における2つの隠れキリシタン集落の分布
（中園成生 2018：22）
＊書籍の図の凡例が誤植のため、野間が修正

　その分布が認められる。ここで注目したいのはこれらの集落の分布がいずれも海岸部の集落と、主要島の附属島といえる離島の離島に分布することである。今回の世界遺産の構成資産（表1参照）になっている野崎島は、中通島の北端からは指呼の距離にあるが、江戸期には小値賀島から開発者によって開かれた島で、平戸藩領である。ここに中通島からの二次的移住によって五島藩からの隠れキリシタンが移住し、それが近代にカトリックに改宗して教会までも建設した。藩をまたいだの移住である。これはやはり近代の産物であろう。

　次に注目したいのが、同じ五島藩の島々であっても、福江島の溶岩台地（三井楽・岐宿台地）の比較的畑作農耕に適した地域と、中通島の北部（旧北魚目町）や南部（青方、有川地域）にカトリックになった集落が多いことがわかる。上五島に非常に現在もカトリック教会が密に分布している。逆にいえば、これらの地域は地域の生業が活発で、その多く

が五島の主要産業である漁業の盛んな地域である。有川、青方、奈良尾などがそれにあてはまる。ただし、中通島北部のカトリック教会の分布域は傾斜地での畑作・果樹農業で細々と行われている。もともと自給的かつ零細で、きわめて劣悪な耕作条件での傾斜地農業であり、教会自体も急な斜面に建っている。いっぽう漁浦には教会がない。これらは農民で外海地方から移住者の集落である。前にあげた図9（145ページ）の立串郷の斜面での散村景観をしめす農村地区も、現在も多くがカトリック教徒である。しかしこれらの人びとに対する従来のステレオタイプ的な見方は自給的、孤立的なものである。確かにこの集落に残る高齢者は自給的な傾斜地農業に依存してきたが、成人男子の多くは、島内の網元に雇われ、本土に渡り漁船乗組員になるなど、漁業関連産業に多くが雇用されてきたのである。また九州・関西方面への移住も多い。むしろ近代のカトリック教徒分布域は、隠れキリシタンを明治以降も伝承してきた集落よりはより外部世界との関わりが大きかったといえよう。

　その逆で、今も外海・浦上系でかくれキリシタン信仰を残すのが、中通島と福江島のあいだに位置する離島である若松島、奈留島、久賀島などのより小さな僻遠性の高い集落であるのではないか。

　一方、もうひとつの系統である「生月・平戸系かくれキリシタン」（実線枠）の集落は生月と平戸島の西海岸に集中する。とくに生月はこの小論の4でみたように、「浦」はすでにかくれキリシタン集落はほぼ皆無になっているが、丘陵地の「在」といわれる農村集落にのみ高齢者によって維持されている。ここはいずれも平戸藩で藩主・領主の主導でほぼ全集落でいったんは改宗がされたと推定されるが、その後の隠れキリシタンの痕跡は「在」にしか残存していない。ここにも集落、村内での分化が指摘されよう。「在」の人も現在では多くは漁業関連産業や島内の建設・土建業などに従事して現金収入を得ている。漁業を主たる生業とするのにかくれキリシタンの複雑な教義は融和的でない。

　やや強引に位置づけると、今回の世界遺産登録は「潜伏キリシタン」、

すなわちそれが近代以降に表面化してカトリック教徒に改宗した信徒が多い集落のみが恩恵をうけたのである。いわば、かくれキリシタンを置いてきぼりにした部分的コンセンサスであった。

注

1) 鉄川は五島にしたフランス人宣教師 A・ペール神父の指導のもとで、多くの島内の天主堂建築を手掛けた。冷水教会堂（1907）を手始めに、旧野首教会堂、青砂ヶ浦教会堂、大曾教会堂、頭ヶ島教会堂、細石流教会、水ノ浦教会などのほか、平戸島の紐差教会、田平天主堂、天草下島の大江教会、長崎の浦上天主堂、福岡・大刀洗の今村教会堂なども手がけた。1906（明治39）年に家業を相続し鉄川組を編成し、現在は株式会社の工務店となっている。しかし、彼独自で教会建築を完成するのは無理で、長崎にいた外国人宣教師の技術指導が大きかった。川上はマルマン神父（1849-1921）、ペール神父（1848-1918）、フレノ神父（1847-1911）、ド・ロ神父（1840-1914）らをあげている。父の元吉は青方の得雄寺を建立するなど、地元の寺院建築にもかかわった（川上秀人1992：29-36）。
2) 2009 〜 2011 年の期間に除外された候補としては以下のようなものがあげられる。長崎市　旧羅典神学校、旧大司教館、旧伝道師学院、日本二十六聖人殉教地、サント・ドミンゴ教会跡、平戸市　宝亀教会、五島市　堂崎天主堂。新上五島町　青砂ヶ浦天主堂、大曾教会、南島原市　吉利支丹墓碑、熊本県熊本市　手取教会、熊本県天草市　南蛮寺跡（正覚寺）、熊本県苓北町　富岡吉利支丹供養碑、福岡県大刀洗町　今村天主堂、佐賀県唐津市　呼子教会、馬渡島教会。
3) 1981（昭和56）年に島の東部に上五島空港が建設、開港にあわせて頭ヶ島大橋で中通島と結ばれ、長崎から小型機が発着していたが2006年に休止となった。ここが季節によってはパーク＆ライドのシャトルバス、シャトル車での発着場になっている。この運行によって世界遺産登録にみあった白浜地区の自然や環境を保全しようとしている。
4) 「比較信仰文化」研究班の2018年度関西大学東西学術研究所第2回研究例会（2018年6月4日）で、「潜伏キリシタン集落の立地と信仰の場—五島・生月島の違いに注目して—」を口頭発表した。このときにはまだ中園氏の大著は刊行されていなかった。
5) 千提寺は茨木市の旧清瀧村、下音羽は旧見山村の大字である。

参考文献

嵐　嘉一（1977）『犁耕の発達史—近代農法の端緒』農山漁村文化協会
家永泰光（1964）「五島列島の農業生産構造とマーケティング」、農業及園芸39

（11）

家永泰光（1980）『犁と農耕の文化』古今書院

生月町郷土史編さん委員会編（2005）『生月町史　本編・追録』生月町教育委員
　　　会

茨木市立文化財資料館（2018）『茨木のキリシタン遺物―信仰を捧げた人びと―』、
　　　茨木市教育委員会

応地利明　1987　「犁の系譜と稲作」（渡部忠世編『稲のアジア史1―アジア稲作
　　　の生態的基盤―』小学館）

大橋信泰（2019）『潜伏キリシタン―江戸時代の宗教政策と民衆―』講談社学
　　　術文庫（原著は講談社選書メチエ、2014）、kindle版、ロケーション
　　　138/3664）

片岡弥吉（1967）『かくれキリシタン―歴史と民俗―』日本放送出版協会〈NHK
　　　ブックス〉、1967年。ISBN 4140010568。

川上秀人（1992）「鉄川与助と外国人宣教師との関係について―棟梁建築家鉄川
　　　与助（その1）―」、デザイン学研究91、29-36

近畿大学九州T．宮崎賢太郎（2003）『カクレキリシタン―オラショ－魂の通奏
　　　低音―』長崎新聞社〈長崎新聞新書〉

小出　博（1973）『日本の国土（下）』東京大学出版会

清水　浩（1953）「牛馬耕の普及と耕耘技術の発達」農業発達史調査会編『日本
　　　農業発達史1』中央公論社

助野健太郎（1960）『切支丹風土記　九州編』

田北耕也（1954）『昭和時代の潜伏キリシタン』

辻村太郎（1954）『地理学序説』岩波書店

中園成生（2018）『かくれキリシタンの起源―信仰と信者の実相―』玄書房

野崎清孝（1988）『村落社会の地域構造』海青社

野間喬雄（2009）「シンクレティズムな村落空間における宗教選択の一考察―生
　　　月島壱部を事例に―」、法政大学文学部地理学科2008年度卒業論文

野間晴雄（1987）「松浦のなかたち―小値賀島逍遥―」地理4（7）、20-21

野間晴雄編（2014a）『環東シナ海をめぐる文化とひとの交流』、環東シナ海・環
　　　日本海沿岸域の文化交渉と歴史生態の学術的研究」研究グループ、関
　　　西大学文学部・野間晴雄、全114頁

野間晴雄（2014b）「朝鮮農耕システムの核心とその伝播あるいは変形について
　　　―黄海経由の文化交渉の可能性―」（森隆男編『住まいと集落から風
　　　土をさぐる―日本・琉球・朝鮮―』、関西大学出版部（関西大学東西
　　　学術研究所研究叢刊45）、267-319頁）全324頁

町田　洋・太田陽子・河名俊男・森脇　広・長岡信治編（2001）『日本の地形7
　　　九州・南西諸島』東京大学出版会

平戸市生月町博物館・島の館（2006）『生月島のかくれキリシタン』平戸市生月
　　　振興公社

広野真嗣（2018）『消された信仰：「最後のかくれキリシタン」―長崎・生月島の人々―』

深見　聡・沈　智炫（2017）「長崎における世界遺産観光―「明治日本の産業革命遺産」と「長崎と天草地方の潜伏キリシタン関連遺産」のこれから―」、九州地区国立大学教育系・文系研究論文集、4巻1・2合併号、1-8頁

古野清人（1966）『隠れキリシタン』至文堂

松井圭介（2007）「世界遺産運動にみる宗教的地域文化へのまなざし―長崎の教会群をめぐって」人文地理学研究（筑波大学）、31、133-158

松井圭介（2019）「潜伏キリシタンは何を語るか―「長崎の教会群」をめぐる世界遺産登録とツーリズム」地理空間 11（3）、253-268

宮本常一（1952）「五島列島の産業と社会の歴史的発展」長崎県『五島列島・九十九島・平戸学術調査書（附男女群島）』

森壽美衛（1934）「五島福江島の溶岩台地と其の耕作景観」、地理学評論10（2）

守屋以智雄（1983）『日本の火山地形』東京大学出版会

菱谷武平（1955）「カトリック部落の伝統と現状（7）―特に潜伏、露見の居付信徒の調査について―」（長崎大学離島総合学術調査団『五島列島総合学術調査報告書1』）

吉居秀樹・山田千香子（2012）「キリスト教布教に対抗する「権力正当化装置」として神楽―試論的研究―」、長崎県立大学経済学論集、45（2）、109-133

付記

　生月の壱部の宗教施設の分布図は私の長男・喬雄が法政大学の卒業論文でとりくんだ資料を利用させていただいた。いっしょに炎天下の現地を歩いた12年前がなつかしい。

石敢當の伝播による形態・意味の変容に関する予察的考察

松　井　幸　一

1　はじめに

　かつて中国は諸地域との冊封体制のもと東アジアにおいて中心的な地位を占めていた。そのため中国からは数多くの物質的なものがもたらされたほか、文化・民俗も各地域に伝播していった。それらの文化・民俗は今なお東アジアの各地域に残っている。それら各地域で受容された文化・民俗は長年の間に形や意味が変化したり、土着の文化・民俗と融合したりと伝来した当初の形態を留めないものもある。

　本研究で取り上げる石敢當もまた中国を起源とする風習の一つで、主として僻邪を目的とする。現在、石敢當には自然石型、表札型、獅子型など様々な形があるが、元来の石敢當は小さな石や石碑を建て、その上の方に石敢當と刻字したものである。またその設置場所は家や市街地・村の入り口、街路の突き当たりなどが本来の形である。日本における石敢當の悉皆的な調査としては小玉による全国各地の現状調査があり、県別の数や特徴が記載されている。しかし、その調査は所在の記述に留まり、分布や形態についての分析は少ない。さらに各地の石敢當の差異の要因を分析したり、立地を空間的に分析したりすることはなかった。また日本において最も石敢當が数多く存在する沖縄県では、行政が文化財の一部として特徴的な石敢當を調査対象に含めることが多々ある。しかし、そのような石敢當に関する調査、研究も多くは所在や形態のみを記

載することが多く、その差異や設置されている場所の意味を検討したものはほぼ見当たらない。

本研究では中国の福建省と沖縄、鹿児島、秋田の石敢當を比較することによって、各地域における形態の特徴を確認し、伝播の途上でそれがいかに変化したのかについて考察をおこなう。また各地域での石敢當の持つ意味や設置場所の変容についても分析を試みる。中国での調査対象地域は琉球への交通拠点であった福建省福州の歴史的村落である三坊七港と、地方の寧徳市古田県吉港の村落である。また沖縄では北部の名護市真喜屋を対象にその分布を確認し、鹿児島では薩摩半島南端の山川、秋田ではかつての城下町範囲を中心として石敢當の分布を調査した。

2　石敢當の現状と先行研究

まずここでは石敢當に関する先行研究を振り返ることにより、これまでにどのような研究がおこなわれてきたのかを整理したい。石敢當についての研究は東アジアで複数みられ、その多くは意味や比較など民俗学の視点からおこなわれる。日本の石敢當研究については小玉の『日本の石敢當』が悉皆的調査を含むものとして挙げられる。以下、小玉の研究を中心に日本の石敢當研究と石敢當の現状についてみていきたい。

小玉はその著書の中で「わが国各地に存在する石敢當に関する実態調査と文献史料を検討することによって、その由来を考証」することを目的として、石敢當の全国的な現況を提示しつつ、起源・由来についての従来の論考を概括した。この小玉の調査によれば、2004年の時点で、北は北海道から南は沖縄県まで全国29都道府県において石敢當の存在が確認できる。石敢當は沖縄が最も多いと考えられ、基本的には北に行くほど少なくなる。そのため、沖縄から北の鹿児島にも1,000を超える石敢當があることについて、「薩摩藩の領域に石敢當が多いことについ

162

ては、一六〇九年、薩摩藩士が琉球に侵攻し、那覇首里などで数多くの石敢當を実際に見聞することで、帰国後導入したのではないか。一方、一六一三年に鹿児島に「琉球仮屋」（琉球館）が設けられ、琉球人が設置した石敢當があった（『中陵漫禄』）。これも藩内の石敢當普及のきっかけとなったに違いない。さらに塞ノ神など石敢當と同じような機能をもつ信仰があったことや、かつ密教や修験道の関係者がこれの普及に一役担なったのではなかろうか。」とする。

　また現存する石敢當として古い石敢當を整理し、古い石敢當の10基のうち6基までが鹿児島県にあるとする（表1）。ただしこの表中の最古の石敢當は宮城県えびの市となっているが、近年はさらに古いものが発見されている。現在、造立年が確実な最も古い石敢當は元和2（1616）年と刻字がある鹿児島県志布志市の石敢當とされる（図1）。

　石敢當設置の目的は「一般に、悪魔・悪霊・妖怪の侵入を防ぐこと、辟煞、厄除け、除災招福、防疫、地域の豊栄のため」とされ、それぞれの家または個人が設置する例が多い。具体的には「いやなことは異界から悪魔・悪霊・悪風が境界を越えて侵入してくために おこると考えられ、

表1　造立年銘が刻された石敢當で古いもの10基
（小玉1999より一部改変）

	10	9	8	7	6	5	4	3	2	1	
造立時期	安永四年（一七七五）	安永三年（一七七四）	明和八年（一七七一）	明和五年（一七六八）	宝暦六年（一七五六）	宝暦四年（一七五四）	元文五年（一七四〇）	元文四年（一七三九）	雍正十一年（一七三三）	元禄二年（一六八九）	
所在地	鹿児島県牧園町	鹿児島県東市来町	埼玉県騎西町	鹿児島県栗野町	宮崎県高崎町	鹿児島県祁答院町	鹿児島県国分市	鹿児島県入来町	沖縄県久米島町	宮崎県えびの市	

図1　志布志市にある最古の石敢當　　図2　福建省福州市立美術館にある石敢當碑
（小玉 1999 より引用）

それらが入ってこないように境界（門口など）に石敢當を立てて防ぐ」
ためである。そもそもこのような風習は中国ではかなり古くからあった
ようで、小玉も『輿地紀勝』の次の文を書き下しながら挙げる「慶暦中、
張緯、甫田ニ宰タリ。懸治ヲ再新シ、一石ヲ得タリ。其ノ文ニ曰ク、石
敢當ハ、百鬼ヲ鎮メ、災殃ヲ厭ス。官吏ハ福ニシテ、百姓ハ康カナリ。
風教、盛ンニシテ、礼楽、張ル。唐ノ大暦五年、懸令鄭、押字シテ記ス。
今、人家ニ碑石ヲ用イ、書シテ曰ク、石敢當ノ三字。門ニ鎮メルハ、ケ
ダシ此ノ流伝スル所ナラント云ウ。」小玉は「造立時期が刻まれていて、
しかもそれが大暦五年（770）と、かなり古いことは特筆すべきことで
ある」として、これが史料上で確認できる最古の石敢當碑であって、こ
の福建省を中心とした地域から各地に伝わり、石敢當の習俗が広まった
との見解を紹介している。また現存する最古の石敢當についても紹介し
ており、それは福建省福州市立美術館にあるという（図2）。この石敢
當の刻字についても解釈をしており、「この石敢當は、不祥を禁圧、厭
禳することが目的でなく、亡き両親の極楽への再生に役立つことを願っ

て立てられている。その造立場所も、町なかの道路の突き当たりにある門の前とか、橋を渡ってくる道の突き当たりなどではなかったのではないかと思われる。風水の思想やいわゆる道教的生活習俗の中に主として石敢當が立てられるものと考えられているのに、この例は、仏教徒が、辟煞、魔除け、厄除け以外の目的で石敢當を立てている。誠に特異な事例である。」とする。この事例からはやはり石敢當の本質は辟邪や厄除けにあったことがうかがい知れる。

　その他、小玉は石敢當の表記と読み方にも着目している。石敢當の刻字で最も多いのはもちろん「石敢當」であるが、小玉の調査によれば「沖縄で目につくのは「石巖當」である。尚泰王の泰という字をはばかって、これを削った「山石敢當」というのもある。「石敢當」というのは、鹿児島県と宮崎県に比較的多い。この両県に「石敢當」があるのは、以前からで、……徳島県は「石将軍」が多く、秋田市には「散當石」が多い。」（一部略）と各県ごとの特徴を記している。また字体についても詳細に見ており「楷書体、行書体で書かれたものが多いが、隷書体で書かれたものも少なくない。きわめて少ないが、篆書体、草書体で表記されているものもある。」とする。また石敢當の読み方については、沖縄ではどこでも「いしがんとう」と呼び、本土ではほとんど「せき（っ）かんとう」と呼ぶとする。これらの小玉の一連の研究からは石敢當について以下のようなことが明らかとなる。①石敢當設置の目的は辟邪や厄除けである②中国の南部、特に福建省が風習発祥地と考えられる③日本では「石敢當」の刻字が最も多く、その読み方は「いしがんとう」である。

3　福建・沖縄・秋田の石敢當の特徴

3-1　福建の石敢當

　先に述べたように、中国において最古と考えられる石敢當は770年に福建省甫田県の県庁に百鬼を鎮めるために設置されたものだという。ただし12世紀以前は僻邪のほかに災いを抑えたり、幸福になることも祈ったという。その後、唐や宋の時代に住居の門口や市街地・村の入り口に設置するようになったと伝わる。中国の調査地である福建省の三坊七港は晋・唐の時期に形成された街で200以上の古民家が残る。この地区の街路踏査では、街路の突き当たりかつ住居の入り口にあたる1箇所で石敢當を確認することができた（図3・図4）。

　その形態は長方形で縦40cm、横18cm程度、一部、街路に埋没しているが刻字は「泰山石敢當」とある。調査した限りではこの地区ではこれ以外の石敢當を確認することはできなかった。中国の農村部にあたる吉港村では、2箇所の住居の入り口に長方形で比較的新しい縦60cm、

図3　三坊七港の石敢當

図4　三坊七港の石敢當刻字

図5　古田県吉港村の石敢當

横20cm 程度の石敢當を確認することができた（図5）。ただし、いず
れも石敢當の本来の意味を踏襲しない街路に並行した住居の入り口に設
置されていた。また設置者は石敢當の意味を認識していなかった。

　この2つの石敢當を比較すると、石敢當の形態・刻字としては材質や
書体の違いはあるが、両者ともに泰山石敢當とある。泰山は古来から霊
山として知られ、石敢當の字と併せて刻むことによって効果の強化を図
ったと考えられる。また興味深いのは吉港村の石敢當には刻字の上に八
卦が描かれている点である。窪は台湾の石敢當の上には虎の頭を画くこ
ともあるといい、八卦を石敢當に刻むことも虎頭と同様に石のもつ呪力
や霊力を倍加することになるとしている。この石敢當はまさにその形態
をあらわした例であろう。昭和初期に厦門を調査した海江田は虎頭の石
敢當を見つけており、厦門で虎頭と石敢當を結びつける風習があったこ
とは間違いない（図6）。

　筆者の調査では厦門ではほとんど石敢當を見つけることができなかっ
たが、厦門を調査した海江田は市内で65基の石敢當を確認している。
そのうち上部に石獅の頭を彫ったものは6基と報告していることから、
一定程度この形が普及していたものを考えられる。また泰山石敢當と彫
ったものが1基あると報告しているが、海江田の確認したものは上部に

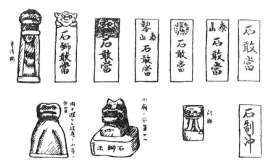

図6　厦門の石敢當（海江田 1943 より引用）

図7　土産物売り場の石敢當

横書きで泰山とあったのに対して、筆者の確認した泰山石敢當と刻字された
れたものは縦書きであったので、海江田の確認したものとは異なるよう
である。

　厦門市では土産物として石敢當が販売されていたが、その形態は獅子
を模している。名称も「風師爺」であって、招財や招福、姻縁などを目
的としている（図7）。ただし、この石敢當の箱には「石敢當本是在巷
路口用于辟邪的石碑被民間視為風辟邪的吉祥物是来閩臺旅遊必帯的小小
守護神」とあり、石敢當本来の街路に設置して邪を払うという意味を説
明しながらも、福建省や台湾での旅の守護神という意味づけもなされて

168

いる。

この土産物の石敢當は、従来の自然石を中心とした石敢當とはその形態において明らかに異なっており、土産物としての名称も石敢當とは付けられていない。「風師爺」の語から考えるとこれは台湾の金門島などによく見られる魔除け「風獅爺」と一字違いの同様のものであると考えられる。福建泉州と沖縄の風師爺について研究をおこなった王によれば、「風獅爺の信仰は閩南方言地域あるいはもと同一の地域文化圏に属す閩南、台湾と金門に集中し、この地域文化圏から生まれた特有の習俗である。」という。そして風獅爺もまた辟邪を目的としていて、「石獅子に似た怪獣像を屋上に置いたものであり、強い風と黄砂を防ぐ石像である。」とする。金門島の巨大で有名な「風獅爺」もまた屋根にはないが、風を治めるために設置されたとされ、一部の小さな「風獅爺」は石敢當とともにあり、石敢當と「風獅爺」がともにいやなものが入ることを防ぐ目的で設置されていることが良く理解できる。そのようなよく似た性質の魔除け同士が一体となってできたのが、この「風獅爺」の形態をした石敢當の「風師爺」なのであろう。

3-2 沖縄の石敢當

沖縄は日本で最も多くの石敢當が設置され、その数は 10,000 基を超えるといわれる。近年は沖縄土産としての知名度もあがっているが、地元住民も表札型の石敢當を設置する家が多くなり、ますますその数は増加していると考えられる。基本的な刻字は石敢當であるが、文字が刻まれていない大型の石敢當（図 8）や記号の刻まれたもの（図 9）、北斗七星を表す文字がしるされた珍しい石敢當（図 10）も複数ある。

ここで取り上げる名護市真喜屋は沖縄県内でも風水の村として知られている。沖縄の一般的な石敢當は縦 20cm、横 10cm 程度の表札型が多いが、真喜屋の石敢當もほぼこの形状である。この村では 2017 年時点

図8　大型の石敢當

図9　記号の刻まれた石敢當
（小玉 1999 より引用）

図10　北斗七星を表す文が刻まれた石敢當
（小玉 1999 より引用）

で34箇所で石敢當を確認することができた（図11）。その分布は多く
が街路の突き当たりや分岐にあり、石敢當本来の街路の突き当たりなど
に設置して邪気を払うという意味を踏まえて設置されているといえる。
住民への聞き取りでは邪気・悪気が直進して家に入るのを防ぐために設
置するという意見が多い。村の空間を概観すると南部に聖地が集中する
が、石敢當の分布は偏在することなく、村中にみられる。つまり石敢當

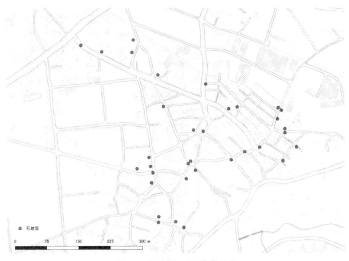

図11　真喜屋の石敢當分布

　設置の基本に忠実な分布、形態が特定の住民でなく、村全体で継承され
ていると考えられる。

3-3　鹿児島県山川の石敢當

　鹿児島県山川は薩摩半島の南端にあ
り、かつて薩摩藩が琉球に侵攻した際に
はこの港から船が出たと伝わる。山川に
は今も59基の石敢當があり、それは山
川石と呼ばれる火砕流堆積物で作られた
ものが多く、形状は駒形が多い（図
12）。その分布は街路の突き当たりなど
に多く、設置の基本的な理念にかなって
いる。また住民も設置の目的として辟邪
ということを認識しており、設置場所、

図12　山川の石敢當

目的については沖縄の例と同じく、基本に忠実な分布、形態が継承されていると考えられる。ただし、山川の石敢當では刻まれた文字に特徴があり、本来ならば石敢當となるところが「石散當」となっている。このような文字の取り違えは 59 基のうち 36 基にもなり、刻字の変化が見て取れる。このような刻字の変化は琉球から薩摩へと支配が移った奄美大島にも見られる。奄美大島の石敢當には「石散當」と刻字が変化しつつも、その説明板を確認すると「これは魔よけの石として、昔から伝えられているもので魔物や邪気は真っすぐに突込んでくると言われ「石」がその流れに「敢えて当たる」ことで家に流入を防ぐとされています。中国の起源＝除災・招福の石で沖縄県で最も多く、九州特に鹿児島県下にはこれが残っています。石散当は、百鬼を鎮め災殃を圧し守護の石であります。」と意味は本来のものを踏襲する。

3-4　秋田市内の石敢當

　小玉の調査によれば秋田県には 38 基の石敢當が存在する。近隣の山形県 1 基、宮城県 3 基、青森県 4 基と比べれば、東北、東日本の中でも突出して多いのが秋田県の特徴である。

　市内の石敢當については戦前からの調査が進められており、山崎は1925 年時点に 47 箇所で石敢當が存在することを確認している。しかし、その後の 1985 年の調査では大半が消失し、10 箇所となっている（表 2）。その要因として山崎は強制的な建物疎開や改築を挙げるが、残った石敢當の中にも古い物は少なかったという。山崎は 1925 年の調査で「石敢當を探し廻っている間の経験として、一個見出すと必ずと言っていい程付近になお一、二個を見いだす場合の多かったことであった。つまり群がってあることであった。」と分布に集中が集中が見られたという。しかし一方で、「丁字路や廻角が続いてあるのに一個も見い出す事の出来ない場所もあった。」と偏在性も指摘する。この要因は石敢當の俗信が

図13　秋田市内の石敢當分布（2018年）

環境に順応する結果の現象と述べる。またその刻字については「石敢當」が16基、「石散當」が4基、「敢當石」が11基、「散當石」が3基などと報告する。ここで最も注目されるのは、真ん中の文字は違えど石敢當と石散當という石が頭にくるのが20基あるのに対して、敢當石や散當石と文字の順番自体が変化したものが14基と3割弱を占める点である。これは先にみた山川や奄美大島のように似た文字の写し間違えという差異を超えており、大きな変化といえるだろう。

　その後、湊による石敢當調査では市内中心部で28箇所の石敢當が確認され、その多くは城南の楢山地区に集中する。この調査では道路工事などで自宅に倉庫に保存されるものや県立博物館に寄贈されるものが挙げられるなど、徐々に生活の中から石敢當が失われていることが示唆される。また林らによる2011年の調査ではさらに石敢當が減少しており、石敢當の喪失は切迫したものになっている。これらの先行調査を踏まえた上での筆者の2018年の調査では、20箇所で石敢當の設置を確認できた。

表 2　大正 14 年と昭和 60 年の調査

番号	刻字	設置場所	備　考	大きさ（mm）			1925 年からの有無	備　考
				縦	横	奥行		
1	石散當	T字路	貝沼商店	240	120	90	×	当主もわからず
2	石　敢	T字路	埋まっている	140	130	75	○	石の字しか確認できず
3	石散塔	T字路		197	121	120	×	スーパーマーケットになっている
4	石敢當	T字路	板壁前に設置	365	150	135	×	不明
5	敢　當	T字路	埋まっている	255	180	155	×	県博物館に寄付
6	敢當石	T字路	置かれている	250	135	130	×	不明
7	敢當石	T字路	田宮商店	255	122	105	×	元の位置にはないが物置に保管
8	散當石	T字路		410	195	170	×	不明
9	石	T字路	埋まっている	155	210	135	×	新しく道ができT字路でなくなった
10	敢當石	T字路	石が少し埋まっている	330	177	170	×	新しく道ができT字路でなくなった
11	敢當石	T字路		235	115	120	×	空き地
12	石　敢	廻角	埋まっている	170	158	140	×	空き地
13	散當石	T字路	置いてあるだけ	230	120	110	○	別の物の可能性
14	石敢當	T字路		250	205	90	×	不明
15	石敢當	T字路		380	200	140	×	不明
16	石敢當	T字路		242	120	105	×	不明
17	敢當石	T字路		460	207	148	×	駐車場
18	石将軍	T字路		350	155	150	×	店の移転の為か
19	敢當石	廻角		400	175	112	×	不明
20	石敢當	廻角	當は半分埋まっている	230	120	117	×	駐車場
21	石敢當	T字路	大正14年以前からある	350	153	168	○	別品ではあるがあった
22	石　敢	T字路	埋まっている	317	200	180	×	不明
23	敢當石	T字路	横倒しになっている	320	180	160	×	道路の変化あり
24	當　石	T字路	上部破損	235	135	82	○	家屋修繕の際に新品に変更
25	石散當	T字路		15	50	40	×	道路の変化有り
26	石敢當	T字路		375	120	120	×	貸店舗
27	石敢當	廻角		200	145	130	×	不明

番号	刻字	設置場所	備考	大きさ（mm）			1925年からの有無	備考
				縦	横	奥行		
28	散当石	T字路		295	167	155	○	場所の移動あり。捨てようとしたが両親からこの石を粗末にしないよう言われていたので入り口脇に設置
29	石敢當	T字路	立てかけてある	420	200	120	○	
30	石敢當	T字路	生け垣前	530	180	90	×	四つ辻になっている
31	散當石	T字路		230	190	190	×	不明
32	石　敢	T字路	埋まっている。行書体。突き当たり街路に面して北方向で直立	480	210	180	○	位置の移動あり。アパート新設され側面がT字路の突き当たりに。刻字は西向きに変化し三方をコンクリートで囲っている
33	敢當石	T字路		330	150	130	×	道路変化あり
34	敢當石	T字路	側面に明治26年4月刻銘	570	180	160	×	県博物館に寄付
35	石敢當	T字路		280	150	120	×	駐車場
36	石　将	廻角	仰向けに倒れている	330	135	120	×	不明
37	石敢當	T字路		300	120	120	×	幼い頃祖母から聞いた記憶はあるも不明
38	石散當	T字路		270	110	110	×	当主いわく十数年前まであったが知らぬ間に消失
39	石　敢	T字路		275	120	60	○	前調査時の家屋はなく、石の字のみ確認
40	敢當石	T字路		225	85	100	×	空き地
41	石	T字路	深く埋まっている	135	135	105	×	当主もわからず
42	石敢塔	T字路		240	120	110	○	空き家。場所の移動あり
43	石敢當	T字路	44と並んでいる	240	135	110	×	不明
44	石敢當	T字路	43と並んでいる	195	150	100	×	
45	敢　當	T字路	埋まっている	195	150	110	×	駐車場
46	石敢當	T字路		210	140		×	駐車場
47	石散當	T字路		270	110	110	○	頭部欠けあり

表上部見出し：大正14（1925）年9月の調査／昭和60年（1985）4月再調査

山崎1986を一部整理し改変

図 14　散当石と刻まれた石敢當　　図 15　ゴミステーションの側にある石敢當

2018 年時点での調査も 2003 年とほぼ
同様に石敢當は楢山地区に集中してい
る。秋田中心部では石敢當の形態は
様々であるが表札型は比較的少なく、
石柱型が多い。刻字は山崎の調査した
際と同様に「散当石」と刻まれるもの
が多いのが特徴である（図 14）。これ

表 3　秋田市内の石敢當数の変化

調査年	石敢當の数
1925 年頃	47
1985 年	10
2003 年	34
2011 年	24
2018 年	20

ら一連の調査からは戦前の秋田市内の石敢當は周囲の県と比べても著し
く多かったが戦争で失われ、その後一時は再び設置されたが、近年急速
に失われていく実態が明らかとなった（表 3）。

　また 2018 年の調査では設置されている石敢當も本来の突き当たりや
Ｔ字路などの基本にそわないものも複数あり、基本的理念が守られてい
るようには感じられない。さらに石敢當のすぐ前にゴミステーションが
設置されるなど、もはや生活の中に石敢當が根付いているとはいえない
状況もみられた（図 15）。

図16　石敢當の伝播と変容

4　おわりに ── 各地域の石敢當の予察的考察 ──

　本稿では各地の石敢當の概観を捉えつつ現状と変容をみてきた。石敢當発祥の地でもある中国の福建省では、調査対象の地域が絞られているという点はあるが石敢當自体の数は少ない。土産物の石敢當は本来の邪気を払うという意味は残っているが、形態からは台湾で主にみられる風獅爺との関連が考えられ、本来の意味よりも新たな形態と意味付けが強く感じられる。

　沖縄県名護市真喜屋の石敢當は表札型という普及しやすい形態に変化しているが、刻字や設置場所、形態などは中国発祥の本来の石敢當の姿に近く、原形をよく残しているといえる。またその設置の意味も邪気を払うという本来の意味から変化していない。

　鹿児島県山川の石敢當は「石散當」と刻字が変化しつつも、設置の意

味、分布は本来の意味を踏襲している。

秋田市内の石敢當は 1925 年時点から楢山地区という城下町時代の武家階級の居住地に集中する。この地区に集中する要因は石敢當の秋田への伝播のルートにあると考えられ、本稿では取り上げることができないが久保田藩藩校の教授であった大窪詩仏が石敢當の知識を武士に広めたと推察される。

本稿では中国南部で生まれた石敢當の風習が伝播するにしたがって、形状の変化や土着信仰との融合がおこること、また文字の変化や設置場所の原則が失われていくことの確認をおこなった。未だ予察の域を出ないがこのような変化からは、文化・風習の本来の意味が失われていく過程、多面的な伝播ルート、地域への定着と喪失など、多くの視点から考察することが可能であり、文化・風習が変容していく過程の解明に繋がると考える。今後、さらに研究を進めることによって、これらを解明していきたい。

参考文献

王亦錚（2009）．福建泉州の風獅爺と沖縄．南島史学．74. 53-66.

海江田正考（1943）．厦門における石と軀邪．臺湾民俗第三巻二号．14-17.

窪徳忠（1984）．石敢當からみた中国・沖縄・奄美．南島史学．23. 5-20.

小玉正任（1999）．『日本の石敢當』琉球新報社.

林良雄・佐々木重雄・上田 晴彦（2011）野外調査における情報技術の利用方法に関する検討―秋田市内の石敢當の調査を例にして―．秋田大学教育文化学部研究紀要自然科学，66, 29-35.

湊健一郎（2003）．『秋田市の石敢當 2003 年版』秋田軽出版

山崎鹿蔵（1986）．『秋田石敢當―旧秋田市内を中心として―』傳承拾遺の会

付記

本研究の一部は平成 30 年関西大学若手研究者育成経費（個人研究）において研究課題「東アジアにおける伝統的地理観に関する地理学的基礎研究―ベトナムと琉球を事例に―」として研究費を受け、その成果を公表するものである。

久高島の祈りの空間からみる
水と潮の再生儀礼

毛 利 美 穂

はじめに

　沖縄の水に対する信仰は、村落（集落）の成立に関わる御嶽、根神と系譜上の関連がある草分けの家、カーと呼ばれる井泉という地理的空間構造と、生と死などの通過儀礼、異界（天上・地下・常世など）とこの世という神話的空間構造をふまえて読み解く必要がある。

　地理的空間構造について、宮城栄昌は、マキョ（血縁共同体を中心とした社会）成立時点にさかのぼって言及している。

> 　マキョ成立の諸条件のうち、部落の守護神たる御嶽の神とその司祭者の存在は最も重要なる社会的・宗教的（時には政治的）要件であった。もちろん、水は人間生活上の不可欠なるものであるが、マキョでは御嶽付近に寒水または清水といわれる井泉があり、さもなければ清流があって水が得られた。これらの水は単に飲料乃至灌漑用のものでなく、部落民の「指撫で水」あるいは「すで水」であったから、その点井泉は部落民の信仰の対象であり、したがって水もマキョ成立の自然的要素であったばかりでなく宗教的要素であった。[1]

　また、仲松弥秀は、御嶽などの拝所と井泉の位置、そしてその管理と祭祀の中心を担ってきた「根神」（旧家血縁から出自した神女たちが率

いる村最高の神女）の村落（集落）内の空間配置から、御嶽、草分けの家、井泉の特別な空間的位置づけについて述べている[2]。

　神話的空間構造について、折口信夫は「まれびと」（＝来訪神）の概念を用いて説明しており[3]、吉成直樹は、八重山の仮面仮装儀礼の検討から、「まれびと」と水が密接に結びついており、神々の再生と世界の再生が、水の儀礼に想定されていると述べる[4]。

　これらの沖縄における水の信仰をふまえて、久高島のシャーマン[5]・Mさんによる「東御廻り(アガリウマーイ)における祈りの水は、水と潮が合わさらないといけない」という言説[6]への問いかけから始まった、水と潮が合わさる必然性や意味づけについて、拙稿では、聞得大君の即位儀礼「御新下り(ウアラオリ)」と八重山諸島の豊年祭を例に挙げて考察を加えた[7]。本稿は、さらに調査を進め、久高島の地理的空間構造と神話的空間構造をふまえて、儀礼において水と潮が合わさる意味を再生に関わる祈りの空間から考察する。

1　沖縄の水と潮

　Mさんは、久高島で生まれ、島外の人間と結婚して島を出たが、近年、単身島に戻りカミゴトを行うようになった[8]。

　Mさんは、水と潮の関係について、東御廻りとの関連から両者が合わさることの必要性を語った。2年後、その意味をMさんに再び問うたところ、少し戸惑ったように、海の水（潮）は、海流に乗って、いろいろな魚や微生物、ミネラルなどの栄養素が豊富であるのに対し、カー（井泉）の水は土に濾過されて、不純物が取り除かれると述べるにとどまった[9]。石垣島の白保・嘉手苅御嶽の豊年祭の世話役・Aさんもまた、幼いころ、豊年祭の準備で、海の水を汲み、山から水を汲んで供えたと語ってくれたが、その意味はわからないという[10]。

　沖縄では、水と潮をどのようにとらえているのか、以下、確認したい。

又昔若狭町ニ若狭殿ト云者ノ妻走リ失ス。夫ト深ク悲デ諸神ニ祈コ
ト数十年。尓ニ三十三年ニシテ<u>海ヨリ返ル</u>也。失シ時其歳二十。<u>今
来テ二十歳ヨリモ若</u>。人皆侘人也ト疑。夫モ亦疑。其妻云。此ニハ
久トイへ共。我ハ野原ニシテ遊コト二三日也。イツノ間ニ齢ヲ転ズ
ベキトテ。昔夫ト比翼連理ノ密語一一ニ語シカバ。夫疑晴テ故ノ如
ク和合ス。初女子二人アリ。其末連続シテ今六代ノ孫アリ。我正ク
見ルナリ。時代ヲバ国ノ事トシテ記セズ。（下線引用者、以下同）

（『琉球神道記』巻5）[11]

　若狭に住む若狭殿の妻が失踪する。それから33年すなわち沖縄では
霊がカミとなるまでの年月が経った後、妻が海から帰ってきた。失踪し
た当時は20歳であったが、戻ってきた妻はその時より若くなっている。
人々や夫は妻のことを疑うが、妻は夫との思い出を語って自分が妻本人
であることを伝える。そして疑いが晴れた夫婦の子孫は、現在まで6代
続いているという。
　ここでは、妻が消えた先が海であり、海という他界からカミの力によ
って若返ったこと、つまり、海＝他界＝若返りの呪力と繁栄の源泉であ
ることが語られている。

往昔、伊良部村百姓、容顔美麗成娘ヲ産ミ、余ニ厳シケレバ、世人、
名ヲバ玉メガトゾ呼ケル。十五六歳ノ頃、<u>潮汲ニ乗瀬ノ浜へ遣シケ
ル</u>ニ、行衛モシラズ失ニケリ。父母啼悲ミ、尋ケレドモ見ヘザリケ
レ。三ヶ月ヲ経テ、姿形モ違ハズ乗瀬山ノ麓ニ忙然トシテイミケル。
父母無ㇾ限祝ヒ、抱付ケレバ袖ヲ引チギリ、我ハ是、<u>此嶋守護ノ神
ニ成</u>トテ、乗瀬山ニ飛入、掻消様ニ失ニケル。父母泣々引切ケル衣
ノ袖ヲ娘ノ形見トテ乗瀬山ニ葬置、神ト号シ拝タルトナリ。

（『琉球国由来記』巻20）[12]

宮古・伊良部島の乗瀬御嶽の女神・玉メガの由来譚である。海に消えた玉メガは、3ヶ月後に戻ってくると、再会を喜び抱きつく父母を袖を引きちぎって振り捨てて、自分は島を守護するカミになったと乗瀬山に消えていく。父母は娘が残した袖を形見として葬り、カミと呼び拝んだという。

　玉メガは海＝他界に行き、神性を獲得してカミとなってこの世に戻ってきたことが語られる。

　海は他界であり、死を象徴するものであり、そこから戻ってきた者は若返る、もしくは年を取らない。このことは、戻ってきた者がカミの力を得る、もしくはカミそのものへと変化することを示している。

　沖縄の東方海上にあるというニライカナイは、常世国であり、地下・海底の国であった。湧上元雄は、ニライカナイが辰巳の方向に定着したことから、「あがるいの大ぬし　にるやかなやの大神也」（『混効験集』）、すなわち太陽神＝竜（辰）神であることを、そしてそのことは久高島のニラーハラー（ニライカナイ）の最高神女「ニライ大主」が「青麻御衣」を着ける竜神的霊格であることからも指摘した[13]。

　また、折口信夫は「貴種誕生と産湯の信仰と」の中で、常世国と結びついた特定の海岸・川・井戸に湧く水は「変若水」といい、王の不死・不滅をかなえるため、産湯や沐浴に使うことで、次の王を出現させる「禊ぎの水であり、産湯でもあり、同時に甦生の水にも役立つた」と記したが[14]、水と潮の区別は明確ではない。

　そこで、国頭地方の東村平良で行われる、稲の穂祭りの水と潮の関係を確認しよう。5月ウマチーと呼ばれる稲の穂祭りは、旧暦5月13日から15日にかけて行われる。

　　5月13日、巫女たちはヌン殿内にあつまり、お宮の火の神に祈願してからカミミチ（神道）を通って海岸に行く。海岸で潮を浴び身を浄めて、ニレーカレー（東方海彼の他界）に向かって、5月のカ

182

ーウリ（川降り）に行きますと報告する、それから神衣を着け、カ
ミミチを通ってヌルマタに行く。ヌルガーに着くと、ゲージとアザ
カ（植物名）を結んだものを用いて、ヌルガーの水を3回浴びる。
これをカーウリまたはカーザライと言う。それから巫女たちはヌル
ガーを渡り、イナグチマンガの聖域に入る、供物を供えて、ウフア
ガリジマ（東方海彼の他界、ニレーカネーとの関係は不明）やウキ
ンジュ・ハインジュ（本島南部玉城にある稲作発祥の聖域）の神々
に対して、稲穂が熟すまで守ってくださいと祈願する。現在では供
物を共食してこの日の儀礼を終了するが、かつては15日から始ま
る山ごもりのためにこもり屋をイナグマチンガ内に作ったという。
5月15日は穂祭りの正日であるが、基本的には13日と同様の儀礼
がくりかえされる。巫女たちはヌン殿内に集まり、海岸で潮を浴び
てからヌルマタへ行く。ヌルガーでこの日は7回水を浴びて、イナ
グマチンガに入り、供物を供えて祈願する。現在はここで供物を共
食した後、平良・川田・宮城の3か村落（平良ヌルの祭祀圏）の祭
場を廻ってユークイ祈願（よ乞い祈願）をするが、ずっと以前はそ
のままイナグマチンガ内に設けられたこもり屋に留まり、稲穂が稔
るまでの2〜3週間ここにこもり続けたという。これを山ごもりと
言った。[15]

　稲の穂祭りでは、潮で身を清めてから、カーの水を浴びている。潮と
水を浴びることの意味については語られていない。なぜ両者を用いるの
か、久高島の地理的空間構造と神話的空間構造をふまえて、読み解くこ
とにしよう。

2　久高島の概要

　久高島は、沖縄本島南部にある知念半島より東海上5.3キロメートルにある、面積1.36平方キロメートル、周囲8キロメートル、最高標高17メートルの細長く平らな隆起珊瑚礁の島である。

　地質的には南西部に砂丘地、西部断崖部に泥岩の非固結部がわずかに見られるほかは、大半が新生代四紀の琉球石灰岩に覆われているため、全体的に保水力がなく、植物の生育には厳しい環境である[16]。東海岸は礁原や礁池が広がるが、西海岸は礁原などの形成はみられない。地形は、東海岸は砂浜が卓越し、北部は隆起珊瑚礁、西海岸は崖地となっている。1977年に久高高架水槽が設置され、配水池から吉富送水減圧槽を介して、海底送水管により久高高架水槽に送水・貯留されたのち久高島全域へ給水が行われるようになるまでは[17]、天水と西海岸沿いの崖下の岩間からしみ出る水源（井戸）に頼る生活だった。

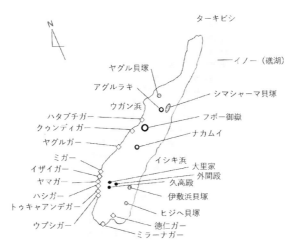

久高島地図（比嘉2005参照、筆者作成）

　島の東海岸部には、久高島の始祖とされるシラタルとファガナシーの兄妹が生活した跡・アグルラキ（アカラ嶽）と、五穀が伝来したというイシキ浜がある。東海岸部は貝塚時代後期前半（弥生時代）の遺跡が連なっており[18]、アグルラキの近くにあるシマシャーマ貝塚からは、数千年前から人々がイノー（礁池）で魚介類の採集を行って生活していたことがわかる[19]。また、貝塚より少し南に行ったところにあるイシキ浜は、特に麦の発祥とされ、人々が北から南に生活場所を移動する中で、魚介類の採集から農業へと生業を広げ、戦後まで続いた「男は漁業、女は農業」という久高島の伝統的分業が確立されたことがうかがえる。

　現在、南西部に集落が形成され、北西部には植物群落が広がっている。主な生業は漁業と観光業である。

3　久高島の水と潮

　久高島のシャーマン・Fさんは、久高島で生まれた。大里家（ウプラトゥ）の系譜[20]につらなる家として、母と姉はイザイホーを経て祭祀組織に入ったが、本人は島外の人間と結婚して島を出た。近年、単身島に戻り、個人的なカミゴトに関わりつつも、現在は島内の発展のために活動を行っている[21]。

　Fさんに水と潮の関係を問うたところ、久高島では、潮は東海岸にあるイシキ浜から昇る太陽を生むものであり、水は西海岸にあるグソー（後生・死後の世界）につながる井戸を指すという説明を受けた[22]。この言説からわかるのは、久高島の神話的空間構造を知るためには、その地理的空間構造をふまえることが必要であるということである。

　久高島の元来の生活空間について、比嘉康雄は、水場、食場、休み場、葬り場の4つに分けて紹介している[23]。

　島の東海岸は生きる糧を得る場であり、西海岸は生と、生を終える場

ということができよう。

久高島の生活空間（比嘉康雄 2005 参照）

水　　場	カー（井泉）は島の西海岸沿いに、北から南へとつくられた。西海岸沿いに9ヶ所、その他2ヶ所。
食　　場	食糧の確保は、島の周囲にあるイノー（礁湖）であり、食べるところは東海岸沿いにある貝塚周辺。
休み場	クバ森にある御嶽。その中でも、水場、食場、葬り場を周辺に備えたフボー御嶽。
葬り場	近年まで風葬が行われていた。水場と同じ、西海岸沿いの岩石の蔭にある4ヶ所。

　　比嘉は、島の葬送歌を取り上げ、久高島の死生観について次のようにまとめている[24]。

　　葬送歌
　　1、トゥシアマイ、ナイビタン　　　　（年が余りました）
　　2、ティラバンタ、ウシュキティ　　　（ティラバンタにきました）
　　3、シッチ、ハタバルヤ　　　　　　　（干潟は）
　　4、ナミヌシュル、タチュル　　　　　（波が立つ）
　　5、ナミヤ、ハタバルヤ　　　　　　　（波の干潟は）
　　6、ヒブイ、タチュサ　　　　　　　　（煙が立つ）
　　7、ニルヤリューチェ、ウシュキティ　（ニルヤリューチェにきて）
　　8、ハナヤリューチェ、イシュキティ　（ハナヤリューチェにきて）
　　9、フガニジャク、ハミヤビラ　　　　（金盃をいただこう）
　　10、ナンジャジャク、ティリヤビラ　（銀盃をいただこう）

　　内容は、寿命になって葬所にきた（1～2）、死者の肉体が干潟の小波のように腐敗して溶け（3～4）、溶けた肉体が煙になって飛んでいき（5～6）、ニラーハラーに行き（7～8）、あの世に到着した魂はニラーハラーの神より盃をいただこう（9～10）、となる。「ティラ」は

ティダ（太陽）、「バンダ」は断崖絶壁の意であり、「ティラバンダ」とは「太陽が沈んでいく陸地の果て」というイメージになるという。

　島では埋葬する土地に限りがあること、そして、断崖は風の留まりもよく、海と陸の境界が明確で「この世とあの世の狭間」として可視化されやすいという地理的要因もあって、西海岸部に葬り場が設けられたのだろう。また、水場と葬り場が同じ西海岸沿いにある理由は、久高島では、12年毎の寅年10月20日に集落が一斉にミガーで洗骨するため、そのカーのそばに遺体を安置したと考えられる[25]。

　久高島における祖霊のイメージは、他の沖縄地域とは異なるようである。平敷令治は「久高では社会的価値をニライ大主（又は火の神）・太陽神・御嶽の神々・アマミキヨに求め、マイナスの社会的価値を祖霊にプロジェクトしている。すなわち、セヂと豊作・豊漁を神々の恩寵とみなし、病気その他の災厄をシニマブイに帰している。祖霊は昇天しニライの浄土に至ると云われるが、しかしそのような祖霊は儀礼を通して俗界との関わり合いを強化されず、祖霊がイキミヌユ（生き身の世）にとって意味をもつとすれば、それは社会生活を疎外する要因であるシニマブイとしてである」と祖霊にはマイナスの要素があると述べる[26]。また、大正12年に久高島を訪れた伊波普猷は、グショ（グソー、後生）について「島人は葬式または洗骨の時を除いては、一切この区域内にははいらない。はいった場合には、禊祓をした上で、3日間野宿をしてからでないと、家にははいらない。夏の暑いさかりなどこの附近は非常に臭くて、到底寄りつけない」と報告しており[27]、日常的に葬り場への入域がタブーになっていたことがうかがえる。これらの事情をふまえ、洗骨の場と葬り場を離すことが物理的に難しいことは推察できる。

　なお、この葬り場は、洗骨を待つ者、霊からカミになるのを待つ者、カミとなった者が混在しているため、生を終える場ではあるが、あくまでも「この世とあの世の狭間」に過ぎない。

　久高島の葬送儀礼をさらに見ていこう。

死体が墓に納められると、会葬者は墓所からの帰途にミガーという井泉に立ち寄って、そこの水で身体を浄めてから家に戻る。また、死者が死亡時に着ていた衣服と敷いていた筵、およびニラートゥーシのときに龕を置いた筵は、東海岸のヒジャという場所で洗い、さらにミガーの水で浄めてから家の屋敷の出入口（ジョーグチ）に干す。そのため、日常には、衣服はジョーグチには干すものではないといわれた。屋敷のジョーグチではなく、ミガーの近くに干したという伝承もある。死者の衣服は、49日の儀礼終了後にさらにミガーの水で浄められ、さらに3年経過して後に身内によって着用されるという。[28]

　ニラートゥーシとは、ニラーハナー（ニライカナイ）への遥拝の意味で、道に敷いた筵の上に龕を降ろし、七人組と呼ばれる7人の男たちがニラーハナーのある東方に向かって遥拝することである。
　骨を墓に納め終わると、会葬者はミガーの水で身を清めるが、ニラートゥーシで龕を置いた筵は東海岸の潮で洗ってから、ミガーの水で清めるという。この水と潮の違いは何か、儀礼の続きを確認しよう。

　葬式のあった日の夜、近親者だけでヘーフーという儀礼が行われる。その準備として、関係者2名が島の東海岸に行き、小石とンナガァー（小さな貝類）を拾い、潮水を汲んでくる。途中、人に会っても口をきいてはいけないとされる。潮水は、「ニラーハナーのウス（潮）」と表現される。[29]

　ヘーフーの儀礼とは、ヤナムン（悪物・魔物）を家から出してムラはずれまで追い払うためのものであり、潮水は死者を寝かせてあった部屋でまかれる。
　この一連の儀礼から、水は対象を清めるものであるが、潮は悪物・魔

物を祓うものという、対象へのよりアクティブな役割を指摘することができる。

　Fさんは、東海岸、特にイシキ浜から昇る太陽の力について次のように語る。

> 東海岸の、特にイシキ浜から昇る太陽は、海上に現れる（反射光の）白い道筋によって、フボー御嶽と結ばれる。それは人間の体の中心に、太陽の火が宿ることを意味している。「日」と「火」は同じ意味。その時、フボー御嶽は、あらゆる人間の体の中心であるから、全ての人間の体に太陽の火が宿る。
> 太陽の火が体の中心に宿れば、そのエネルギーによって人間の体は一切の邪気を寄せ付けない。だから病気になることもない。[30]

久高島・イシキ浜から見る太陽
（撮影者）毛利美穂
（撮影日）2018 年 8 月 22 日

　太陽の光、特に昇ったばかりの太陽の光は、魔や邪気のいっさいを祓う、大きな力を持つ。Mさんもまた、夜が明ける直前にイシキ浜に行くと、太陽が昇るとともに、太陽の光が辺りの邪気を消していく気配を感じるはずであり、その変化を感じることで、自らの体にある邪気が祓われたことを意識できると語った[31]。

　死後 3 日後（かつては 4 日目）には、ミガーの水で家のなかを浄めるソージ（清掃）と称される儀礼がある。ソージの儀礼が済んだその日に、近親者が沖縄本島のユタのところへ出かけて、死者の口寄

せをしてもらうことをユーハカラスンと称している。死者が無事「極楽」に行ったかどうか、遺族に言い残したことはないか等を確認するために行うものである。ユーハカラスンの結果は、初七日の儀礼に参加した人々に披露されるという。[32]

儀礼の終盤にある清めは、悪物・魔物を一掃する潮ではなく、あの世とこの世の狭間にしみ出す（湧き出す）水である。Mさんは、海の水（潮）は、海流に乗って栄養素が豊富であるのに対し、カーの水（井泉の水）は土に濾過されて不純物が取り除かれると述べたが、それは生まれたばかりの潮の力強さと、人の世を経て生と死の間にたゆたう水の清冽さを表現したものといえなくないのかもしれない。

おわりに

儀礼で用いられる順番は、潮、それから水である。国頭地方の稲の穂祭りでも、潮で身を清めてから、水を浴びている。そのことは、水と潮の持つ性質・役割が異なることに由来すると解釈できるだろう。

沖縄の宇宙観では、太陽の死と再生、すなわち、太陽は東海の「太陽が穴」から出現して天に昇り、さらに西の海に入ると、海底や地底の他界を通って、再び「太陽が穴」に回帰するという[33]。

吉成は、久高島の８月の儀礼ソールイマッカネーを分析し、

男性根人のソールイが身を清めるミーガーが、人の生死に深いかかわりを持つことを示し、儀礼要素に「死と再生」および「水」との関連があることを示した。つまり、この儀礼が水による世界の再生を意図して行われたものであることを示している。[34]

と、水による死と再生について言及している。また、ソールイマッカネーは、仮面仮装の来訪神儀礼と同一系統にあるとも示唆している。

この再生儀礼としての水の信仰については、久高島の地理的空間構造と神話的空間構造をふまえることで、より明確になる。

地理的空間構造からまとめると、久高島の東海岸部は砂浜で、礁原や礁池が広がるため、あの世（ニラーハラー）とこの世（島）は連続的で断絶することはない。そのため、ニラーハラーから昇る太陽はその勢いそのままに島に上陸する。一方、西海岸部は断崖になっていることから、岩場よりしみ出る水の出口となり、また風葬の場となり、あの世とこの世が可視化されて、生を終える場として、生あるものが死へと向かう静謐さを漂わせる。

一方、神話的空間構造からまとめると、太陽は東海岸から昇り、西海岸に隠れて、そして東海岸から再び昇ることから、太陽が生まれる東海岸を「生」、太陽が隠れる西海岸を「死」ととらえた場合、潮から水へ、という順番は、生から死、そしてまた生へと回帰する再生儀礼と結びつくのである。

倉塚曄子は、聞得大君の即位儀礼「御新下り」の原義について、「農耕儀礼と結びついた復活儀礼」と解した[35]。拙稿で水と潮の関連性を言及した来訪神もまた、海の向こうから豊穣をもたらす神を迎えることで豊穣を祈念する農耕儀礼であり、集落の活性化を図るための再生儀礼である。

Mさんの「東御廻りにおける祈りの水は、水と潮が合わさらないといけない」という言説から始まった、水と潮が合わさる必然性や意味づけについて、久高島の祈りの空間に着目し、その地理的空間構造と神話的空間構造から検討した。その結果、再生儀礼において水と潮は切り離すことができない不可分な関係にあり、そのため、儀礼においては、生を象徴する「潮」と、生から死、死から生への回帰を象徴する「水」を用意し、この2種類の水を合わせること必要があると解釈することができ

たのである。

注
1）宮城栄昌『沖縄ノロの研究』、吉川弘文館、1979、56 頁。
2）仲松弥秀『神と村』、梟社、1990、98 頁。
3）折口信夫「国文学の発生」、『折口信夫全集　第一巻』、中央公論社、1975、3
　〜 62 頁。折口のまれびと概念の発想は沖縄での現地調査による。
4）吉成直樹「水と再生―八重山諸島におけるアカマタ・クロマタ、マユンガ
　ナシ儀礼の再検討」、『日本民俗学』169、1987・2、15 〜 36 頁。
5）沖縄のカミゴト（神事）を行う人物（神役・神役人）は、その職能・役割に
　おいて、カミンチュ（神人）やユタなど、明確に区別される。また、祭祀組織
　への加入や、役割を就任することの裏づけとして、血族の系譜によるものか、
　カミダーリ（巫病。成巫過程において経験する肯定的狂気のこと。原因不明な
　ストレスや痛み、病気を訴え、幻覚を見ることもある）の経験によるものかが
　問われる。久高島の女たちは、午年に行われるイザイホーを経て祭祀組織に加
　入し、シマレベルのまつりの司祭者の代表はノロ、ムトゥ（始祖家）レベルの
　まつりの司祭者はムトゥ神、ティン（家）レベルのまつりの司祭者は主にティ
　ンユタが行うことになっていた（比嘉康雄『神々の原郷　久高島』上巻、第一
　書房、1993、141 頁）。しかし、イザイホーは神職者不在のため 1978 年を最後
　に中止され、イザイホーを経て祭祀組織に加入した神役は 2008 年に全員引退
　したため、現在、久高島は神役不在となっている。これらの状況から、本稿で
　紹介するインタビュイー（取材を受ける側）の実情を加味し、本稿では久高島
　でカミゴトを行う者を、「シャーマン」と称することとする。
6）2016 年 1 月のインタビューより抜粋。
7）毛利美穂「聖泉と潮にみる祈りの空間―沖縄の御新下りと豊年祭を中心に
　―」、『関西大学東西学術研究所紀要』第 51 輯、2018、97 〜 110 頁。
8）島外の人間と結婚したためイザイホーを経ておらず、正式には久高島の祭祀
　組織に属していないことになる。筆者が M さんとはじめて会ったのは 2010 年
　のことである。その時、自らが経験したイニシエーションを語るとともに、イ
　ザイホーを経験していない自分と久高島の祭祀組織・社会の関係について言及
　していた。家族は関東に残したままだという。
9）2018 年 8 月のインタビューより抜粋。「微生物」や「ミネラル」など、主に
　戦後のシャーマンの言説に、近代的科学的な知識・思想が入っていることにつ
　いて、塩月亮子は「仏教の教えの一部がユタの世界観に新たに取り込まれてい
　った。（略）ユタは仏教に限らず、神道や本土の民間信仰も積極的に取り入れ
　ている。レヴィ＝ストロースの「ブリコラージュ」という用語を援用し、権力
　をもたない庶民の行き当たりばったりの「戦術」（tactique）を「ブリコラー
　ジュ的戦術」としたミシェル・ド・セルトーの言葉を借りれば（ド・セルトー

192

1987）、これはまさにユタの「ブリコラージュ的戦術」である。様々な手近なものをつぎはぎして世界観を構築するこのやり方は、一見脈絡がないようにみえるが、実は臨機応変で柔軟性があり、時代の変化に対応できる方法でもある」と述べている（塩月亮子「仏教の浸透とユタの対応」、『沖縄シャーマニズムの近代―聖なる狂気のゆくえ』、森話社、2012、245 頁）。

10）2017 年 8 月のインタビューより抜粋。

11）釋袋中著・加藤玄智編『琉球神道記』、明世堂書店、1943、78 頁。

12）外間守善・波照間永吉編著『定本琉球国由来記』、角川書店、1997、480 頁。

13）湧上元雄『沖縄民俗文化論 祭祀・信仰・御嶽』、榕樹書林、2000、24 頁。

14）折口信夫「貴種誕生と産湯の信仰と」、『折口信夫全集』第 2 巻、中央公論社、1975、138 ～ 144 頁。

15）高梨一美『沖縄の「かみんちゅ」たち― 女性祭司の世界―』、岩田書院、2009、144 頁。

16）寺田仁志・大屋哲「沖縄県久高島の隆起珊瑚礁上植生について」、『鹿児島県立博物館研究報告』第 31 号、2012・3、5 ～ 30 頁。

17）南城市水道課「南城市地域水道ビジョン～海と緑と光あふれる南城市～」2013。

18）南城市「南城市の歴史文化の特徴」、14 頁。北から、ヤグル貝塚、シマシャーマ貝塚、イシキ浜貝塚、ヒジャ貝塚などがあり、現在の集落の北には貝塚時代前期（縄文時代）遺跡である久高貝塚がある。

19）国分直一「沖縄本島南部米須浜貝塚に於ける試掘調査」、『農林水産講習所研究報告（人文科学編）』4 号、1959・1、37 ～ 53 頁。国分は、シマシャーマ貝塚と米須浜貝塚が酷似していると述べている。

20）大里家は、久高島で一番古いとされている。イシキ浜から麦、粟、アラカ、小豆の種が入った壺を持ち帰り五穀伝来をもたらした話や、琉球王朝第一尚氏最後の 17 代尚徳王がこの家の美しい神女クニチャサと恋仲になったが、久高島にいる間に反乱が起きたため、王位を追われた王は海に飛び込み、クニチャサも王の後を追って自死した話が伝わっている。

21）Ｆさんもまた、イザイホーを経ていないため、正式には久高島の祭祀組織に属していないことになる。筆者がＦさんとはじめて会ったのは 2010 年のことで、イザイホー復活を願う気持ちをうかがった。その後、Ｆさんは久高島に居を構え、個人的にカミゴトを行うものの、島のカミゴトと関わる気持ちは、表面からはうかがえなくなった。2015 年には、イニシエーションの只中にいたＦさんと話をする機会があり、それ以降、久高島の精神世界や存在意義についてのＦさんの話には、亡き母のことばや存在の影響を強く感じるようになった。

22）2018 年 8 月のインタビューより抜粋。

23）比嘉康雄『日本人の魂の原郷 沖縄久高島』、集英社、2005、24 ～ 26 頁。

24）注 23、40 ～ 42 頁。

25）赤嶺政信『歴史のなかの久高島―家・門中と祭祀世界 ―』、慶友社、2014、

136 頁。

26）平敷令治「久高島に於ける祖霊観念について」、『民俗学研究』33・1、1968、73 〜 74 頁。

27）伊波普猷「南島古代の葬制」、『伊波普猷全集』第 5 巻、1974、26 頁。

28）注 25、133 頁。

29）注 25、133 頁。

30）2018 年 8 月のインタビューより抜粋。

31）2018 年 8 月のインタビューより抜粋。

32）注 25、135 頁。

33）注 13、19 頁。

34）吉成直樹「沖縄久高島祭祀の文化史的背景」、『法政大学沖縄文化研究』巻 15、1989・2、223 〜 254 頁。

35）倉塚曄子「古代研究と沖縄学」、『叢書わが沖縄　第 5 巻　沖縄学の課題』、日本図書センター、2008、247 〜 315 頁。「水撫で」の原義として、「聖水をくぐることによる復活信仰があったことは疑いえない」と述べている。

付記

本研究は、日本学術振興会科学研究費補助金・基盤研究（C）「アジアの薬草メディスンマンにおける医療表象文化と神話・歌謡文学の発生理論の研究」（研究代表者・毛利美穂、課題番号 16K02615）の成果の一部である。

「家族の肖像」から辿るマルグリット・ドルレアンの祈りのかたち

田 邉 めぐみ

　世俗信者の日々の祈祷に用いられた時祷書には、祈祷文とは関連しないようにみえがちな世俗主題の図像やモチーフが多く含まれる[1]。それらは写本の制作年代特定のほか、当時の社会や文化、そして人々のありようを把握するための貴重な史料とされてきたものの、各々の生成・転成経緯は写本注文主と絵師の関係だけではなく、写本注文主と所有主の関係、そして写本の継承経緯といった多様な根拠に基づくため、それらが「意味するもの」を理解することはそれほど容易ではない。多くの場合、着想源や他の写本構成要素との関連が未解明のままにあるのは、その確たる証左である。

　15世紀のフランスで制作された多くの時祷書なかでも、ひときわ独創的な欄外装飾で知られる『マルグリット・ドルレアンの時祷書』（以下「マルグリット時祷書」と略記）［図1-4，6］は、そうした問題を抱える例の一つである。多くの研究が重ねられながらも[2]、欄外装飾として描かれた人物像の殆どは同定されないままにある。いっぽう筆者は本時祷書を含む15世紀ブルターニュ時祷書の彩飾研究に従事する中で、先行研究では「無意味な装飾」と捉えられていた欄外装飾の構成要素を、写本の注文・制作経緯や主題挿絵などとの関連から再検討することで、描かれた人物や写本の制作年代を特定することが出来るのみならず、写本注文主や所有主の祈念内容といった写本彩飾の多元性を把握し得ることを確認している[3]。そこで本稿では、マルグリットの「家族の肖像」を起点とし、様々な人物像の同定を試みる中で、各々が何を意味するた

めに選択・描写されたものであったのかを明らかにすることを目的とし
たい[4]。

1　マルグリット・ドルレアンの「家族の肖像」が
　　意味するもの

　マルグリット時祷書は、ルイ・ドルレアンとヴァランティーヌ・ヴィ
スコンティの娘であるマルグリット・ドルレアン（1406-1466）[5]が所有
した写本である。彼女の兄であるシャルル・ドルレアン（1394-1465）
に関する記録からは[6]、彼がこの時祷書をブルターニュ公ジャン4世の
末子リシャール（1395-1438）と結婚する妹マルグリットのために注文
したことが推察しうる。いっぽう写本の彩飾様式には一貫性が認められ
ず、複数の絵師の存在が指摘されてきた。この写本のモノグラフを著し
たエバーハルト・ケーニヒによれば、まず1420年代にレンヌの無名画
家によって写本冒頭の月暦図や、全フォリオの基本的な欄外装飾がなさ
れた後、1430年頃に通称「マルグリット・ドルレアンの画家（以下、「マ
ルグリットの画家」と略記）」が全ての主題挿絵と主要な欄外装飾を手
掛け、未完部分についてはエティエンヌ・ソドラが1450年頃に仕上げ
たとされている[7]。

　異なる時期に、異なる絵師が携わった欄外装飾ではあるが、主題挿絵
と巧妙に関連させたキリスト教主題の図像をはじめ、異国の風景や制作
当時の様子を彷彿とさせるような農作業、果実の収穫、季節行事といっ
た多彩な世俗主題で構成されている例は、全てマルグリットの画家の手
になるものである[8]。その中には、名もなき人々の姿とともに高貴な身
分の者達が描かれており、この写本の最初の所有主であるマルグリット
との関連が窺える。人物の同定に導く要素を欠いているものが殆どでは
あるが、158葉裏と160葉表にはマルグリットの紋章を伴う例が認めら

図1 『マルグリット・ドルレアンの時祷書』マルグリットの家族の肖像
（BnF. ms. lat. 1156B. f. 160r）

れる。前者の場合、紋章は馬車の側面に施されているため、旅の一行の
いずれかがマルグリットであることを推測するに留めざるをえないもの
の、後者の作例では彼女の姿を確認することが出来る【図1】。

　たしかに男女が座を占める椅子にはオルレアン公家とブルターニュ公
家の紋章が確認できるため、彼らがマルグリットと夫のリシャールであ
ることは明白である。前述のケーニヒは、この同定を踏まえた上で、夫
妻の足元に描かれた2人の少女をその娘たちと解釈している。また、こ
こに彼らの嫡男で後のブルターニュ公フランソワ2世となる男児が認め
られないことから、その誕生前、つまり1435年以前に写本の主要部分
が彩飾されたことも指摘している[9]。この写本に1429年のイングラン
ド軍からのオルレアン解放の場面（f. 171r）が描かれていることと、
マルグリットの夫であるリシャールが1438年に他界していることに照
らし合わせれば、この年代推定に問題はない。しかしその場合、マルグ
リット夫妻が1429年以前に既にマリ（1424-1477）、イザベル（1426-
1438）、カトリーヌ（1428-1476）という3人の娘を設けていたことと
の整合性を見出す必要があるだろう[10]。かかる観点から、マルグリット

図2
『マルグリット・ドルレアンの時
祷書』聖母子に祈りを捧げるマル
グリット・ドルレアンと巡礼風景
（BnF. ms. lat. 1156B. f. 25r）

夫妻の背後に控える男女の姿に着目す
る意義は大きい。というのも、長女の
マリが1431年にピエール・ド・リュ
（？-1432）と婚約していることに鑑
みれば、これを「家族の肖像」とみな
し得るのみならず、リュ家の紋章（青
地に金の小円紋）を付けた者が、リ
シュリュー家の紋章（赤地に青の山型模
様）を付けた者と剣を交えている姿が
欄外下部に描かれている理由を把握す
ることが出来るのである[11]。

　かかる解釈の妥当性は、サンチャゴ・
デ・コンポステラへの巡礼風景（f.
25r）に確認できる【図2】。聖母子に
祈りを捧げるマルグリット・ドルレア
ンの姿を描いた主題挿絵を取り囲む装飾が、単なる「貴族たちの散策風
景」[12]から「サンチャゴ・デ・コンポステラへの巡礼風景」という解釈に
転じたのは、右上部に描かれた聖堂正面に聖大ヤコブの彫像を確認した
ケーニヒの功績による[13]。ただし彼は巡礼者のうちの「青衣の女」がマ
ルグリットであることを示唆するに留まり、それを確定する要素を見出
すには至っていない。しかしここで先の「家族の肖像」を想起すれば、「青
衣の女」の同定が妥当であることのみならず、彼女の後に続く馬上の男
女が娘のマリと夫のピエール・ド・リュであることもわかるだろう。

　サンチャゴ・デ・コンポステラはローマと同様に、マルグリット時祷
書が制作された中世末期にもフランス西北部に位置するブルターニュ地
方の人々が、様々な祈願のために、しばしば巡礼に赴いたとされてい
る[14]。しかしながらマルグリットが実際にこの聖地に赴いた記録はなく、
ピエール・ド・リュにあってはマリと婚約した1431年にイングランド

軍に捕えられ、翌年には没している[15]。このことからは、この図像を想像上の巡礼風景とみなした上で、何故に「聖母子」のミニアチュールを取り囲む装飾主題として選択され、描かれたのかを改めて検討すべきであることが窺える。ここで、巡礼風景を彩る柘榴に留意する意義は大きい。植物学の知識から同定することはおおよそ不可能なこの植物が柘榴であることは、当時の植物図譜に認められる作例との比較によってのみ明らかになるものである[16]。温暖な気候を要するため、当時のアルプス以北の絵師が実見する機会を持ちえなかったはずのこの果樹が欄外装飾として選択されたのは、スペイン北西部に位置するサンチャゴ・デ・コンポステラの地理的環境との整合性を図った結果といえなくもないが、この地中海植物が主題挿絵の背景にも描きこまれていることからは、別の意図があったことが窺える。

　事実、この果実がキリストを宿した聖母マリアの豊饒の象徴とみなされていたことと[17]、幼子イエスに待望の男児を重ね合わせるという当時の図像習慣を勘案すれば、主題挿絵において聖母子の前に跪くマルグリットの祈念の内容、ひいては欄外装飾をなす聖地巡礼の目的が世継ぎとなる男児出産を成就させることにあったと理解することが可能になるのである[18]。当時のマルグリット夫妻が未だ嫡子に恵まれていなかったこと、そして婚約したばかりであるはずのマリとピエールが巡礼に同行している姿で描かれていることからは、この図像プログラムがマルグリット個人の子宝祈願に留まらず、一族の繁栄祈願につながるものでもあったことも指摘出来るだろう。

2　「祈りのかたち」としてのブルターニュ公家の「家族の肖像」

　世俗世界の「家族の肖像」が宗教図像になぞらえられている例は、「聖

図3
『マルグリット・ドルレアンの
時祷書』「マギの礼拝」
（BnF. ms. lat. 1156B. f. 89r）

家族」をはじめとして多数報告されている。それらは現実世界における家族の肖像の見立てにはとどまらず、生まれ来る子供を交えて描かれた、いわば「子宝祈願」の表象をなす場合があることは前節で触れた通りである[19]。マルグリット時祷書における同様の例は、未来のユダヤ王が誕生したとの知らせを受けて、幼子イエスのもとを訪れた占星術の学者達を描く「マギの礼拝」に認められる【図3】。この図像は純然たる宗教主題でありながらも、「王」と訳されることもあったマギ達に写本所有主自身や関連する同時代人を重ね合わせることで、権力表象のひとつに数えられるものでもあったことが知られている。マルグリット時祷書において「聖母マリアの時祷九時課」冒頭を彩るこの図像は、15世紀初頭に制作された『ベリー公の美しき時祷書』[20]の作例に倣っていることが、ジャン・ポルシェによって指摘されている[21]。しかしマルグリット時祷書において王冠が幼子イエスに被せられんとしているのにたいし、『ベリー公の美しき時祷書』では2人のマギが王冠を取って聖母子に挨拶をしているに留まる。さらに前者のマギの衣装には、ブルターニュ公家の紋章モチーフであるアーミンが認められる。幼子イエスに待望の男児をなぞらえるという当時の図像習慣を考慮すれば、ここにブルターニュ公家の者たちと、彼らが誕生を待ち望む世継ぎの表象を見出すことができるだろう[22]。

　当時のブルターニュ公ジャン5世（在位1399-1442）にはフランソワ（1414-1450）、ピエール（1418-1457）、ジル（1420-1450）という3人の子息があり、この写本の最初の所有主であるマルグリットと夫リシャールの男児が、ブルターニュ公に世継ぎとして望まれる可能性が著しく

低かったことを想起すれば[23]、かかる「家族の肖像」がマルグリット時祷書に描かれていることは一見不可解ではある。しかしマルグリット夫妻の長女マリが婚約した1431年は、ジャン5世の長子フランソワと次子ピエールが、それぞれ結婚、婚約した年でもあったことからは、この時祷書に託されている子宝祈願がマルグリット自身や、その娘に対するものだけではなく、ブルターニュ公家の繁栄祈願につながるものでもあった可能性が窺えよう。

　各々のマギたちを同定せしめる要素は見当たらないものの、以上の推察に従えば、当時のブルターニュ公ジャン5世が長老として描かれた男性に、そして次期ブルターニュ公フランソワ1世が幼子イエスに冠を被せんとしている男性に、それぞれ見立てられていることが考えられる。そして末子のジルが1432年3月から1434年8月まで使者としてイングランドに送られていたことに鑑みれば[24]、この期間が当該フォリオの彩飾時期に該当することのみならず、残る一人を次子ピエールとみなすことが促されよう。いっぽう欄外下部には馬上の貴族が認められるが、同じくブルターニュ公家の世継ぎ問題にかかわる者達、つまりはジャン5世の弟であるリシャールとアルチュール・リシュモン（1393-1458）と考えられる。もっとも、彼らが先述のサンチャゴ・デ・コンポステラへの巡礼風景においてマルグリットとその娘夫妻を先導している姿で描かれていることや、類似した姿のアルチュールが他の写本にも認められることは[25]、この同定が妥当であることを明示している。

　マルグリット時祷書がブルターニュ公家の繁栄を希うものでもあったとするならば、フランソワとピエールが各々の相手を伴った姿で描かれている蓋然性は極めて高い。たしかにこの写本にはマルグリットとリシャール、そしてその娘夫婦と思しき姿の他にも、高貴な身分の男女が複数確認できる。そのうちの一組が、上記の「マギの礼拝」の祝日である公現祭のミサで朗読されるものであったマタイ伝福音書の抜粋（第2章1〜12節）の冒頭を彩る図像プログラムに認められることは示唆的で

図4
『マルグリット・ドルレアンの
時祷書』「福音書記者マタイ」
と森林風景
（BnF. ms. lat. 1156B. f. 15r）

ある【図4】。とはいえ、主題挿絵として描かれた福音書記者マタイとの関係が明示されていないばかりか、一見単なる森林風景としかみなしえない欄外装飾に描きこまれたこの男女の姿に、ブルターニュ公家との関連を見出すことは一見不可能なようではある。

　『薔薇物語』に描かれた「陰茎のなる木」【図5】にかんするボドワン・ヴァン・デン・アベールの解釈は、この風景表象を読み解く鍵となり得る[26]。彼の解釈によれば、この一風変わった図像は古代より男性性器が鳥と関連付けられていたことによるもので、陰茎が当時から《vit》

と呼ばれていたことと考え合わせれば、これを「生命の木 arbre de vie」と捉えることが出来るという[27]。たしかにこの見解をもとに、マルグリット時祷書に描かれた多くの鳥たちの群がる大木を検討すれば、その実を食べると永遠の命を授かるという「生命の木」と同定することに問題はない。さらにこの「生命の木」が伝統的にキリストの家系図ともいうべき「エッサイの木」と象徴的に結びつけられていたことを踏まえた上で、主題挿絵に描かれた福音書記者マタイが、まさしくキリスト

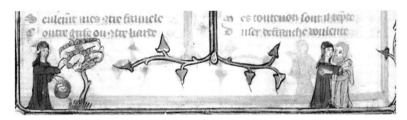

図5　『薔薇物語』陰茎のなる木と修道女と修道士（BnF. ms. fr. 25526. f. 106v）

の系図にかんする記述を始めている姿で描かれていることに着目すれば[28]、この主題挿絵と「生命の木」を中心に構成された欄外装飾との結びつきは今や明白である。

ボドワンによるこの「陰茎のなる木」の分析は、「生命の木」がギヨーム・ド・マショーをはじめとする詩人たちによって「愛しい人」の形容に使われていることを指摘している点でも、マルグリット時祷書の作例にとって重要である[29]。というのも、この「生命の木」のそばに件の男女の姿が認められるうえ、彼らの間には中世末期の宗教的・世俗的象徴体系の中で婚約や結婚を示すバラの花が描かれているのである[30]。以上を踏まえれば、このカップルを1431年8月に結婚した次期ブルターニュ公フランソワ1世とその妻ヨランド・ダンジュー（1412-1440）と捉え、先の「マギの礼拝」へと連なる公家繁栄祈念をここに認めることは十分可能なのではなかろうか。

3 「高貴なる名もなき人々」から「祈りの風景」へ

1431年に婚約・結婚した2組の男女が確認できた以上、残るピエールとフランソワ・ダンボワーズの姿がマルグリット時祷書の欄外装飾に描かれた「高貴なる名もなき人々」のいずれかに該当する可能性は否めない。一見同定するに必要な要素を欠いた作例ばかりのようではあるが、「聖霊の時祷」に認められる男女の姿は看過しがたい。この時祷は通常「朝課」から「終課」までの7つの定時課で構成されているが、マルグリット時祷書には「朝課」冒頭のページが欠如しているため、聖霊が人類の救済史において果たした、あるいは果たすであろう役割を主題とした6つの図像が「一時課」から「終課」までの各課冒頭に認められる。そのなかの「九時課」冒頭に描かれた「使徒たちによる不具者治療」の図像【図6】は、「晩課」に記された賛歌の内容に対応するものであるため、

図6
『マルグリット・ドルレアンの時
祷書』「使徒たちによる不具者治
療」とブルターニュ公家の人々
（BnF. ms. lat. 1156B. f. 150r）

祈祷文との照応が全く考慮されていない
ことは明らかである[31]。いっぽう欄外装
飾には、主題挿絵に描かれている使徒た
ちに助けを求めるかのように、年老いた
男性の手を引く男児の姿などが認められ、
主題挿絵との連関が図られていることが
わかる。また、欄外全体に散りばめられ
た植物が、中世末期に万能薬として知ら
れていたクワガタソソウであることから
は[32]、その「救済」の象徴性が考慮され
ていることも窺える。

　以上の図像やモチーフとは全く関連し
ないように見えがちな他の人物像につい
ては、ケーニヒが『薔薇物語』の一節に
基づいて解釈している[33]。それによれば、欄外左下部に描かれた貴族の
男性が下女に花を託し、右下部でその花が下女から娘に手渡される姿は
愛の告白の場面であり、その愛が成就したことが右上部で手を携える男
女によって示されているというのである。ただし欄外下部の愛の告白場
面の間に挿入された互いに背を向けている別の男女については全く言及
がなく、彼らこそが右上部で手を取りあっているカップルであるという
点は看過されている。ケーニヒの解釈における問題点は、男性から女性
への贈り物とされている花にも指摘出来る。注意深く観察すれば、左端
の男性から下女に託された花は一本であるのに対し、右端の女性が手に
しているのは二本であるうえ、白い花が加わっていることが確認できる
ため、ケーニヒがいうように男性から託された花が下女から女性に手渡
されているのではなく、男女双方が花の贈り主として描かれていると考
えるべきだろう。

　さらにケーニヒの解釈では全く留意されていない他のモチーフにも、

目を向ける必要がある。例えばエゾイタチがブルターニュ公ジャン4世以来、公家の標章をなすものであったことを踏まえれば[34]、このモチーフを伴って描かれている人物をブルターニュ公家の者と同定できるのである。また、当時《janettes ジャネット》と呼ばれていたセンノウが[35]、このエゾイタチを伴った男性と共に描かれている女性の周辺に描かれていることも看過しがたい。というのも、《margarites マルガリット》という呼称で知られていた雛菊がマルグリット・ドルレアンのドゥヴィーズをなしたように、同音に基づく植物の意味機能は当時よく見られるもので、「ジャネット」という名称のセンノウもまた、《Jeanne ジャンヌ》という女性の標章をなすことが多かったのである。マルグリットの画家が1431年から1432年にかけてこの時祷書を彩飾したという本稿が示してきた見解を踏まえた上で、ブルターニュ公家の男性とジャンヌという名の女性の婚姻関係を公家の系図に探し求めれば、ここに描かれた男女のカップルをブルターニュ公ジャン5世とその妻であるジャンヌ・ド・フランス（1391-1433）と同定することが可能となろう。

　以上の解釈は、同じ欄外装飾で花を贈りあっている男女を、彼らの息子であるピエールと、その妻となるフランソワーズ・ダンボワーズ（1427-1485）と同定せしめるものでもある。ルイ・ダンボワーズとマリ・ド・リュの長女であったフランソワーズは、莫大な財産を相続する身であったがゆえに、幼くして多くの領主から求婚されていた。彼女と息子との結婚を望んだジョルジュ・ド・ラ・トレムイユにあっては、かかる要求が拒絶された報復としてルイ・ダンボワーズを捕え、その領地を奪うという蛮行に出ている。そうした脅威から身を守るため、フランソワーズは1430年にブルターニュ公家に迎え入れられ、ジャンヌの保護下に置かれることとなったのである[36]。

　以上の状況を踏まえれば、ピエールとフランソワーズが手にする花の意味機能に着目する必要があるだろう。これは他でもなく「救済」の象徴として機能していることを前述したクワガタソウであるが、この植

物は他のブルターニュ地方由来の時祷書において、女性が想いを寄せる男性に贈るための花冠に用いられたり、男性から女性への贈り物としても度々描かれているのである[37]。その理由は、クワガタソウが当時のフランス語で «Ne m'oubliez mie 私を忘れないで» と称されていたことに求められるが[38]、マルグリット時祷書の場合はピエールとフランソワーズが1431年に婚約しながらも、当時は後者が4歳でしかなかったために1442年まで結婚式が挙行されなかった事実を想起させるものとなっている。このことは、フランソワーズが手にするクワガタソウに「純潔」の象徴とも捉え得る白い花が加わっていることにも確認できる[39]。マルグリット時祷書が1431年頃に彩飾されたと推察し得ることに加え、ここに描かれた女性が髪を結わない婚姻前の娘として描かれていること、そしてその着衣の色が幼女であることを示す赤であることは、いずれもかかる見解の妥当性を明示するものである[40]。

おわりに ── 響き合う「祈りのかたち」に向けて

　以上、様々な「家族の肖像」を手掛かりに、マルグリット自身の子宝祈願のみならず、ブルターニュ公国の繁栄に対する願いが彼女の所有していた時祷書に託されていたことを明らかにした。かかる考察によって、従来「意味なき装飾」として、あるいはマルグリットに関わる図像と漠然と捉えられていた世俗風景の中の人物像が実在した人物と同定し得ること、そしてその目的が現実世界の描出ではなく、祈念表象にあったことが確認できた。

　かかる成果に鑑みれば、マルグリットの出自であるオルレアン公家の者達もまた、この時祷書に描きこまれている可能性を検討する必要があるだろう。事実、公家の当主シャルルは、1415年から1440年までの20年有余にわたってイングランドに捕囚の身であったにもかかわらず、妹

マルグリットのための時祷書の注文をはじめ、様々な指示をかの地から
与えていたことが知られている。また、マルグリットはリシャールとの
結婚後もシャルルの蔵書を借用していた記録が残されており[41]、この写
本への直接的・間接的なオルレアン家の影響の大きさを推察させずには
おれないのである。

　たしかにこの時祷書には、マルグリットの父ルイ・ドルレアンのドゥ
ヴィーズとして知られる節くれだった枝（ff. 13r、25r）やヤマアラシ（f.
176r）をはじめ、オルレアン家の紋章モチーフであるユリを戴いた城
がマルグリットの旅の一行が向かう先に描かれるなど（f. 158v）、同家
の存在が様々なかたちで示されている。また、筆者は別稿で「十字架の
時祷一時課」冒頭（f. 139r）の図像プログラムからイングランドに捕
囚されていた兄シャルルの解放にたいするマルグリットの祈念を明らか
にしている[42]。

　ケーニヒは、前述したオルレアン解放の戦闘場面においてフランス軍
の先陣をきる人物をマルグリットの異母弟であるジャン・ド・デュノワ
と同定することを提案しているが[43]、シャルルがイザベル・ド・フラン
ス（1389-1409）との間にもうけていた一人娘ジャンヌ（1409-1432）
の存在もまた、この写本に見出せる可能性は少なくない。特に彼女がブ
ルターニュ公家の血を引くアランソン公ジャン2世（1409-1476）と結
婚し、1432年に産褥死していることは、マルグリット時祷書に何らか
の痕跡を残している蓋然性の高さを示している。かかる観点から未だ同
定するに至っていない「高貴なる名もなき人物像」の検討や[44]、既に同
定されている人物の再検討、そして先の「マギの礼拝」に見たような宗
教図像の世俗的な「見立て」を考察する意義は明白だろう。

　中世の図像資料は、当時の世界を再構築する具体的な史料とはなり難
いとされてきた。モデルとなる先行例に従った画一的なものから、当時
の人々の日常を反映するものに移行しつつあるように見えがちな中世末
期の写本彩飾についても、仔細に検討すれば、それらが依然としてモノ

や人の写実表現を目指したものではなかったことを認めざるを得ないのである。しかしながら、各図像の生成過程やその要因を解き明かすことにより、それらが「象徴の風景」でも「事実の風景」でもなく、各々の制作背景の把握、ひいては写本の彩飾年代の特定に至らしめるまでの様々な情報を含み持つ、多元的な構造を有していることが確認できたのではなかろうか。

注

1）中世末期の宗教写本を彩る世俗図像については、以下を参照されたい――Raimond Van Marle, *Iconographie de l'art profane au Moyen Âge et à la Renaissance*, La Haye, M. Nijhoff, 1931-1932, 2 vols; Janine Bouissounouse, *Jeux et travaux: d'après un livre d'heures du XVe siècle*, Genève, Slatkine Reprints, 1977; Megumi Tanabe, *La signification et la fonction symbolique de l'ornement végétal dans les livres d'Heures bretons au XVe siècle*, thèse de doctorat nouveau régime, Université Paris X-Nanterre, 2008, 2vols.

2）フランス国立図書館に所蔵されているこの写本（BnF. ms. lat. 1156B）の全画像は、当館のウェブサイトで参照可能：http://gallica.bnf.fr/。その主な先行研究については、以下の拙稿で言及している――「写本装飾の位相：『マルグリット・ドルレアンの時祷書』の余白装飾」『Stella』第 30 号、2011 年、87-102 頁；「時祷書の語り：マルグリット・ドルレアンの子宝祈願をめぐって」『Stella』第 32 号、2013 年、137-152 頁。いずれも九州大学附属図書館レポジトリで参照可能。

3）欄外装飾の多元的考察から写本注文主・所有主の祈念内容が把握できる他のブルターニュ時祷書の例については、以下の拙稿を参照されたい――「祈りの文脈：『カトリーヌ・ド・ローアンとフランソワーズ・ド・ディナンの時祷書』」『Stella』第 31 号、2012 年、147-161 頁；「子宝祈願の遺産：ブルターニュ公継承問題をめぐって」『Stella』第 33 号、2014 年、159-174 頁；« La fonction signifiante de l'ornement marginal dans les livres d'Heures bretons du XVe siècle », Magali Coumert, Hélène Bouget（dir.）, *En Marge*, Brest, Centre de recherche bretonne et celtique, Université de Bretagne Occidentale, 2015（Histoire des Bretagnes 5）, pp. 313-328；「ブルターニュ公家の弔いのかたち――『ピエール 2 世の時祷書』を中心に」『Stella』第 37 号、2018 年、75-90 頁。

4）写本における聖俗双方の家族や親族関係の表象については以下を参照――Didier Lett « L'homme, la famille et la parenté », Jacques Dalarun（dir.）, *Le Moyen Âge en lumière*, Paris, Fayard, 2002, pp. 107-135.

5）マルグリット・ドルレアンの生没年には諸説があるが、本稿では以下に従っ

た―Anselme de Sainte-Marie, *Histoire généalogique et chronologique de la Maison royale de France: grands officiers de la couronne et de la maison du Roy*, Paris, la Compagnie des libraires, 1726, t. I, p. 207.

6) Léon de Laborde, *Les Ducs de Bourgogne*, Paris, Plon frères, 1852, t. III, n° 6313.

7) Eberhard König, *Les Heures de Marguerite d'Orléans*, traduit de l'allemand par François Boespflug, Paris, Cerf-Bibliothèque nationale, 1991, pp. 114-116.

8) マルグリットの画家が欄外装飾を手掛けたことが明らかな時祷書として『マリ・ド・リュの時祷書』（17世紀に分断されたものが、現在異なる機関に所蔵されている：Paris, BnF, ms. lat. 1170; Tours, BM. ms. 217; New York, Pierpont Morgan Library. ms. 190: Edimbourg, BN. dépôt du Collège catholique de Blairs, ms. 32）が挙げられるが、各々のモチーフの選択や構成には類似性が認められないことから、マルグリット時祷書の図像プログラムは、むしろその写本所有主の意向に従ったものと思われる。

9) König, *Les Heures de Marguerite d'Orléans*, *op. cit.*, pp. 18-19, 115. なお「家族の肖像」には、誕生が希われる男児を交えた「子宝祈願」をなす例もある。その一例が認められる『プリジャン・ド・コエティヴィーの時祷書』については、以下を参照されたい―Michel Mauger, *Bretagne chatoyante*, Rennes, Éditions Apogée, 2002, pp. 100-101.

10) De Sainte-Marie, *op. cit.*, p. 463.

11) ケーニヒは、両家が共にブルターニュ史上重要な役割を担っていたことを示すに留めている。König, *Les Heures de Marguerite d'Orléans*, *op. cit.*, p. 19.

12) Jean Porcher, *Les Manuscrits à peintures en France du XIIIᵉ-XVIᵉ siècle*, Paris, Impr. de A. Tournon, 1955, p. 113, n° 241.

13) König, *Les Heures de Marguerite d'Orléans*, *op. cit.*, pp. 15-16.

14) Jean-Christophe Cassard, «Compostelle et Rome. La présence bretonne dans deux hauts lieux du catholicisme à la fin du Moyen Âge», Magali Coumert, Hélène Bouget（dir.）, *Itinéraires et confins*, Brest, Centre de recherche bretonne et celtique, Université de Bretagne Occidentale, 2011（Histoire des Bretagnes 2）, pp. 153-167. なお、マルグリット時祷書の「マグダラのマリアへのとりなしの祈祷」（f. 174r）の冒頭には、同聖人の伝説にまつわるヴェズレー、ローマ、イェルサレムへの巡礼風景が描かれており、筆者はマルグリットの子宝祈願表象の一環とみなし得ることを指摘している。この点については前掲拙稿を参照されたい―「時祷書の語り：マルグリット・ドルレアンの子宝祈願をめぐって」、140-145頁。

15) Diane E. Booton, *Manuscripts, Market and the Transition to Print in Late Medieval Brittany*, Farnham, Ashgate, 2010, p. 143.

16) 例えば『薬草の書』は、12世紀頃にサレルノのマテウス・プラテアリウス

が古代のディオスコリデスの著作をもとにラテン語で執筆したもので、13世紀にフランス語に翻訳され、15世紀にはフランスで彩飾された作例が確認されている。本書にはレモンの木といった、アルプス以北には自生しなかった植物種に関する記述と挿絵が認められ、絵師たちが見識を持たない植物の形態を知る手段となっていたことが考えられる。現在フランス国立図書館に所蔵されている15写本に関しては、以下を参照されたい——*La Médecine médiévale à travers les manuscrits de la Bibliothèque nationale*, Paris, Bibliothèque nationale de France, 1982; *Le livre des simples médecines: d'après le manuscrit français 12322 de Bibliothèque nationale de Paris*, traduit et adapté par Ghislaine Malandin, Paris, Ozalid et Textes cardinaux, 1986. なお、マルグリット時祷書を彩る多彩な植物の着想源については以下の拙論を参照されたい——«Les sources d'ornement végétal dans les *Heures de Marguerite d'Orléans*», Trivisani-Moreau Isabelle, Taïbi Aude-Nucia et Oghina-Pavie Christiana (dir.), *Traces du végétal*, Rennes, Presses Universitaires de Rennes, 2015 (Nouvelles Recherches sur l'Imaginaire 37), pp. 243-252.

17) Margaret B. Freeman, *La Chasse à la licorne: prestigieuse tenture française des Cloisters*, traduit de l'américain par Paul Alexandre, Lausanne, Edita; Paris, Bibliothèque des arts, 1983, p. 131.

18) この図像プログラムについては前掲拙稿で詳説しているが、欄外装飾の人物像の同定はもとより、マルグリットの子宝祈願を明らかにするには至っていなかった——«Une nouvelle réflexion sur le style de l'ornement végétal dans les livres d'Heures bretons au XVe siècle», Chantal Connochie-Bourgne, Sébastien Douchet (dir.), *Effets de style au Moyen Âge* Aix-en-Provence, Presses universitaires de Provence, 2012 (Senefiance 58), pp. 260-262.

19) かかる作例は、ブルターニュ地方に由来する他の時祷書にも確認されている。たとえばエリザベト・レストランジュはブルターニュ公フランソワ1世の妻から、その娘へと受け継がれた『フィッツウィリアムの時祷書』(Cambridge, Fitzwilliam Museum, ms. 62) や、フランソワ2世の妻マルグリット・ド・フォワが所有した時祷書 (Londres, Victoria and Albert Museum, ms. Salting 1222) のなかの聖母マリア、聖エリザベツ、聖アンナ関連の図像に、写本所有主と誕生が待ち望まれる子供の姿を見出している (Elizabeth L'Estrange, «Images de maternité dans deux livres heures appartenant aux duchesses de Bretagne», Anne-Marie Legaré (dir.), *Livres et lectures de femmes en Europe entre Moyen Âge et Renaissance*, Turnhout, Brepols, 2007, pp. 35-47.)。いっぽう筆者は、『アンヌ・ド・ケランレの時祷書』(BnF. ms. lat. 18026) と、その夫である『ジャン・ド・モントーバンの時祷書』(Rennes, BM. ms. 1834) を比較検討し、前者にのみ頻出する幼子イエスの姿や「聖家族」の稀有な図像 (f. 50) が子宝祈願の一環をなしていることを指摘した。ただし本書は夫から妻へと贈られた時祷書であることが確認できるため、写本注文

主である夫から妻への要望と捉えるべきだろう。各写本の基本情報については、それぞれ以下を参照されたい――Victor Leroquais, *Les livres d'heures manuscrits de la Bibliothèque nationale*, Paris, Impr. de Protat frères, 1927, t. II, pp. 206-213; *Livres de Chasse et d'Histoire Naturelle: Bibliothèque Marcel Jeanson*, Neuilly-sur-Seine, Claude Agutte, 10 octobre 2001, lot 2.

20）*Les Belles Heures du duc de Berry*（New York, The Metropolitan Museum of Art, The Cloisters collection, 1954, 1. 1, f. 54v）.

21）Porcher, *op. cit.*, p. 113. この時祷書の影響を受けた他の写本については以下を参照されたい――Eberhard König, «La question des emprunts aux *Belles Heures*», Hélène Grollemund, Pascal Torres（dir.）, *Les Belles Heures du duc de Berry*, Paris, Louvre éd., 2012, pp. 407-420.

22）「マギの礼拝」の図像は『ピエール2世の時祷書』（BnF. ms. lat. 1159. f. 61v）や、『アンヌ・ド・ブルターニュの大時祷書』（BnF. ms. lat. 9474. f. 64v）においてブルターニュ公国の繁栄祈願の一環をなしているが、マギ達に託された意味機能はそれぞれ異なる。この点については、稿を改めて論じたい。

23）彼らの嫡男が、他でもなく後のブルターニュ公フランソワ2世であるとはいえ、この時点では誰も予想しえなかったはずである。1450年代のブルターニュ公家の世継ぎ問題については、以下の前掲拙稿を参照されたい――「子宝祈願の遺産：ブルターニュ公継承問題をめぐって」、159-163頁。

24）René Kerviler, *Répertoire général de bio-bibliographie bretonne*, 53-Mayenne, J. Floch, 1978（1904）, t. 8, pp. 105-106.

25）例えば『ジル・ド・ブヴィエの紋章集』（BnF. ms. fr. 4985. f. 17v）や、『ピエール2世の時祷書』（BnF. ms. lat. 1159. f. 65v）が挙げられるが、アルチュールの甥であるピエールが注文・所有した後者の欄外装飾には、マルグリット時祷書の作例と同じく黒の帽子に赤の着衣という姿で描かれている。なお、ジャン4世からフランソワ2世までのブルターニュ公家の「家族の肖像」は、現在プリンストン大学図書館に所蔵されている『ミサ典書』（Garrett. ms. 40）に確認できる。

26）*Roman de la Rose*（BnF. ms. fr. 25526. ff. 106v, 160r）. この時祷書の全画像は、前述のフランス国立図書館のウェブサイトで参照可能。

27）Baudouin Van den Abeele, «Feuilles volantes sur l'Arbre de vie», Agostino Paravicini Bagliani（dir.）, *Le monde végétal: médecine, botanique, symbolique*, Florence, Sismel-Edizioni del Galluzo, 2009（Micrologus'library 30）, p. 398.

28）マタイ伝福音書（第1章、1節）。

29）Van den Abeele, *art. cit.*, p. 399.

30）Freeman, *op. cit.*, pp. 121-124.

31）各課冒頭に挿入されている図像主題は、一時課「キリストの昇天」（f. 144r）にはじまり、三時課「聖霊降臨」（f. 146r）、六時課「使徒たちの旅立ち」（f.

148r）、九時課「使徒たちによる不具者治療」（f. 150r）、晩課「使徒たちによる死者蘇生」（f. 152r）、そして終課「使徒たちによる洗礼」（f. 154r）と続くが、最後の 3 つの図像主題と祈祷文との間に不適合が認められる。ケーニヒは、これを絵師がテキストの内容を考慮することなく他の写本の作例に倣った結果としている。König, *Les Heures de Marguerite d'Orléans, op. cit.*, p. 72.

32) Henri Leclerc, « Les Vieilles panacées: la véronique », *Bulletin des sciences pharmacologiques*, 1932（juillet）, p. 446. クワガタソウは早くも 14 世紀末頃から写本の欄外を彩る主要モチーフとされていたが、それらが「救済」の象徴として意図的に選択されたものなのか、あるいは単なる装飾として用いられていたのかを見極めるには、各写本の彩飾を複合的に検討することが必要である。

33) ケーニヒは「大天使ミカエルへのとりなしの祈祷」（f. 165r）冒頭の欄外装飾をなす輪舞の場面の着想源も『薔薇物語』に求めているが、この世俗主題はむしろ同聖人の祝日である 5 月 8 日が、イングランドからのオルレアン解放の日でもあったことから解釈すべきだろう。マルグリット時祷書の着想源としての『薔薇物語』については、以下を参照されたい― König, *Les Heures de Marguerite d'Orléans, op. cit.*, pp. 79-82.

34) ブルターニュ公家のものも含めたドゥヴィーズのデータベースにかんしては、以下を参照されたい：http://basc-dcvise.edel.univ-potiers.fr/.

35) この名称は、137 種にも及ぶ植物の俗称とラテン語名を記した『アンヌ・ド・ブルターニュの大時祷書』（BnF. ms. lat. 9474. f. 39r）に確認できる。この時祷書の全画像は、前述のフランス国立図書館のウェブサイトで参照可能。

36) Arthur Le Moyne de La Borderie, *Histoire de Bretagne*, Rennes, Librairie générale de J. Plihon et L. Hommay, 1905, t. IV, p. 378.

37) このモチーフの存在によって、写本の注文・制作背景を窺い知ることができる場合もある。例えば 15 世紀初頭に制作された『モンブロンの時祷書』（Nantes, BM. ms. 3072R）には、女性の祈祷像が認められるが（f. 106r）、その同定はおろか、写本の注文・制作経緯に関する手掛かりは明示されていない。しかし、クワガタソウで花冠を編む女性の姿（f. 57v）と、同植物を挟んで手を取り合う男女の姿（f. 103r）が欄外装飾に認められることから、この写本が婚約・或いは結婚を記念して制作されたものと推定し得る。この時祷書の基本情報に関しては、以下を参照されたい― *Patrimoine des bibliothèques de France*, Paris, Payot, 1995, t. VIII, pp. 129-130.

38) この植物の俗名は、前述の『アンヌ・ド・ブルターニュの大時祷書』（BnF. ms. lat. 9474. f. 27v）に確認できるが、クローディア・ラベルは、同写本の 29 葉裏に描かれた勿忘草 « Souviene vous de moy » の名称との混同を指摘している（Claudia Rabel, « La véronique: De la Sainte Face à la botanique, naissance médiévale d'une fleur », Id.（dir.）, *Le manuscrit enluminé: études réunies en hommage à Patricia Stirnemann*, Paris, Le Léopard d'or, 2014, p. 308）。両植物が共に愛しい人への想いを伝えるために用いられていたことに

鑑みれば、かかる混同は極めて示唆的である。勿忘草の意味表象については、以下を参照されたい――Freeman, *op. cit.,* p. 134.

39）この花の同じ象徴機能は、マルグリット時禱書の「聖母の時禱賛歌」冒頭を彩飾する「エリザベツ訪問」（f. 58r）の図像にも認められる。この点に関しては以下の前掲拙論を参照されたい――« La fonction signifiante de l'ornement marginal dans les livres d'Heures bretons du XVᵉ siècle », *art. cit.,* p. 321.

40）以上の解釈は、「聖母の時禱朝課」冒頭（f. 31）の図像プログラムに認められる「高貴なる名もなき人々」の同定を許すものでもある。詳細については前掲拙稿を参照されたい――« L'Hermine: une devise éloquente dans les Heures de Marguerite d'Orléans », *art. cit.*

41）Laborde, *op. cit.,* nᵒ 6497-6498. なお、シャルルの蔵書については以下を参照――Gilbert Ouy, *La librairie des frères captifs: les manuscrits de Charles d'Orléans et Jean d'Angoulême,* Turnhout, Brepols, 2007, pp. 35-54.

42）前掲拙稿「写本装飾の位相：『マルグリット・ドルレアンの時禱書』の余白装飾」、91-98 頁。

43）König, *Les Heures de Marguerite d'Orléans, op. cit.,* p. 92.

44）狩猟（f. 163r）や葡萄畑の散策（f. 168r）の風景には、マルグリットと思しき「青衣の女」を含む貴族の男女たちが描かれている。いっぽう「聖ニコラウスへのとりなしの祈禱」冒頭（f. 172r）の欄外装飾に認められる花冠を編む女や、それを被った女性たちに関しては、同聖人が婚姻前の女性の守護聖人であったこととの関連が考えられるが、マルグリット時禱書におけるブルターニュ公家の結婚や婚約にまつわる図像プログラムに鑑みれば、これらの女性たちを同定する意義は大きいように思われる。

付記

本稿は、バターリャ修道院（ポルトガル、バターリャ）で開催された国際シンポジウム « EMPRESAS-DEVISES-BADGES »（2014 年 9 月 18 日〜20 日）と、関西大学東西学術研究所第 11 回研究例会（2017 年 10 月 18 日）で発表した原稿の一部を修正・補筆したものである。なお、前者の発表原稿については以下を参照されたい――Megumi Tanabe, « L'Hermine: une devise éloquente dans les *Heures de Marguerite d'Orléans* », Miguel Metelo de Seixas, Laurent Hablot（dir.）, *La Devise. Un code emblématique européen（1350-1550）*, Presses universitaires François Rablais 近刊。なお、本稿では主要所蔵機関を以下の略号で記す――BnF: Bibliothèque nationale de France; BN: Bibliothèque nationale; BM: Bibliothèque municipale.

イランの手織物産地の
歴史的な変化を探る
—— 綿製敷物ズィールーのメヘラービー・
デザインの消長を手掛かりに ——

　　　　　　　吉　田　雄　介

1　はじめに

　本稿では、ズィールー（*zīlū*）という綿製敷物（図1）のデザインに
歴史的な変化があったという仮定のもとに、筆者が現場で確認した17
世紀から19世紀末までにマスジェド（*masjed*）等に寄進されたサンプ
ルを用い、時系列的なデザインの変化を検討する。デザイン面に生じた
変化の時期を特定することで、間接的にではあるがズィールー産業・産
地に生じた変化を探る。具体的には、いわゆる「メヘラービー（*mehrābī*）」
という形式がいつ頃から一般的でなくなったのか、あるいは完全に消滅

図1　メヘラービー形式のズィールー
（寄進年イスラーム太陰暦1287年）

したのかについて検討をおこなう。

　筆者は、当初、ヤズド州メイボド地域のズィールー（綿製の手織り敷物）や白木綿・縞木綿、ペルシア絨毯など手織物産地の盛衰を新旧の生産者への聞き取りや組合資料を中心に検討した（吉田, 2002; 2005など）。この結果、近年の手織物産地の動向や職人の状況についてはある程度解明ができた。しかし、聞取りや文献資料からは、かつての産地の動向をさかのぼるには限界がある（吉田, 2011）。伝統的な手織物生産は過去においても大きな変動を経験しているはずである。過去を静態的とみるのではなく、この産地のダイナミックな歴史的な変化を知るためにはどうすればよいか。そもそも工芸品に関しては過去の変化をたどるにはデザインの変化をたどることで可能である（桝屋, 2005）。ただし、この手法も正確な変化の時期の特定はできない。そこで、祈りの場に敷かれるズィールーという敷物の特徴に注目した。つまり、ズィールーには短い文章を織り込んでマスジェド（モスク）等に寄進されることから、寄進年その他の情報や生産者の名前が判明する。また、他の手工業製品と異なり、寄進財であることから長く残されることが多い。

　手工業生産は近代の衰退史観の見直しにおいても重視されるようになっている（吉田, 2016b）。特に西アジアにおいては、オスマン朝経済史に関する分野で盛んである。なぜなら、オスマン朝のように中央集権化され、徴税関係の記録が比較的豊富に保存されているのに加え、ヨーロッパの領事館の数も多く、ヨーロッパ側の記録も豊富だからである。史料に恵まれたオスマン朝とは異なり、イランに関しては手工業に関連する文献史料が乏しい。そこで、マスジェドをアーカイブスとみなし、寄進されたズィールーを手がかりに産地に生じた変化を検討する。これは筆者がこれまでに何度も述べているように、イスラーム太陰暦で寄進年および場合によっては月が織り込まれることが多く、比較的正確な年を特定することが可能だからである。筆者は、ズィールーの産地であるメイボド地域を中心に、数年かけてマスジェドやイマームザーデを回り、

寄進年がイスラーム太陰暦 1318（西暦 1900/01）年までの 247 枚を観察した[1]。

　次節以降、以下の順序で検討を進める。まず、Ⅱでズィールーという織物の性質を概説し、メヘラービーという柄の特徴について検討する。さらにⅢにおいて分析の上での障害・問題点を先に整理した上で、変化の時期について検討する。最後に、Ⅳで変化の理由を考察する。

2　メヘラービー・デザイン

2-1　ズィールーとは

　ズィールーとは綿製の丈夫な敷物のことであり、外見的な特徴は青・白のように 2 色の配色で幾何学模様を織った点にある。あるいはペルシア絨毯と異なり、毛足がないぶん無骨な敷物でもある。マスジェドなど祈りの場に寄進される場合は、寄進した旨や寄進者名、あるいは寄進年、職人名などを記した短い文章を織り込むことが多い。このズィールーの産地はメイボド（Meybod）地域であるが、メイボド全体で生産されていたわけではない。

　メイボドの中心部はもともと、メイボド（上メイボド Meybod-e bālā）、バシュニーガーン（Bashnīgān）、クーチョク（Kūchok）、クーチェバーグ（Kūch bāgh）の 4 集落から構成されていた。さらにこの地区を取り巻いて大小十数の集落が分布していた（今は多くの集落がメイボド市に含まれる）。上メイボドが陶器産地に特化する一方、バシュニーガーンこそがズィールー生産の中心地、つまり産地であった。バシュニーガーンから周辺の集落にズィールー生産が広く普及し、全域が産地化するのは 1950 年代以降になってからである（吉田，2002）。したがって、家業としてズィールー生産を数世代さかのぼり得る家系はバシュ

図2　現在のズィールーの柄

ニーガーン地区以外には存在しない（吉田，2011b）。本稿で指すメイボド中心部とは、この4集落のことである。

　現在は、単独の柄ないし少数の柄の組み合わせで一枚のズィールーを覆うことが多い。たとえば、図2は左が全体でターログ（*tālog*）という柄である。右がゾルファク（*zolfak*）柄である（どちらも文字なし、ズィールー組合の倉庫で筆者撮影）。今では自動車の座席カバーや海外の求めに応じて綿ではなく羊毛で織るという近代的なスタイルで織られてもいる。ただし、親方によれば、かつてはマスジェド用のみが「ズィールー」と呼ばれ、家庭用のそれは単に「ファルシュ（*farsh*）」（ペルシア語では一般的に「敷物」を指す）と呼んで区別された（吉田，2011）。そして、本稿で対象とするメヘラービー柄は柄というよりも、複数の柄の組み合わせから成るデザイン（形式）のことである。

2-2　メヘラービー・デザイン

　一般的にマスジェドの入り口は比較的狭く、中に入るとひろびろとした空間が広がる。さらに最近ではマスジェドの建物の規模を拡大し、改築することが多く、この空間もより大規模化している。その部屋の中で

図3　マスジェド内の大型のメンバル

人々は正座し、床に平伏して礼拝をおこなう。その祈りの方向を示すのがメヘラーブ（ミヒラーブ）である。そもそもメヘラーブとは、日本語では「聖龕」と呼ばれるように、礼拝の方向を示すためにマスジェドの壁を三角形ないし台形の形状に窪ませた部分のことを指す。図3はメイボド地域のマスジェドのひとつであるが、壁の窪んだメヘラーブの部分にはメンバル（_menbar_）という説教壇が置かれている。手前には、左右の壁の間にメヘラービー柄のズィールーを敷いてある（幕の右手が女性用、左手が男性用の部分）。ただし、今では機械織りのカーペットが使われることが多いため、その下に隠れ、一瞥しただけではズィールーが敷かれていることがわからない（図3は、一部のカーペットをずらして撮影したので、左右に細長いメヘラービー2枚が写っている）。また、今では裏表を気にせずに敷かれている。

　ペルシア絨毯のデザインの中にメヘラービーという形式があるが、これは、アーチ形のメヘラーブそのものを模したものである。一方、ズィールーのメヘラービー・デザインの場合は、それとは異なる。ペルシア絨毯のそれが曲線的なアーチであるの比べ、直線的であり、メヘラーブ自体は、デザインの上部に小さく配置される。つまり、ズィールーの場合のメヘラービー柄とは、メヘラーブのみならずマスジェド全体の形状

図4　メヘラービーの一例（部分）

を模し、下方に入り口が、上方にメヘラーブの形状がある四角い枠を配したデザインのことである（図4）。枠の中には幾何学模様の柄（図4の柄は全体でバフトケ・ザンジーレィー *bāftg-e zanjīreī*）が配置される。四角い枠の外側に文章が織り込まれる。一枚のズィールーに、この形状が複数繰り返されるのがメヘラービーである。この上に座って礼拝することが想定されている。マスジェドでは集団で礼拝をおこなうため、敷物であるメヘラービーもしぜんと大型になるのである。

　ペルシア絨毯のメヘラービーの場合は、絨毯の寸法に関係なく絨毯一枚にメヘラーブが1つ織り込まれるのが一般的で、複数のメヘラーブが織り込まれるデザインは稀である。一方、ズィールーの場合はこれを繰り返して複数並べることが通例である。中には十数柄が繰り返されるものもある。

　メヘラービー・デザインをさらに細分すれば、(1)文字に垂直にメヘラーブが配置される形式と、(2)文字に水平にメヘラーブが配置される形式がある。

　(1)　**文字に垂直に配置される形式**　まず、一般的な(1)のタイプの特徴をみておこう。形式としては、Mehdīpūr & Farshādfar（2001：60）がまとめている。これによれば、1列3柄〜17柄、2列4柄〜14柄、3列4柄〜14柄の24形式を挙げている。しかし、筆者はこれ以外の形式、たとえば3列11柄や2列20柄の形式を多数目にしており、自由度が高い。繰り返したメヘラーブが最後まで織り切れず、中途半端な形で終わってしまうことも少なくない（図5）。これは柄に限らず、文章の場合も間々

図5　メヘラービー末端の織り損ねの部分

あり、最後だけ文字が小さくなったり、二行になったり、これ以上書けない旨（*magar*）が織り込まれたり、あるいは文章が尻切れトンボで終わるものを目にすることもしばしばである。

　今日のサンプルの中で、最大のメヘラービーは、イランを代表するマスジェドのひとつであるマスジェド・ジャーメ・ヤズドの所蔵品陳列室に敷かれている 3m×16m の巨大な一枚である（図6・後掲の表2）。これは 17 柄のメヘラーブが上下 2 列に並んでおり、合計 34 個のメヘラーブを持つ。本稿

図6　今回最大のメヘラービー

ではズィールーの整織工程や生産手段である織機については触れる余裕がないが、長さとしてはこれが織機の限界である。他にも 2 列 20 柄や 2 列 18 柄など大きなものが今でも使用されている。ちなみに、ここまで巨大なものは珍しいにせよ、メヘラービー以外の単純な柄の作品であっても大型のものは存在する。

最大の面積の17柄の構成は以下の図表（図7・表1）の通りである（なお、図7では、柄と柄の間については図示を省略した）。

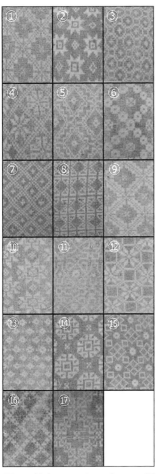

図7　最大のメヘラービーの17柄

表1　最大のメヘラービーの柄の名称

柄①ピーレ・トゥポル（*pīr-e tū-por*）
　　柄と柄の間：ハシュト・パレ・バルゲ・ビーディ・トゥハーリー（*hasht-par-e barg-e bīdī tū-khālī*）
柄②ハシュト・パレ・シャーヘ・ガーヴィー（ハシュト・パル）
　　柄と柄の間：ガンディール（*qandīl*）
柄③バフトク（*baftg*）
　　柄と柄の間：ドゥキー（*dūkī*）
柄④ロクネ・ドゥニー・ヴァ・パンジェ・シール（*rokn-e dūnī va panje sīr*）・ヴァ・ハシュト・パレ・バルゲ・ビーディ
　　柄と柄の間：ハシュト・パレ・シャーヘ・ガーヴィー・トゥハーリー（ハシュト・パル）
柄⑤バーレンゲ・トゥハーリー
　　柄と柄の間：ハシュト・パレ・シャーヘ・ガーヴィー・トゥハー リー（ハシュト・パル）
柄⑥ゴレ・モフル（*gol-e mohr*）
　　柄と柄の間：ドゥキー
柄⑦ロクネ・ドゥニー
　　柄と柄の間：ハシュト・パレ・シャーヘ・ガーヴィー
柄⑧ゾルファケ・ボリーデ（*zolfak-e borīde*）
　　柄と柄の間：ガンディール
柄⑨ピーレ・トゥポル（*pīle tū-por*）
　　柄と柄の間：ハシュト・パレ・シャーヘ・ガーヴィー（ハシュト・パル）
柄⑩ハシュト・パレ・シャーヘ・ガーヴィー
　　柄と柄の間：ガンディール
柄⑪ゲレ（*gere*）
　　柄と柄の間：ドゥキー
柄⑫バフトケ・ボゾルグ（*bāftg-e bozorg*）ヴァ・ハシュト・パレ・バルゲ・ビーディ
　　柄と柄の間：ハシュト・パレ・シャーヘ・ガーヴィー・トゥハーリー（ハシュト・パル）
柄⑬チェシュ・ボリボリー（*chesh bolbolī*）
　　柄と柄の間：ハシュト・パレ・シャーヘ・ガーヴィー・トゥハーリー（ハシュト・パル）
柄⑭モフレ・ボリーディエ・ボゾルグ（*mohr-e borīde-ye bozorg*）
　　柄と柄の間：ハシュト・パレ・バルゲ・ビーディ
柄⑮名称不明
　　柄と柄の間：ドゥキー
柄⑯ゴレ・パロク（*gol-e parog*）
　　柄と柄の間：ハシュト・パレ・バルゲ・ビーディ
柄⑰ピーレ・トゥハーリー

図8　文字に水平に配置される形式　　　　　図9　ガンディール
（寄進年1176年：西暦1763年）

　メヘラービー形式において、ハシュト・パレ・シャーヘ・ガーヴィー柄は頻繁に使用されるモティーフであるが、メヘラービー以外の単純な柄のズィールーではあまり目にする機会がない。また、⑮のように現在のズィールー親方は名称を知らない柄もメヘラービーでは多用された。

　(2)　**文字に水平に配置される形式**　(2)のタイプのメヘラービー柄についてもみておこう（図8）。こちらも(1)と同様、多数のメヘラーブが一枚のズィールーの中に織り込まれているが、ひとつのメヘラーブの中に複数の柄が組み合わされた形式である。そして、一枚の敷物の中でも、柄の組み合わせはそれぞれのメヘラーブごとに若干異なっている。また、古いものには、ガンディールというマスジェドの天井から吊るすランプを模した柄が入っており、これはペルシア絨毯のメヘラービー柄と同様の形式である（図9）。したがって、このタイプのメヘラービーは、(1)のタイプとは異なり、マスジェドのメヘラーブのみの形状を模した図柄と考えるべきである（実際、メヘラービーの下方には出入り口を模した部分がない）。筆者が確認することのできたこの形式のメヘラービーは10事例と少数である。

　そしてこのタイプのメヘラービーは、マスジェドのメヘラーブに敷く

図11　メヘラーブの形状に裁断したメヘラービー
　　　（部分）

図10　メヘラーブの形状に裁断

　ための専用のデザインであると考えられる。実際、10事例のうちの4
事例では図10・11のようにマスジェドのメヘラーブの形状にぴったり
合わせて、両角が斜めに裁断されていることからも明らかである。ただ
し、今ではメヘラーブの場所から外され、倉庫に畳んでしまわれたり、
普段は人目につかない2階に置かれるようになっており、本来の用途で
はなくなっている。図10も現在は倉庫状態になっているマスジェド・
ジャーメ・メイボドの冬の部屋のメヘラーブの部分に置かれているが、
筆者が訪問した際には、さまざまなものの下に隠れていた。
　メヘラービー柄のズィールーは、マスジェドの横幅に合わせて織られ
たものが多い。先に述べたように、マスジェドの形状に合わせて裁断さ
れたものも多い。また、ズィールーに織られた文字の中には、どこに敷
くかを寄進の条件として指示したものも少なくない。たとえば、「マス
ジェド・ズィールデの礼拝場所のメヘラーブのそばのテラスに」や「ヤ
ズドのマスジェド・ジャーメ・キャビールの緑の卓の足元に」などであ
る（吉田，2017）。ズィールーは注文生産で製造され、このように織り
込まれる内容も寸法も寄進者および寄進先からのオーダーメイドである。

そして、メヘラービー形式こそがマスジェドで使用されるズィールーの主体であったとみなしてよい。後掲の表3の初期にメヘラービー以外の柄が少ないのはそのためである。また、ヤズド州外では筆者はメヘラービーをほぼ目にすることがなかった。それではいつからこのメヘラービー柄は一般的でなくなったのだろうか。次節でこの点を検討する。

2-3　大型のサイズのメヘラービー

　次節に入る前に、今回のサンプルの中で特に大型のメヘラービーについてもみておこう（表2）。筆者がヤズド市内で観察できた施設およびズィールーは少数にとどまるが、その少数の事例がランキングの上位に入る。また、メイボドの北に位置するアルダカーンの町のそれもランキングの上位を占める。メイボド地域では、メイボドの中心部ではなく、デーバードやシューロクなど周辺の大規模な集落に多く、加えて寄進の時期も若干おそい。20位にようやくバシュニーガーン地区のマスジェドとイマームザーデの複合施設が入る。

文字に水平なタイプはそれほど大型のものはないが、表に掲載した事例は特別に大型である（図12）。

　いずれもヤズド市内の大規模なマスジェドや、メイボドの隣のアルダカーン市の中心部の大規模なマスジェドのものである。ズィールーがマスジェドの寸法に合わせて織られることから、また大規模なマスジェドには資金力にも余裕があり、あるいは寄進も多いことから大型のズィールーが大規模な都市に所在するのは当然の結果である。

図12　文字に水平に配置される形式で最大のメヘラービー

表2　今回の調査対象中の最大規模のメヘラービー

	場　　所	都市・集落	寄進年 イスラーム暦	寄進年 西暦	列	行（柄の数）	サイズ (cm)	サイズ (cm)	面積 (m²)
1	Masjed-e Jāme' (以下、M・J）ヤズド	ヤズド市	1243	1828	2	17	307	1600	49.1
2	M・バヤーザ・ハーン (Bayāq Khān)	ヤズド市	1242	1826/27	2	20	244	1649	40.2
3	M・バヤーザ・ハーン	ヤズド市	1242	1826	2	18	243	1642	39.9
4	M・バヤーザ・ハーン	ヤズド市	1242	1826/27	2	17+1	248	1520	37.7
5	M・ズィールデ (Zīrde)	アルダカーン市	1227	1812	2	17	253	1390	35.2
6	M・ズィールデ	アルダカーン市	1228	1813	2	16+1	262	1294	33.9
7	M・ズィールデ	アルダカーン市	1240 (1245の可能性あり)	1824/25	2	14	264	1272	33.6
8	M・ハージー・モッラー・ホセイン・デヘ・アーバード (Hājī Mollā Hosein Deh-ābād)	デーバード (メイボド地域)	1271	1855	2	17+1	275	1173	32.3
9	M・バヤーザ・ハーン	ヤズド市	1242	1827	2	12+1	290	1112	32.2
10	M・ハージー・モッラー・ホセイン・デーバード	デーバード (メイボド地域)	1272	1855/56	2	14	272	1175	32.0
11	M・ハージ・ムハンマド・ホセイン (Hājī Mohammad Hosein)	アルダカーン市	1248	1832/33	2	16+1	265	1195	31.7
12	M・ハージー・モッラー・ホセイン・デーバード	デーバード (メイボド地域)	1271	1855	2	15	271	1160	31.4
13	M・バヤーザ・ハーン	ヤズド市	1242	1826	2	15	255	1220	31.1
14	M・バヤーザ・ハーン	ヤズド市	1242	1826	2	15	253	1225	31.0
15	M・J・シューロク (Shūrok)	シューロク (メイボド地域)	1257	1841/42	2	14	277	1032	28.6
20	イマームザーデ・セイエド・サドルッディン・ガンバル (Imāmzā de-ye Sayyed-e Sadr al-Dīn Qanbar)	バシュニーガーン (メイボド中心部)	1231	1816	3	11	300	845	25.4
22	M・J・メールジャルド (Mehrjerd)	メールジャルド (メイボド地域)	1243	1827/28	2	10	268	886	23.7
23	M・ハーフェズ&ハージー・ゼイナル (Masjed-e Hāfez o Hājī Zainal)	バシュニーガーン (メイボド中心部)	1190	1776	2	9+1	277	830	23.0
〈文字に水平なタイプ〉									
19	M・ズィールデ	アルダカーン市	1221	1806	3	10	273	930	25.4

注：行の項目の「+1」は最後まで織り切れなかった柄を意味する。

226

したがって、ズィールー生産の中心地であるバシュニーガーン地区およびその近隣地区のマスジェドのズィールーの寸法はいくぶん小さくなる。

現在、文字なしの単純な柄のズィールー１枚（寸法２×3m）を織り上げるのに、親方と徒弟の２人で作業をすると２〜３日を要する。仮に、2.5m×10mの寸法を織るのであれば、単純計算では面積が４倍以上になるので、４倍以上の時間を要することになる。しかも文字を織り込み、よりデザインが複雑になれば、さらにその数倍の時間と根気が必要となろう。したがって、2.5m×10mのメヘラービーの製織には最低でも１〜２ヵ月の期間を必要としたのではないだろうか。また、作業時間は日が昇り、日が傾くまでに限られた。凍てつく冬や暑い夏には作業時間はさらに限られただろう。織る前の整経や機掛けなどの作業も含めれば、大型のしかも緻密なメヘラービーは年に何枚も織ることができないことになる。そして、そのぶん価格も高くなることを意味している。

3　変化の生じた時期

現在、メヘラービーのズィールーは織られていない。また、メヘラービーで多用された柄の名称を今の親方に尋ねても答えられない柄さえある。ひとくちにズィールー生産といっても「産地」という場には、技術の断絶が存在するのである。本節では、メヘラービー・デザインが減少する時期および消滅の時期を検討する。検討の前に、収集データとその問題点について整理しておきたい。

3-1　使用するデータとその問題点と先行研究

筆者は、メイボドド地域およびその周辺の主要なマスジェドを訪問し、ズィールーを観察した。そして、多くの施設では今では倉庫にしまいこ

まれたズィールーも閲覧させてもらうことができた。またマスジェドに
寄進された古いズィールーを防犯対策で個人の家に預けてある場合もあ
り、それを見せてもらう面倒をかけたことも少なからずあった。結果的
に、この地域においては、それぞれの施設が所蔵するズィールーを悉皆
に近い形で観察することができた[2]。一方、それ以外の地域のマスジェ
ドについては、実際に敷かれているもののみを観察・計測して集めたデ
ータである。そのためメイボド地域外の多くの施設では、観察すること
のできたズィールーはその施設の一部に限られる場合が多い。こうして
収集したデータ（2019 年 2 月までに収集）の詳細は本稿では紙数の都
合で掲げられないが、2015 年夏までに筆者が観察したズィールーのな
かで、イスラーム太陰暦 1223（1808/09）年までに織られたズィールー
32 枚については、吉田（2017）に寄進された施設や織り込まれた文章
その他のプロフィールを挙げてある。また、ズィールー産地の核心地区
であるバシュニーガーン地区のマスジェドのひとつであるマスジェド・
ハーフェズ・オ・ハージー・ゼイナルで使用されているものについては、
同様に吉田（2015a）に、また、マスジェド・ハサンアリーその他のズ
ィールーのプロフィールは吉田（2016a）に挙げておいた。

　古いズィールーの多くには寄進年が入っているが、寄進年が織り込ま
れていないものの明らかに古いと考えられるものや、明らかに古いこと
がわかるものの断片化し文字の部分が残っていないものについては分析
に含めることができなかった。また、メイボド地域を中心にマスジェド
を調査したため、それ以外の地域については少数のデータしか集まらな
かった。実際、メヘラービー形式の 94 枚中 23 枚がメイボド中心部の事
例である（後掲の表 3）。ただし、先の大型のサイズのズィールーの説
明の部分でも触れたように、メイボド地域以外の方がズィールーの数は
多く、寸法も大型なのである。なお、筆者の収集できたヤズド州外の古
いズィールーはごく少数にとどまる。しかもメヘラービーは一枚も含ま
れない。本来であれば、これは今回の分析から除くべきかもしれないが、

228

分析に含めた。

　また、寄進は一度になされたり、数年ないし十数年かけて継続的に寄進された後は、しばらく必要がなくなる。したがって、特定の柄が織られなくなったことが、技術の断絶なのか、それとも供給が行き渡り需要が一時的に途絶えたせいなのか判断が難しい場合もある。そのため、できるだけ多くの施設を訪問しデータを収集することに努めた。

　こうした問題はあるもの今回は収集できたデータから読み取りうることを以下に分析する。なお、ズィールーに関する研究は少なくない。そして、この種の研究ではデザインについても必ず触れられる。ヤズド地域の総合的な歴史研究を進めた Afshār（1992: 34-35）は、ヤズド地域の地域研究を進める上で、ズィールーも研究課題のひとつに挙げているが、とくに古いズィールーの図柄の収集が重要であり、それが芸術および社会的見地からズィールー研究の最重要課題であると述べている。特にデザインに注目した研究としては、Ardakānī, A. J（2007）や Āqā'ī（2016/17）などを挙げることができる。後者は古い柄やメヘラービー形式を検討するだけでなく、それを踏まえてペンギンやパンダなど現代的な図案も案出している。あるいは大規模なズィールー作業所を経営している Ashtarī（2016）は、ガニープール（Ganīpūr）氏が収集したデータから合計 71 柄を方眼紙に清書している。メヘラービー形式に限定した研究としては、Mohebbī & Āshūrī（2006）を挙げうる。ただ、これら研究では歴史的な変化については扱っておらず、また扱うメヘラービーの所蔵先の地域差についても触れていない。なお、以上の先行研究では柄の呼称は必ずしも統一されておらず、なかにはメイボドの陶器の柄の名称をそのままズィールーの柄に当てはめる著者もいる。そこで本稿では、生産者の呼称にしたがうことにする。

表3　研究対象に占めるメヘラービーの割合

寄進年　西暦	17世紀	1701/02〜1725/26	1726/27〜1750/51	1751/52〜1775/76	1776/77〜1800/01	1801/02〜1825/26	1826/27〜1850/51	(1826/27〜1836/37)	(1837/38〜1850/51)	1851/52〜1875/76	1876/77〜1900/01	計
イスラーム太陰暦		1113〜1138	1139〜1164	1165〜1189	1190〜1215	1216〜1241	1242〜1267	(1242〜1252)	(1253〜1267)	1268〜1292	1293〜1318	
	17世紀	18世紀				19世紀						計
総数	2	1	0	5	17	35	68	16	52	69	50	247
(寄進年の読み間違いの可能性)					(5)	(5)		(1)				(10)
メヘラービー（a）	2	1		5	11	32	23	13	10	16	4	94
（内、水平型）				2		5	1			2	0	10
それ以外のデザイン					6	3	45	3	42	53	46	153
a の比率（%）	100.0	100.0		100.0	64.7	91.4	33.3	81.3	19.2	23.2	8.0	38.1
地理的分布　ヤズド州内	2	1		5	17	35	68	16	52	66	36	233
内、メイボド地域				3	7	16	36	5	31	33	7	102
内、メイボド中心部					3	8	11	1	10	7	1	30
（メイボド中心部のメヘラービー）					3	8	8	1	7	4		23
ヤズド州外						1	1	1	1	1	14	16

3-2　メヘラービーが減少した時期

　まず、ズィールーのデザインの変化を検討するために、四半世紀ごとの変化を示した表3を作成した。これによれば、18世紀の最後の四半世紀に顕著にメヘラービーの比率が減る。しかし、これには注意が必要である。ズィールーに織り込まれた数字の「・（数字の0）」と「◦（数字の5）」は判別が難しい場合があるからである。イスラーム暦1190〜1215（西暦1776/77〜1800/01）年の時期に含まれるもので、もし12「0」0年代ではなく、12「5」0年代とするならば、この時期も大半がメヘラービー柄ということになる（表で読み間違いの可能性があるとした5事例のこと）。また、この期間に含まれる2枚は、元々はヤズド市内のマドラセ（madrase）に寄進されたもので、使い古してからヤズド市近郊のマスジェドに払い下げられたものであり、これも学校用の敷物であるためメヘラービーではない（吉田，2017）。

　であれば、メヘラービー形式の比率が激減するのは、19世紀の第二四半期になってからとみるべきである。ところが、これに関しても細かく時期を区切って検討すると、最初の10年間はまだメヘラービーの比率が高い。正確には、1830年代後半からメヘラービーの比率が顕著に減り、メヘラービー以外の単純な柄が増したことになる。デザイン面ではこの時期が転換点となる。つまり、この時期まではマスジェドに寄進されるズィールーの主力は、メヘラービーであったということになる。無論、ズィールーはイラン各地のマスジェドに送られたので、その地域に関してはこの時代以降も多く織られた可能性がないわけではない。だが、各地のマスジェドを筆者が見た限りでは古いズィールーもメヘラービーもそれほど残っておらず、その可能性は低いように思う。

　なぜこの時期に大きな変化が生じたのだろうか。その理由は詳らかでない。ただ、職人の動向を見る限り、供給側に生じた問題によるものではないと判断できる。この転換の時期をまたいでメヘラービーを織った

親方の一人が、サファルアリー（Safar ʻAlī）である。サファルアリーは、筆者が観察できたズィールーのなかでは最も数を残した親方であり、メイボド中心部やヤズド市を含め各地にズィールーが残る当時の最有力のズィールー生産者とみて間違いない。のみならず、彼の息子の作品も多い。この親方のメヘラービーは、理由は定かではないが、筆者の調査では寄進年 1246（1830/31）年が最後になる。筆者が観察した事例では、その後 10 年間は作品が見られず、1256（1840/41）年になって再びサファルアリーの名前で織られたズィールーがみられるようになるが、以後はメヘラービー形式ではなくなり、バフトク柄やゲレ柄などが数多く残る。また、寄進年 1263（1846/47）年のメヘラービーの織手は「エブネ・サファルアリー（サファルアリーの息子）」であり、親から子にメヘラービーの技法が受け継がれたことがわかる。

　サファルアリーの事例から、メヘラービーを織ることのできない職人の出現によって、メヘラービー形式が途絶えたわけではなく、メヘラービーを織る能力のある親方が単純な柄を織るようになったことがわかる。これについてはいくつかの理由を推測できる。たとえば、需要の増加により手間のかかるメヘラービーが敬遠された可能性、あるいはメヘラービーの需要が一区切りついた可能性、あるいは職人の高齢化による簡単な柄への転換などが思いつくが、決め手はない。

3-3　メヘラービー形式の消滅時期

　この後、メヘラービー柄は次第に数を減じる。そして、完全に消えるのは、20 世紀に入ってからになる。表 4 に示したように、筆者は数枚しか目にすることができなかった。この中で注意を引くのは、ゼイナル（Zainal）という織手である。1314 年のそれはメヘラービーに似た柄であるが、厳密にはメヘラービー柄とは言えないデザインである。というのも四角い枠のみでメヘラーブが存在しない柄だからである。ちなみに

表4 19世紀末から20世紀にかけてのメヘラービー

所 在 場 所	イスラーム暦	西 暦	織 手 名	列	行	cm	cm	備 考
M.J.ヤフダーン Yahkdān （メイボド地域）	1314	(1896/97)	ゼイナル・ヴァラデ・アリー・アクバル（Zeinal valad-e 'Alī Akbar）	1	5	132	393	メヘラービーに似ているが、メヘラーブがない
M.J.アブランダーバード Abrandābād	1318	(1900/01)	モハンマド・アリー・ジャーテル・アフマッド（Mohammad 'Alī Shāter Ahmad）	2	10	計測できず		
M.J.メールジャルド （メイボド地域）	1323	(1905/06)	ゼイナル・アリー・アクバル	2	13+1	267	1115	
M.J.アグダー 'Aqdā	1324	(1906/07)	なし	2	12	240	1023	
M.J.アクバラバード Akbarābād （メイボド地域）	1338	(1919/20)	アッバース・アリー・ガフールザーデ（'Abbās 'Alī Ghāfurzāde）	2	13+1	245	900	

この時の柄は、バフトク、パルテ・トゥーレ、チェシュ・ボルボリー、ロクネ・ドゥニーの組み合わせである。

このゼイナルの名前を他のズィールーに探すと、1277（1860/61）年にゼイナル・アリー・アクバルが織ったメヘラービーが見つかる。また、1312（1894/95）年には、ゲレ柄を織っている。ただ、この1277年と、1312年・1314年の作品では文字の形が異なる。この違いをどう解釈すべきか。この間には35年の時間が空くため、同一人物ではなく、1312年・1314年のゼイナルは、1277年のゼイナルの孫である可能性が高い。

ところが、孫と考えられるゼイナルは1323年の寄進では通常のメヘラービーを織っている。ちなみに柄は、ピーレ・トゥポル、パルテ・トゥーレ、バーレンゲ・トゥハーリー、バフトケ・ボゾルグ・ヴァ・ハシュト・パレ・バルゲ・ビーディ、バフトク、ギャチボル、ゲレ、バフトケ・ザンジーレイー、ケリード、名称不明、バンデ・ルーミー、ゴレ・モフレ・ボリーデ、パンジェ・シール・ヴァ・ハシュト・パレ・バルゲ・ビーディ・ヴァ・ロクネ・ドゥニー、ハシュト・パレ・シャーヘ・ガーヴィー（ハシュト・パル）であり、19世紀のそれと変わらない。1314年と1323年の違いの解釈は複数考えられる。たとえば、この間にメヘラービーを織る技術を習得したという解釈も可能である。そうであれば、メヘラービーが減ったことで、19世紀末にはメヘラービーを織る技術自体がうまく世代間で継承されず、脆弱になったことになる。

そして今から百年前の1338年のメヘラービーは、それまでのメヘラービーに比べると一見して雑な製品であることがわかる（図13）。また、このメヘラービー柄では上・中・下の3か所に文字が織

図13　1338年のメヘラービー

り込まれているが、通常のメヘラービー形式では、一番下の部分には文字は織り込まれない。同様に、一番下の文字の間にメヘラーブが描かれているのも特殊である。したがって、この作品はメヘラービー形式を知悉していない職人が、メヘラービーを模倣した作品とみなすべきである。この時点ではすでにメヘラービーというデザインの技法の継承には断絶があったといえよう。

3-4　考察

(1)　**メイボド中心部の事情**　供給側の事情ではなく、需要側の事情は不明である。しかしこの点も可能な限り考察しておきたい。実際、19世紀にはいるとズィールーの数が増えるが、それはガージャール朝（1796-1925）が成立して社会が落ち着き、それにともない各地で寄進が増えたことを示している。そして、今と異なり、当時はズィールーを広いマスジェド全体に敷き詰めるようなことは、寄進の多い大マスジェドでなければ不可能なことであり、まずはマスジェドの一部を覆ってから、少しずつ増やしていった。マスジェドに寄進された土地やカナートの収益を基に、敷物が少しずつ整備される場合もあった（吉田，2016a）。いずれにせよマスジェドの新設や改築時にまとまった数の敷物の寄進がなされる。そこで空間スケールを下げて検討することにしよう。

　地域外の大マスジェドに寄進されるのと同時に、産地であるバシュニーガーン地区および隣接する上メイボドの比較的大規模なマスジェドについては、19世紀前半にメヘラービーの寄進が終わり、再びズィールーの寄進が増えるのは20世紀に入ってしばらくしてからである（吉田，2015b）。再び寄進がなされる時期にはメヘラービー形式はなくなっていた。たとえば、バシュニーガーン地区のマスジェドのひとつ、マスジェド・ハーフェズ・オ・ハージー・ゼイナルに所蔵されているズィールーについては、1277（1860/61）年まではメヘラービーが多かったものの、

1867年の寄進以降はメヘラービーが皆無となった（吉田, 2015b）。産地のマスジェドでメヘラービーが減った理由は、敷物の寄進がひと段落ついたことで説明できよう。また、隣町のアルダカーン市の大規模な施設でもズィールーの寄進が比較的早いうちに実施された。そこで、マスジェド・ジャーメ・アルダカーンのズィールーを調べたArdakānī, P. N（2007）のリストを参照すると、寄進年の間隔が特に離れているのは1276（1859/60）年と1314（1896/97）年の40年弱の期間であり、この間の寄進が抜ける理由も同様の理由からであろう。

　それではこの期間、他の地域ではどうだったのだろうか。次にメイボド地域でも周辺部の新しいマスジェドの事情を検討する。

　(2)　**メイボド周辺部の集落の事情**　ズィールーの寄進が一時期に集中する以上、個々の事例はいずれも珍しい事例になってしまうことはいたしかたない。そこで、メイボド近郊の新設マスジェド2事例を紹介することで、施設による敷物の整備上の規範に違いがあるという大枠を確認することにしよう。

　ロクナーバード（Roknābād）集落は、メイボド地域で最も南東端に位置する集落である。この集落にはマスジェドが複数あるが、ここではロクナーバードのマスジェド・ジャーメの向かいにある新しいマスジェド（Masjed-e Jadīd-e Qarye-e Roknābād）の事例を確認しておく[3]。このマスジェドにおける古いズィールーとしては、寄進年1240年（ないし1245年とも読みうる）のズィールーが3枚、寄進年1257（1841/42）年のものが11枚確認できた。1240（1824/25）年の3枚はメヘラービー、ゲレ柄、ハシュト・パレ・シャーヘ・ガーヴィー柄がそれぞれ1枚ずつである。しかもこのメヘラービーは、1列5柄（さらにメヘラーブに織り切れない1柄がある）100×400cmの比較的小型のものである。この時期であればメヘラービーがまだ多いはずであるが、この施設に関しては当てはまらない。一方、寄進年1257年のものにはメヘラービーは1枚も含まれない。1257年の寄進は数こそ多いものの巾80～90cm長さ

236

270cm 程度の小型のものが 7 枚と大半を占める。他には大型のものも複数敷かれており、特に大きなものは 257×1365cm と長大である。しかし、これもメヘラービーではない。メイボドの中心部から離れると、19 世紀前半であっても必ずしもメヘラービー形式で寄進されなかったことがわかる。なお、メヘラービー形式とそれ以外の柄の価格差は今となってはわからないが、前者が相当高額であることは確かである。

　同じく、デーバードはメイボド中心部から離れた北西部の比較的大規模な集落であるが、この集落の上（'olyā）地区のマスジェド・ハージー・モッラー・ホセイン・デーバード（Hājjī Mollā Hosein Dehābād）には、1270 年代に一連のズィールーの寄進がなされている（表 5）。1189 年のそれは新築される以前の旧マスジェドで使用されていたものである。その後、この施設の場合は、寄進先が「Masjed-e Jadīd」と織り込まれているように、新しいマスジェドが建設されたのに合わせて、1270 年代に寄進がなされわけである。特に 1271 年と 1272 年のメヘラービー 3 枚は、長さ 12m 弱の長大なものであり、これはマスジェドの横幅と同一である。また、1271 年の文字に水平タイプのメヘラービーが 2 枚あるが、うち 1 枚についてはメヘラーブの形状に裁断してある。年なしのメヘラービー 2 枚も同時期の寄進物と思われる。つまり、マスジェドが新しく建設された際に、まず大型のメヘラービーやメヘラーブ用のメヘラービーおよび小型のメヘラービーがそろえられた。その後は、寸法に関わらずメヘラービー以外の柄で敷物を整備したことがわかる。1276 年のこの施設で最大のサイズもメヘラービー形式ではなく、1270 年代のまとまった数の寄進はこれをもって終わる。

　このようにマスジェドの敷物といっても地域により整備の規範が異なる。そして、この時期でも後者の場合は、メイボド中心部と同じ形式が取られたが、前者の場合はメヘラービーではなく単純な柄で代替している。また、今回のデータでは、メイボド地域において最後にまとまった数のメヘラービーが寄進されたのは、メイボドの中心部にあるマスジェ

表5 マスジェド・ハージー・モッラー・ホセイン・デーバードのズィールー

寄進年		柄	メヘラービー		タテ	ヨコ	備考
イスラーム暦	西暦		列	行	cm	cm	
1189	1775/76	メヘラービー	2	3	183	319	
1270	1854	メヘラービー	1	5	96	288	
1271	1855	メヘラービー	2	17+1	275	1173	
1271	1855	メヘラービー	2	15	271	1160	
1271	1854/55	バフタ			90	286	切れている
1271	1854/55	メヘラービー（文字に水平タイプ）	2	3	235	273	メヘラーブの形状にカットしてある
1271	1854/55	メヘラービー（文字に水平タイプ）	2	3	240	255	
1272	1855/56	メヘラービー	2	14	272	1175	
1272	1855/56	メヘラービー	1	3	96	223	「1672年」と織り間違い。1272年ではなく1276年の可能性もあり
1272	1855/56	メヘラービー	1	3	100	224	「1672年」と織り間違い。1272年ではなく1276年の可能性もあり
1274	1857/58	ゲレ			127	296	
1274	1857/58	バフタ			126	294	
1274	1857/58	バフタ			127	288	
1274	1857/58	ゲレ			120	300	
1276	1859/60	バーレンダ・トゥハーリー			350	975	
1296	1878/79	バフタ			96	168	
1348	1929/30	バフタ			91	151	
1385	1965/66	ソルファナ			290	362	
1387	1967/68	ソルファナ			115	290	
1390	1970/71	ソルファナ			119	296	
1402	1981/82	バフタ			170	298	
1402	1981/82	バフタ			173	295	
1402	1981/82	ソルファナ			130	290	
年なし		メヘラービー	1	3	95	208	
年なし		メヘラービー	1	3	95	228	
年なし		ゴレ・チャルヘ・チャー（gol-e charkh-e chāh）			125	197	
年なし		ゴレ・チャルヘ・チャー			120	185	

ド・ハージー・ハサンアリーへの1287〜1290年にかけての寄進である。1870年代に寄進された5枚のうち、3枚がメヘラービー柄である（吉田, 2016）。このマスジェドは、マスジェド・ジャーメ・メイボドに隣接する形で建設された比較的小規模なマスジェドであるが、1870年代になっても新設・改築の際に用意される敷物に大型のメヘラービーをそろえるという規範はメイボド中心部では残ったのである。メヘラービーの数はこの時期になると減ったが、これは中心部とのその周辺では施設に行き渡ったことと、おくれてズィールーを新調し始めた地域ではメヘラービーで敷物を整備するという規範がなかったことを意味している。

4　おわりに

　以上、本稿は、筆者が現地で観察して得られたデータを基に、ズィールーのデザインの変化を歴史地理的に分析した。今回の検討から明らかになったことを以下にまとめておきたい。

①いわゆるメヘラービーには、文字に垂直の形式と文字に水平の形式の2つの形式がある。

②前者については、2列20柄や3列11柄など巨大なサイズのものも存在する。

③後者に関してはメヘラーブの形状に裁断して使用するためのものであることが明らかになった。

④最大級のメヘラービーは、大規模なマスジェドの存在するヤズド州内の都市であるヤズド市やアルダカーン市に所在する。一方、ズィールー生産の核心地域であるバシュニーガーン地区や隣接するメイボド（上メイボド）地区の諸施設にも大型のメヘラービーは所在するが、都市部のそれほどには大きくはない。これは、ズィールーに

織り込まれる文字も寸法も寄進される施設に合わせてオーダーメイドされるため、都市と集落のマスジェドの規模の違いに左右された結果である。

⑤現在ではメヘラービーを織る職人はいない。一方、古いズィールーのほとんどがメヘラービー形式であり、メヘラービーこそがかつてマスジェドで使用される敷物であったといえる。

⑥今回のサンプルからは、1830年代に入るとメヘラービーの比率が激減することがわかった。この1830年代がデザイン面の転換点であるといえる。

⑦この1830年代をはさんでズィールーを織った有力な職人の名前を見る限り、同じ親方が1830年代を画して、以前はもっぱらメヘラービー形式を、以後はメヘラービーではなく単純な柄を織っていた。このことから、メヘラービーを織ることのできない職人の出現によって、メヘラービー形式が途切れたわけではなく、その技法を身につけた職人が単純な柄を織るようになったことがわかる。

⑧筆者が見た最晩年のメヘラービーは、1338（1919/20）年のものである。そして、この作品は従来のメヘラービーを模倣した作品と推測される。また、それ以前、19世紀末にはメヘラービー形式を織る技法自体が弱くなっていたように考えられる。

⑨需要の側面については、メイボド地域の中心部の主要なマスジェドについては19世紀前半にメヘラービーの寄進が終わり、再びズィールーの寄進が増えるのは20世紀に入ってしばらくしてからである。小規模な施設はこの限りではない。したがって、メイボド地域の中心部、すなわちズィールー産地の施設においてメヘラービーの寄進が減ったのは、敷物の寄進がひと段落したからと説明できる。

⑩メイボド周辺部の集落における新設マスジェド2事例の検討からは、ロクナーバードの事例では1830年代前後においても必ずしもメヘラービーが寄進されなかったことがわかる。また、デーバードの事

例では、マスジェドが新設されてから最初にメヘラービーを敷物と
してそろえ、その後はメヘラービー以外の単純な柄で敷物をそろえ
たことがわかった。マスジェドの敷物といっても地域による規範が
異なり、場所によってはメヘラービー形式の敷物にこだわらなかっ
た。あるいは、基本的な敷物をメヘラービーでそろえた施設であっ
ても、後は単純な柄の敷物が寄進されている。

　今回はヤズド州以外のマスジェドについてはごく少数の事例を確認し
たにとどまるが、ヤズド州以外では大規模なマスジェドであっても 19
世紀から 20 世紀にかけてのズィールーにはメヘラービーはほとんどみ
られない。ヤズド市内のマスジェドは例外的にメヘラービーが多いが、
メイボドの中心部から離れると、先に述べたように敷物は必ずしもメヘ
ラービー形式である必要はない。以上の諸点を総合すると、手間と暇の
かかる高額なメヘラービーは、供給量が限られているため、メヘラービ
ーにこだわらない場所（地域の小さなマスジェドや地域外のマスジェド）
向けには製織が簡単な単純な柄で敷物を織った。そして、手間のかかる
メヘラービーの寄進が一巡するとメヘラービーの生産が停止するが、そ
れは 1830 年代のことと判断できる。この後もメヘラービーは織られは
したが、敷物は頻繁に更新されるわけではなくメヘラービーの需要が続
かなかったことで、次第にメヘラービーが減り、20 世紀に入るとその
製織は完全に消滅した。したがって、すでにメヘラービーが廃れて 100
年が経過し今の工人が当時多用された柄の名称を知らないのも頷ける。
　また、メイボドにおけるズィールー生産の歴史は数百年の歴史がある
にせよ、ズィールーをマスジェドの敷物として多用するようになったの
は、大マスジェドやメイボド産地の施設以外では比較的新しいことでは
ないかとも想像されるのである。今回の分析には、ヤズド市その他の大
規模なマスジェドのメヘラービーについては十分な数を用意できなかっ
た。今後は、こうした施設との比較が必要になろう。

注
1) 断片化したものや文字が織り込まれていないものについてはここでは検討に
   含めなかった。あるいは、各マスジェドからズィールー博物館に運ばれ、展示・
   所蔵されているものも今回は考察に含めない。
2) 筆者はマスジェド・ハーフェズ・オ・ハージー・ゼイナルが所蔵するズィー
   ルーについてはすべて調べたと判断し、吉田 (2015a) にまとめた。しかし、
   2019年2月に訪れた際に、マスジェドの一角が崩れた場所でメヘラービーの
   断片が瓦礫の中に野ざらしで埋まっているのを発見した。このように後から調
   べの残しが見つかることは間々あるように思う。なお、マスジェドの管理人に
   許可を得て掘り出したところ、断片化し、寄進年その他の部分は見つからなか
   った。ただし、残った文章を、他の敷物と比較した限り、寄進年1284年のそ
   れに近い文章であるため、その前後に寄進されたものと考えられる。そう判断
   はできるが、確実ではないため、この断片は今回の分析に加えなかった。
3) このマスジェドの管理人に聞いた話によると、このマスジェドは元々は、夏
   用、冬用、および季節に関係のない小さなマスジェドという3つのマスジェド
   (部分) に分かれていたが、今では一つになったとのことである。

文献一覧

Afshār, Ī. (1992): "Yazd Nemā", in I. Afshār (ed.) *Yazd Nāme*, Vol.1, Tehrān: Jodāgāne, pp.19-46.

Āqā'ī, A. T. (2016/17): *Jelve-ye Zībā'ī dar Zīlū-ye Meybod*, Yazd: Ārtā Kāvā.

Ardakānī, A. J. (2007): *Pazhūheshī dar Zīlū-ye Yazd*, Tehrān: Farhangestān-e Honar-e Jomhūrī-e Eslāmī.

Ardakānī, P. N. (2007): *Pelle-ye Hashtom*, Qom: Majma'-e Zakhāyer-e Eslāmī.

Ashtarī, S. (2016): *Naqshehā va Negārehā-ye Zīlū-ye Meybod*, Qom: Talī'e Sabz.

Mehdīpūr, T. & Farshādfar, F. (2001): *Zīlū be Ghorūb-e Khīsh Mi-negarad*, Pāyan-nāme-ye Doure-e Kārshenāsī-e Farsh-e Mo'assesse-ye Āmūzesh-e 'Ālī-e Jehād Dāneshgāhī-e Ostān-e Yazd-e Sho'be-ye Ardakān, 1378 (1999/2000)-1379 (2000/2001).

Mohebbī, H. R. & Āshūrī, M. T. (2006): "Namād va Neshāne dar Naqsh-e Pardāzī-e Zīlūhā-ye Tārīkhī-e Tarah-e Mehrābī-e Meybod", *Goljām*, Vol.1, pp. 42-60.

桝屋友子 (2005)：工芸が伝える情報，林佳世子・桝屋友子編『記録と表象　史料が語るイスラーム世界』，東京大学出版会，245-267頁。

吉田雄介 (2002)：イラン・ヤズド州メイボド地域におけるズィールー織業の展開過程，『人文地理』，54-6，63-79頁。

吉田雄介 (2005)：イランにおける手織物生産の存続と多就業化の関係―ヤズド州メイボド地域のズィールー製織業を事例として―，『地理学評論』，78，491-513頁。

吉田雄介（2011a）：イランにおける衰退産地の近年の状況—メイボドのズィールー（手織り綿製絨毯）生産の事例から—，『イラン研究』，7，283-297頁。

吉田雄介（2011b）：ズィールー（綿絨毯）生産の伝承と歴史—イラン・ヤズド州メイボド地域の職人からの聞き取り—，『関西大学東西学術研究所紀要第44輯』，211-242頁。

吉田雄介（2015a）：文字情報・資料としてのズィールー（綿絨毯）：マスジェド・ハーフェズ・オ・ハージ・ゼイナルにおける事例から，『イラン研究』，11，224-241頁。

吉田雄介（2015b）：マスジェドにおける現在のズィールー（綿製敷物）の使用状況：イラン・ヤズド州メイボドおよび近郊の事例から，『関西大学東西学術研究所紀要第48輯』，229-247頁。

吉田雄介（2016a）：小さな寄進物：ワクフ基金から寄贈されたワクフとしてのズィールー（綿製絨毯），『イラン研究』，12，119-139頁。

吉田雄介（2016b）：オスマン朝手織物生産の研究手法を再考する—イランの手織物産地研究のために，『関西大学東西学術研究所紀要第49輯』，531-548頁。

吉田雄介（2017）：19世紀初期までのズィールーの基礎的検討—ヤズド州内の32枚の事例から—，新谷英治編著『祈りの場の諸相』，関西大学東西学術研究所，研究叢書第2号197-227頁。

付記

本稿の執筆の一部は、科学研究費補助金（基盤研究（C）『途上国の手工業研究の総合に向けた地理学的試み—既存研究の批判的整理と実地調査から』課題番号：25370926，研究代表者：吉田雄介）を使用した。

地中海世界の祈りの場
—— オスマン朝の航海案内書から ——

新　谷　英　治

はじめに

　16世紀前半にオスマン朝で編纂された『キターブ・バフリエ』*Kitâb-i Baḥrîya* は地中海の沿岸海域及び島嶼を網羅的に説明する航海案内書である[1]。その記述を見渡すことにより —— 編者ピーリー・ライース Pîrî Ra'îs の伝える限りにおいてではあるが —— 特定の事物の地中海全体における様相を知ることができる。

　かつての地中海世界の人々の祈りの場がこの書物においてどのように現れているであろうか。そのような問題関心の一環として本稿筆者は本書に現れるヒドゥル・イルヤース Khiḍr-İlyâs ないしはヒドゥル・イルヤースルク Khiḍr-İlyâslıq[2]に関する記述を概観したことがある［新谷2018］。そこでは、ヒドゥル・イルヤース／ヒドゥル・イルヤースルクに関して、Midillü/Lesvos 島、Değirmenlik/Milos 島、Leykada 島近傍（以上現ギリシア）、Foça（現トルコ）、Tripoli（現レバノン）の5地点で記述が現れることを指摘して写本における当該箇所の記述を紹介し、5地点のうち3地点について現地調査の模様を報告した。この折の現地調査では3地点のうち2地点において聖ゲオルギオスを祀る教会堂（規模は小さく、祠に近い）が現在も存在することが確かめられ、ヒドゥル・イルヤース／ヒドゥル・イルヤースルクが聖ゲオルギオス信仰と深くかかわっていることを改めて確認することができた[3]。

ヒドゥル・イルヤース／ヒドゥル・イルヤースルクに関わる言及が見られる５例（５地点）はアナトリア半島を中心とした地中海の東北部に偏っている。その理由について新谷2018では、おおむね次のような二つの可能性を指摘したが、より詳細な考察は保留したままであった。

　　①地中海東北部では、ヒドゥル・イルヤース／ヒドゥル・イルヤースルクが実態として特徴を持つためにそのように呼ばれ、そのような分布として現れた。

　　②同様のものが他の地域にもあるが別の名称で呼ばれているため明示的に現れない。

　本稿では、こういった点を念頭に置きつつヒドゥル・イルヤース／ヒドゥル・イルヤースルクと聖ゲオルギオスの関わりに改めて注目し、『キターブ・バフリエ』本文における聖ゲオルギオス関連の名称（施設や地名）の現れ方を整理・分析することによりヒドゥル・イルヤース／ヒドゥル・イルヤースルクの実態の理解を進めたいと考える。また、『キターブ・バフリエ』本文におけるキリスト教徒の「教会堂 kilse/kilise كلسه」やムスリムのマスジドなど人々の祈りの場に関する言及の様にも視野を広げ、そこに見られる特徴を整理してみる。これらの作業を通して、『キターブ・バフリエ』本文に見える地中海世界の祈りの場の様相を捉えたい。

　考察の手順としては、まず『キターブ・バフリエ』本文から知られるヒドゥル・イルヤース／ヒドゥル・イルヤースルクと聖ゲオルギオスの関わりを検討するために、ゲオルギウス Georgius とその異形と思われる名称（ジュールジー Jūrjî、キラキー Kirakî、ユールキー Yûrkî など）の現れ方を確認する。さらに、「聖なる」を意味するサーン Şân ／サンタ Şanta 及びアヤー Ayâ ／アユー Ayû が冠される（あるいはそれらが含まれる）事物を取り上げてそれら名称の言及例を分析・検討する。仮にそれらの名称を「聖なる名称」と呼んでおく。これらは概してキリスト教圏で言及されることが予想される信仰の対象あるいは祈りの場に関わる（あるいは由来する）名称と言えようが、これらと聖ゲオルギウス

表1 『キターブ・バフリエ』Ayasofya 2612 写本に現れるヒドゥル・イルヤース Khiḍr-İlyâs／ヒドゥル・イルヤースルク Khiḍr-İlyâslık

章	地区名・地名	地域・海域	内 容	葉・行	備 考
10	ミディッリュ Midillü/Lesvos 島	エーゲ海東北部	漕ぎ船 chekdürür gemiler は上述の浅瀬の中に入った後、西側にヒドゥル・イルヤース Hıdır [Khiḍr]-İlyâs という小島があり、その小島の北側を回って入り江に停泊する。この小島には教会堂がある。その教会堂はアヤー・ユールキー Ayâ Yûrkî と言う。	68b10-13	
11	フォチャ Focha/Foça	エーゲ海東北部 （アナトリア西岸）	アナドルから来ている岬と正面にある小島*の間をバルチャは通らない。……この瀬戸をヒドゥル・イルヤース Hıdır [Khiḍr]-İlyâs の瀬戸と言う。この小島に崩れた建物があって、その建物をヒドゥル・イルヤースルク Hıdır [Khiḍr]-İlyâslıq と言うからである。……このヒドゥル・イルヤース島**の南側から出入りする。	75b12-76a2	小島*がヒドゥル・イルヤース島**を指すと考えられる。
58	ラフカーダ Lafkâda/Ayâ Mâwrî/Leykada 島近傍	イオニア海東部	その海の一方はルーメリである。もう一方はラフカーダ島である。また［狭まったところに］到着する。それも瀬戸になっている。この瀬戸をヒドゥル・イルヤース Hıdır [Khiḍr]-İlyâs の瀬戸と言う。	162a13-15	
174	シャーム・タラブールース Shâm Ṭarabûlûsı/Ṭarâbulus/Tripoli	地中海東岸	もし小型の船で行くならば、ヒドゥル・イルヤース Hıdır [Khiḍr]-İlyâs 島が右になり、もう一つの島が左側になる。	370a15-370b1	
201	デイルメンリク Değirmenlik/Milos 島	エーゲ海南西部	先のイルジャーンターラ島へ錨を降ろすならば、2 方向への錨で停泊する。というのは、船が停泊するところはその瀬戸の中央であるからである。正面に荒れた教会堂がある。その教会堂を Ayâ Yûrkî ［と言う。］ヒドゥル・イルヤースルク Hıdır [Khiḍr]-İlyâslıq の意味である。	414a6-9	

との関連、さらにヒドゥル・イルヤース／ヒドゥル・イルヤースルクとの関連に注目していきたい。また、『キターブ・バフリエ』におけるキリスト教の祈りの場（「教会堂」や修道院など）とイスラームの祈りの場としてのマスジドやザーウィヤなどへの言及例も確認する。

　なお分析に用いる『キターブ・バフリエ』の写本は、1526 年成立の原本（932 年本）の一写本である Ayasofya 2612 写本を基礎とし、所蔵先のスレイマニイェ・ジャーミィ付属図書館（在イスタンブル）作製の写真版（マイクロフィルム）に依拠する。また必要に応じて他の写本も用いるが、その場合写本の表示は本稿末尾の一覧表による。

1 『キターブ・バフリエ』に見える聖ゲオルギウス

　16世紀前半の地中海域における聖ゲオルギオス信仰の様、ここでは特にヒドゥル・イルヤース／ヒドゥル・イルヤースルクとの関連を整理するために、サーン・ジュールジー Ṣân Jûrjî やアヤー・キラキー Ayâ Kirakî など、ゲオルギオスに相当すると思われる名称の例が『キターブ・バフリエ』でどのように現れるかを確かめる。

1-1　ジュールジー Jûrjî、キラキー Kirakî、ユールキー Yûrkî 等の言及例

1-1-1　ジュールジー Jûrjî 系の表記の例

　ジュールジー Jûrjî 系の表記は4つの章に5件が現れる。いずれもサーン Ṣân が冠される。Jurji/Jûrjî/Jûrjû のように表記には揺れがあるが、本稿では同系統のものとして扱う。具体的には、「教会堂」に埋葬され

表2　『キターブ・バフリエ』Ayasofya2612写本本文に現れるジュールジー Jûrjî 等

章	地区名・地名	地域・海域	内　容	種　類	葉・行
37	コチュ・バーバース Qoch Bâbâs 島	エーゲ海南部	この島に教会堂がある。その教会堂にある人物が埋葬されている。トルコ人たちはその人物をコチュ・バーバース Qoch Bâbâs と言う。カーフィルの人々は、サーン・ジュールジダ・ラビタ Ṣân Jûrjîda [Jûrjî da] Labita という。	人物	125b3-5
120	ジジルヤ Jijilya 島	地中海中部（シチリア島）	この町 shahr の北北西に停泊地がある。その停泊地にサーン・ジュールジー Ṣân Jûrjî という教会堂がある。ここは良い停泊地である。	教会堂	250b3-4
120	ジジルヤ Jijilya 島	地中海中部（シチリア島）	プールカーン島の近くに、リーパリー Lîparî という島がある。その島は東南に面した城を有する。その城の西南側に丸い岩 qaya がある。その岩の上は良い見張り場 göz yeri である。名をサーン・ジュールジュー Ṣân Jûrjû という。	見張り場 göz yeri	251b11-15
186	クブルズ Qıbrız 島	地中海東北部（キプロス島）	さて wa baʿdahu、ここから12マイル南南東の方に、大きい yoğun 岬がある。その岬をカーウ・サーン・ジュールジー Qâwu Ṣân Jûrjî という。どれだけその岬に近づいても、深い。	岬	387a12-14
195	カルパ Karpa 島	エーゲ海南部	さて wa baʿdahu、このチョバン・アダスの、カルパ島側にある岬の南方に入江がある。その入江にある低いところを2,3スパン掘ると真水 tatlu su がでる。西南側にもまた入江がある。その入江の中に貯水池 sarnıj がある。東北側にサーン・ジュールジュー Ṣân Jûrjû という荒れた教会堂がある。	教会堂	399a7-11

た人物（聖人等）の名、「教会堂」の名、「見張り場」göz yeri、岬の名、荒れた「教会堂」の名として言及される。「見張り場」や岬の場合は元来は人物あるいはその人物にちなむ施設等に由来する名称である可能性もあろう。

　地域的な分布を見ると、地中海東北部に当たるエーゲ海東南部の島々（コチュ・バーバース［Levitha 島］、カルパ島［Karpathos 島］）とキプロス島、及び地中海中部のシチリア島（「教会堂」と「見張り場」göz yeri の２件）で現れている。これら少ない例からではあるが、地中海東北部から中部にかけて比較的広い地域に亘って言及されていることが特徴と言えよう。

1-1-2　キラキー Kirakî 及びユールキー Yûrkî 系の表記の例

　キラキー Kirakî 及びユールキー Yûrkî 系の例は計５章に５件が現れる。いずれもアヤー Ayâ が冠される。そのうち、Ayâ Kirakî と Ayâ Kirâkî は

表3　『キターブ・バフリエ』Ayasofya 2612 写本本文に現れるキラキー Kirakî／ユールキー Yûrkî 等

表3-1　キラキー Kirakî／キラーキー Kirâkî

章	地区名・地名	地域・海域	内　容	種　類	葉・行
23	イールリユース Îlriyûs/Leros 島	エーゲ海東南部	その島の一つをアヤー・キラキー Ayâ Kirakî、二番目をピラートゥース Pilâtûs という。	島	100a9-10
57	キファールーンヤ Kifâlûnya/Kefalonia 島	イオニア海東部	キファールーンヤに、一つの教会堂がある。この教会堂をアヤー・キラーキー Ayâ Kirâkî という。	教会堂	160a15

表3-2　ユールキー Yûrkî

章	地区名・地名	地域・海域	内　容	種　類	葉・行
10	ミディッリュ Midillü/Lesvos 島	エーゲ海東北部	漕ぎ船 chekdürür gemiler は上述の浅瀬を中に入った後、西側にヒドゥル・イルヤース Khıdır [Khidr]-Ilyâslık という小島があり、その小島の北側を回って入り江に停泊する。この小島には教会堂がある。その教会堂はアヤー・ユールキー Ayâ Yûrkî という。	教会堂	68b10-13
192	イブリス Iblis 海岸とマグリー Maghrî 港［Fethiye］	エーゲ海東南部（アナトリア西南岸）	その小島の上にアヤー・ユールキー Ayâ Yûrkî という荒れた教会堂がある。	教会堂	395b12-13
201	デイルメンリク Değirmenlik/Milos 島	エーゲ海西南部	正面に荒れた教会堂がある。その教会堂をアヤー・ユールキー Ayâ Yûrkî［と言う。］ヒドゥル・イルヤースルク Hıdır[Khidr]-Ilyâslıq の意味である。	教会堂	414a8-9

各1件、計2件あり、エーゲ海東南部、イオニア海東部において島、「教会堂」の名称として現れる。また、Ayâ Yûrkî は小島あるいは島の上に位置する「教会堂」としてエーゲ海域に3件現れる。すなわち、Midillü/Lesvos 島（エーゲ海東北部）、Değirmenlik/Milos 島（エーゲ海西南部）、Fethiye 近傍（エーゲ海東南部）である。表記の揺れは無い。分布の点では5件はいずれも地中海東北部に現れると括ることができる。

　ところで、Ayâ Yûrkî の3件のうち Midillü/Lesvos 島と Değirmenlik/Milos 島の2例ではヒドゥル・イルヤースルクの名称が平行して言及されている。Değirmenlik/Milos 島の例では、文に一部脱落があるように見えるが、「Ayâ Yûrkî はヒドゥル・イルヤースルクの意味である」と解釈できる[4]。すなわち、ここでは Ayâ Yûrkî がヒドゥル・イルヤースルクのことであると説明されている。『キターブ・バフリエ』本文に現れる聖ゲオルギオスを示すと思われる表現のうちで、Ayâ Kirakî と Ayâ Kirâkî の場合はヒドゥル・イルヤース／ヒドゥル・イルヤースルクへの言及を伴っておらず、ヒドゥル・イルヤース／ヒドゥル・イルヤースルクと並行して言及されるのはこれら2地点の Ayâ Yûrkî だけである。

　それでは、『キターブ・バフリエ』本文ではヒドゥル・イルヤースルクとは常に Ayâ Yûrkî を指していると言えるのであろうか。Fethiye 近傍の Ayâ Yûrkî の例を見ると、この場合はヒドゥル・イルヤース／ヒドゥル・イルヤースルクの名称は平行して言及されていない。Fethiye はアナトリア西南部の海岸域ともいうべきところにあたり、所在する地域からもヒドゥル・イルヤース／ヒドゥル・イルヤースルクの名称を伴って言及されても不思議ではないように思われるが、ヒドゥル・イルヤース／ヒドゥル・イルヤースルクの名称は並行して現れず、Ayâ Yûrkî が単独で言及されている。Fethiye 近傍の場合、単に書き添えられなかっただけなのであろうか。あるいは、先の2例が特殊な性格、意味合いを持つのであろうか。

　なお、本稿筆者の知識が不足しているために「ジュルジー系」と「キ

ラキー及びユールキー系」以外の例が見落とされている恐れがある。ま
た『キターブ・バフリエ』Ayasofya2612 写本 90b12,13 には関連を思わ
せるやや似た表記の Ay Yürük اى يورك が岩礁の名称として現れるが、
ここでは検討対象から除外されている。

1-1-3　特徴

　上で見た「ジュルジー系」と「キラキー及びユールキー系」の 10 件
を通して見ると、シチリアで言及される 2 件（「教会堂」と「見張り場」
göz yeri）を別にすれば、その分布は地中海東北部（イオニア海東部、
エーゲ海域、キプロス島）に集中していることが分かる。この地域の中
で聖ゲオルギオスを表わす名称とあわせてヒドゥル・イルヤース／ヒド
ゥル・イルヤースルクの名称が平行的に言及されるのはエーゲ海域の
Midillü/Lesvos 島と Değirmenlik/Milos 島の 2 例のみである。これら 2 島
の場合、ヒドゥル・イルヤース／ヒドゥル・イルヤースルクへの言及が
意識的に行われている可能性もあり、その場合これらの場所が特別なも
のであった可能性もあろう。

1-2　「聖なる名称」の言及例

　サーン Ṣân、サーンタ Ṣânta、アヤー Ayâ、アユー Ayû などが冠され
るキリスト教信仰上の聖なるものと想定される名称（本稿では「聖なる
名称」と呼んでおく）に注目し、それらが『キターブ・バフリエ』本文
において言及されているさまを概観し、上で見たものとは別に聖ゲオル
ギオスに関わる名称が現れるかどうか確認しておきたい。

1-2-1　サーン Ṣân 及びサーンタ Ṣânta 系の言葉が冠される（ある
　　　　　いは含まれる）例

　サーン Ṣân／サン Ṣan、サーンタ Ṣânta／サンタ Ṣanta および後続の母

音と一体化したと思われる表記（サーンターンジルー Ṣântânjilû など）、
後続の子音に影響されたと思われる表記（サーム・パールー Ṣâm Pârû
など）などをあわせてサーン＆サーンタ系としてまとめると、『キターブ・
バフリエ』韻文序第32セクション（コモロ諸島）は別にして、計68章
に130件前後の言及がある。

　表記の実例を挙げると次のようになる（原文では複数回現れることが
ある）。

Ṣân Andirîya	Ṣân Palamûza	Ṣântî Jânsû
Ṣân Andirya	Ṣân Panaya	Ṣântû Alazyû
Ṣân Balaghrinî	Ṣân Pârû/Ṣâm Pârû	Ṣântû Dûr
Ṣân Bîna Dìt	Ṣân Pûlîn [Pûliyan?]	Ṣântûfân
Ṣân Darkhânjilû	Ṣân Qatâlya	Ṣân Ûlârya
Ṣân Dimanighû [Daminghû?]	Ṣân Qirishtû	Ṣân Wîda/Ṣân Wîdû
Ṣân Fûrtûnâz	Ṣân Qûlâlmû	Ṣân Wîtûra
Ṣân İstî Fânû/Ṣân İstifanû	Ṣânqûlû	
Ṣân Juwân	Ṣân Qûrqûl	Samârqû
Ṣân Jûrjî	Ṣân Sidirû	Samârtîn
Ṣân Jûrjû	Ṣân Sighû	
Ṣân Jûrjida [Jûrjî da] Labita	Ṣân Sîstû	Alṣântû
Ṣân Mârzâm	Ṣân Sûnû	Lûsântû
Ṣân Nîqûlâ/Ṣân Niqûla	Ṣân Tânjilû/Ṣântânjilû	Mûntû Ṣânta
Ṣân Nîqûlâ Farzîna	Ṣân Târmû/Ṣântârmû	Mûntû Ṣântû
Ṣân Palaghirnî	Ṣântiwumî	Pûrtû Ṣântû

Ṣânta Andirya	Ṣânta Marîya/Ṣânta Mariya	Ṣânta Nîqûlâ/ Ṣânta Niqûlâ
Ṣânta Antûn	Ṣânta Marîya da Milâda	Ṣânta Parmûra [Ṣânta Parmûda?]
Ṣânta Famiya	Ṣânta Mariya di Tirâwu	Ṣânta Pâtira
Ṣânta Fîmîya	Ṣânta Marîda Farazîna	Ṣânta Qata-lîna
Ṣânta Kîmântû	Ṣânta Marî da Bûn Ayrî	Ṣânta Qatarîna
Ṣânta Libata	Ṣânta Mariya İpnûrtû	Ṣânta Râfala
Ṣânta Lûsa	Ṣânta Marîya Rûza	Ṣânta Sî Ṣârya
Ṣânta Lûsiya	Ṣânta Mariya Lûrîtû	Ṣânta Ûtûrâtû
Ṣânta Mandırâkih	Ṣânta Mariya Warûda	Ṣânta Wîta
Ṣânta Mandırâkî	Ṣânta Margharîta	
Ṣânta Marqarîta	Ṣânta Marîdi Mârsâra	Pûrtû Ṣânta
Ṣânta Mârqû	Ṣânta Mâzarî	

　言及されている事物の種別を見ると、「教会堂」（37件）、島／島々（22件）、岬（15件）、港（14件）、城砦（6件）、山、湾、人物（各3件）があり、そのほか岩礁、入り江（各2件）や塔 barghûs/burghûs、「見張り場」göz yeri、修道院、海峡／瀬戸、流水（各1件）などが確認できる。種別を特定できない事例は17件ある。

　またそれら言及される事物の分布を見ると、エーゲ海域一帯、ペロポネソス半島東部、同南部、イオニア海東部、アドリア海一帯、イタリア半島南岸、地中海中央部の島々（シチリア島、マルタ島、サルデーニャ島、コルシカ島、マヨルカ島、イビサ島）、イタリア半島西岸、フランス南岸、地中海東岸（ガッザとラムラ）、キプロス島に亘っている。北アフリカ、エジプト方面、シリア海岸中・北部、アナトリア南岸を除いた地中海の北岸から東岸にかけての広い範囲に分布していることが分かる。中でもアドリア海での記述の頻度が目立って高く、29章で40件あまりの言及が確認できる。またエーゲ海域での言及も多く、17章で20件あまりが現れる。これら両海域で半数ほどの例を占めることになる[5]。

　このようにサーン／サン、サーンタ／サンタ等が冠される（あるいはそれらが含まれる）名称は多くの例を見出せるが、これらの中には1-1で見たもののほかには聖ゲオルギオスに相当する名称は無いように思われる。

1-2-2　アヤー Ayâ が冠される（あるいは含まれる）例

　アヤー Ayâ が冠される例は22の章で計33件を数える。

　表記の実例を挙げると次のようになる（原文では複数回現れることがある）。

Ayâ Antûnî/Ayâ Antûni	Ayânûrûs/Ayânûrûz	Ayâ Ṣûfya/Ayâ Ṣûfyâ
Ayâ Fiqa	Ayâ Pânta Lîmû	Ayâ Tûdûra
Ayâ Kirâkî/Ayâ Kirakî	Ayâ Parasakrî	Ayâ Yânî
Ayâ Lâzarû	Ayâ Pâtira/Ayâ Patira	Ayâ Yarîna
Ayâ Mawrî	Ayâ Ṣîlas [Ṣîlyas?]	Ayâ Yûrkî
Ayâ Milânû	Ayâ Sîs	Ayâzmand
Âyâ Nîqûlâ	Ayâ Stî Fânû	

言及される事物の種別は、「教会堂」（アヤ・ソフィア Ayâ Ṣūfya/ Ayâ Ṣūfyâ もあわせて 16 件）、島（5 件）、城砦、村、岬、港（各 2 件）などで、その他に岩礁、町、山、湾が各 1 件である。件数の上では「教会堂」の名称が言及される割合が高いことが分かり、島、城砦などの名称もある程度言及されている。

　分布の点では、エーゲ海域、イオニア海域を含めて地中海東北部一帯に集中していることが分かる。アユー Ayû、アヤー Ayâ はギリシア語系と考えられるため、それらが冠される名称が地中海東北部に集中することは当然と言えば当然であるが、翻って、『キターブ・バフリエ』においてはそのことが直接的に現れていることが分かるのであり、その意味ではピーリー・ライースの地中海の捉えかたが実態に即したものであることを示す証左のひとつとも言えよう。

　アヤーが冠される（あるいは含まれる）名称は必ずしも例が多くはなく、その中には 1-1 で見たもののほかには聖ゲオルギオスに相当する名称は無いように思われる。

1-2-3　アユー Ayû が冠される（あるいは含まれる）例

　アユー Ayû が冠される例は、5 章で 5 件現れ、「教会堂」が 3 件、山（小山）が 1 件、修道院が 1 件となる。

　表記の実際を示すと次のようになる。

| Ayû Andriya | Ayû Kulya [Ayû Kulba?] | Ayû Tanâsiyû |
| Ayû Îlya | Ayû Rūz | |

　言及される事物の種別では、「教会堂」の名称が言及される割合が高いが、全体の例が少ないため特徴として断定的に述べることは難しい。

　分布の点では、キプロス島、コリントス湾で言及されており、おおむね地中海東北部で見られると言えよう。

　アユーが冠される（あるいは含まれる）名称の例は少ないが、その中には聖ゲオルギオスに相当する名称は無いように思われる。

1-3　考察

　以上 1-1 と 1-2 に亘って『キターブ・バフリエ』に見られる地中海各地の「聖なる名称」を拾い出してみた。1-2 で確認できたところでは、1-1 で見たもののほかには聖ゲオルギオスに相当する名称は無いように思われる。

　改めて整理すれば、『キターブ・バフリエ』においては聖ゲオルギオスへの言及は 10 件あり、シチリア島で 2 件、地中海東北部で 8 件見られることになる。すでに述べたとおり、その地中海東北部の 8 件のうち聖ゲオルギオスとヒドゥル・イルヤース／ヒドゥル・イルヤースルクが並行的に言及される例はエーゲ海域の Midillü/Lesvos 島と Değirmenlik/Milos 島の 2 例のみであり、ほかの 6 件は聖ゲオルギオスのみが言及されている例である。その意味で、アヤー・ユールキー Ayâ Yûrkî とヒドゥル・イルヤースルクが並行して言及される Midillü/Lesvos 島と Değirmenlik/Milos 島の 2 例は少数の例の中のさらに特異な例と言えるであろう。

　『キターブ・バフリエ』が編纂された 16 世紀前半の時期において、聖ゲオルギオスとヒドゥル・イルヤース／ヒドゥル・イルヤースルクは深い関係にあったに違いないが、聖ゲオルギオスのみ、あるいはヒドゥル・イルヤース／ヒドゥル・イルヤースルクのみが言及される例もある程度見られることになり、聖ゲオルギオスとヒドゥル・イルヤース／ヒドゥル・イルヤースルクの結びつきの様相、あえて言えば、キリスト教信仰の文化とイスラーム信仰の文化の重なりのさま（現れ方）は、地中海東北部においても必ずしも一様ではなかったことが知られる。

2 『キターブ・バフリエ』に見えるムスリムの祈りの場

　以上、聖ゲオルギオスとヒドゥル・イルヤース／ヒドゥル・イルヤースルクの関わりに注目しつつ『キターブ・バフリエ』においてキリスト教徒の祈りの場が現れるさまを見てきたが、比較の意味からも、『キターブ・バフリエ』におけるムスリムの一般的な祈りの場の現れ方を概観しておきたい。『キターブ・バフリエ』に現れるムスリムの祈りの場としてはマスジド、ザーウィヤが比較的目を引くように思われる。それらを中心に、言及された事例を整理してみる[6]。

2-1　マスジド masjid

　ムスリムの祈りの場として代表的な施設であるマスジド masjid が言及されるのは5章5件のみであり、地中海中部南岸から東部東岸、すなわちチュニジア（1章1件）、エジプト（2章2件）、歴史的シリア（2章2件）にかけて言及される。マスジドはムスリムの居住する地域で広く言及されているが、言及される例はわずか5件のみというのは意外なほど少ないと言えよう。キリスト教の「教会堂」は地中海東部北岸域からエーゲ海、アドリア海、イオニア海、さらに地中海西部北岸に至る広い地域に亘って多数の章で頻繁に言及されている。先に見たとおり「聖なる名称」として言及されるものが50件あまり（サーン系37件、アヤー系16件、アユー系3件）あり、「聖なる名称」とは別に言及されている30件あまりと合わせると全体で90件前後にも及ぶこととはまことに対照的と言わねばならない。

　ただし、本稿で「教会堂」と訳した施設 kilse/kilise كلسه は、『キターブ・バフリエ』においては、ムスリムの世界におけるマスジドのように日常

表4 『キターブ・バフリエ』Ayasofya 2612写本本文に現れるマスジド masjid

章	地区名・地名	地域・海域	内　容	葉・行	備　考
153	ジルバ Jirba 島	地中海中部南岸	ジームの近くに二つのマスジドが見える。そのマスジド以外に西南西側にはもうマスジドは無い。この二つのマスジドが一つに見えるまで、南か北に進むべし。そのマスジドが完全に一つの位置に来て、二つが一つに見えた時、ちょうどきっちりと海峡の上にいることになる。	334a14-334b3	
166	ラシート Rashīt とブールルース Būrlûs の海岸	地中海東部南岸	このサリ・アフマド海峡の東北側に遠くから見える荒れた建物がある。その建物の近くに二つのザーウィヤがある。そのザーウィヤの一つは低い。また一つは高い。このマスジド* ol masjidlar とこのザーウィヤ zâwiyalar に対面している海はよい投錨地である。	359a8-12	*どのマスジドか判然としない。
167	ディムヤード Dimyâd の海岸	地中海東部南岸	このディムヤードの沖からの目印はこうである。低いところに黒い島のように見える。というのは、ナツメヤシの茂ったところである。いつでもそこへ近むと、ニールの河口に二つのマスジドが見える。そのマスジドを南南東の方にとる。	360b2-4	
169	ガッザ Ghazza とラムラ Ramla の海岸	地中海東部東岸	このガッザの沖からの目印はこうである。低いところで森になったように ormanlıq gibi 見える。というのは、バーグとバフチャの多い bâghlu bakhchalu ところなのである。それらのバフチャの間に、マスジドのミナーラが見える。木の間からは、そのマスジドは見えない。	362b2-4	
173	バルート Barût/Bayrût	地中海東部東岸	またバルートの正面にマスジドが見える。そのマスジドを南の方に取る。そして錨を降ろす。深さは8尋である。	369a1-3	

的に使用される礼拝施設ばかりでなく、特定の日に使用される規模の小さい祠など、多様な施設を指して用いられている可能性がある。その意味で、マスジドと「教会堂」を同列の祈りの場と捉えて言及頻度を論ずるのは問題があるかもしれない。事実、Midillü/Lesvos 島や Leykada 島における 2017 年の調査で確認できた施設は――あくまでその時点での現場の情況に基づく判断であるが――住民が日常的に礼拝を行う施設というよりも限られた時期の特定の行事の場という印象であった。マスジドは日常的に使用される施設として住民の居住地区内で住宅等に囲まれるように存在していることも多いであろうことを勘案すると、沖合いから目撃されて航行の目印とされるようなマスジドが多くないとしても必ずしも不思議ではないとも言えよう。これに対して「教会堂」の場合は、航行する者の目に触れるような位置（丘や岬など）に意図的に設けられていることが少なからずあるのでないかとも思われ、言及頻度が高くな

る傾向があるかもしれない。その意味では「教会堂」の実態と役割に十分注意しつつ分布を考察する必要があろう。

　また、実態として海岸部に「教会堂」が多かったことは事実なのであろうが、『キターブ・バフリエ』の記述内容が文献上の情報を参照していると考えられるもののそれらのみに頼るのではなく、編者ピーリー・ライースの航海者仲間からの口頭の情報や彼自身の実地の観察も踏まえて記述されているとすれば、異教徒の「教会堂」がムスリムであるピーリー・ライースやその仲間たちにとって特異で異質なものであるために目にとまりやすく耳にも残りやすかった、すなわち彼らの注意を引きやすかったとも考えられる。とはいえ、そういった点を考慮に入れるにしても、「教会堂」とマスジドには大きな頻度差があると言わねばならない。

2-2　ザーウィヤ zâwiya

　ムスリム聖者の居所・修道場あるいは墓所などの役割を持ち、広い意味でムスリムの祈りの場の一種とも言えるザーウィヤへの言及は、地中海西部南岸から中部南岸、東部南岸、東岸に亘る広い地域に 7 章 8 件を確認できる。ザーウィヤが言及される頻度はマスジドに比べて多少高いものの、「教会堂」に比べるとやはり大きな差があると言わねばならない。

2-3　その他の祈りの場

　ザーウィヤと類似した機能を果たしたと思われる施設のうち、アースィターナ âsitâna は 1 件確認でき、そこではタクヤ takya ／テッケ tekke も当該施設の名称の一部として用いられている[7]。リバート ribâṭ やハーネカーフ khâneqâh はまったく言及されておらず、また、一般に聖者廟を指すマザール mazâr の語は第 138 章（Mâliqa/Malaga から Almariya/Almeria の海岸）に 2 件現れるが［Ayasofya 2612: 305a7, 8］、これらの

表5 『キターブ・バフリエ』Ayasofya 2612 写本本文に現れるザーウィヤ zâwiya

章	地区名・地名	地域・海域	内 容	葉・行	備 考
140	サブタ城 Sabta qal'ası	地中海西部南岸	この城砦の［この城砦について？］マグリブ地方に残ったアラブたちによってこんな話がされている。このサブタ城出身のアブル・アッバース・サブティー Abû al-'Abbâs Saptî という聖者がいたという。この聖者はこのサブタ城 Sapta qal'ası で、まさにこの時に大理石にこう彫っておいた。即ち、「ルームの諸地方から一人の帝王がすべてのマグリブの国を完全に制圧するだろう。その後まさにこのサブタを征服して、私のザーウィヤを繁栄させるだろう。……」	309b8-13	実際に目撃した情報ではない。
147	バジャーヤ Bajâya の町 shahr とジジル城 Jijil qal'ası	地中海西部南岸	我々がこの町［バジャーヤ］へ故カマール・ライースとともに行った時、その町にはサイディー・ムハンマド・トゥワッティー Saydî Muhammad Tuwattî という、120 年生きた聖者がいた。この聖者のザーウィヤへ行き、我々はその聖者を訪ねた。	318b5-7	
147	バジャーヤ Bajâya の町 shahr とジジル城 Jijil qal'ası	地中海西部南岸	さて wa ba'dahu、この町［バジャーヤ］の東北側にザーウィヤがある。そのザーウィヤの前は錨と大索で停泊するところである。	319a12-13	
153	ジルバ Jirba 島	地中海中部南岸	さて wa ba'dahu、このジルバ島からラアスィ・マフムーズ Ra's-i Mahmûz は 80 マイルである、東南の方向に。……このラアスィ・マフムーズの浅瀬の、沖からの目印は、ザーウィヤが見える［ことである］。そのザーウィヤが完全に見えたところがちょうど［水深］20 尋である。	334b6-11	
155	ムサッラタ Musallata の村々［と］その近くの海岸	地中海中部南岸	さて wa ba'dahu、このムサッラタの 25 マイル程東側にダービヤ Dâbiya という東に面した浅瀬になった sıghlu 港がある。……陸に白い建物が見える。これらすべてザーウィヤである。またナツメヤシの木が見える。	338b10-15	
156	ムスラータ Muṣrâta とムトゥーバールカ Mutûbârqa 湾	地中海中部南岸	さて wa ba'dahu、本章では先に言及したムスラータを説明した。この、沖合いからの目印はこうである。最初にちょうど高いところに白いザーウィヤが見える。このザーウィヤは遠くからもあたかも塔 birghûs のように見える。このザーウィヤの 6 マイル正面にジャズィーラトゥル・アーフィヤ Jazîrat al-'Âfiya という小島がある。	339b15-340a1-3	
166	ラシート Rashît とブールルース Bûrlûs の海岸	地中海東部南岸	さて wa ba'dahu、このサリ・アフマド海峡の東北側に遠くから見える荒れた建物がある。その建物の近くに二つのザーウィヤがある。そのザーウィヤの一つは低い。また一つは高い。このマスジド ol masjidler とこのザーウィヤ zâwiyalar に対している海はよい投錨地である。	359a8-12	
169	ガッザ Ghazza とラムラ Ramla の海岸	地中海東部東岸	このラムラの沖からの目印は次のことである。即ち、白いザーウィヤが見える。そのザーウィヤの 1 マイル東北側にまたザーウィヤがあり、これらの二つのザーウィヤは遠くからは白く見える ağarur。その東北側に見えるザーウィヤの東側に 3 本の木がある。	362b14-363a3	

例の場合は固有名詞化した地名と思われる。トゥルバ turbat／テュルベ türbe（墳墓）にも明示的な言及はない。

カブル qabr（墓）には数例言及があるが、ムスリムの祈りの場に関わりがあると思われるのは、聖者 walî や礼拝所 namâz-gâh と併せて言及さ

れている第 10 章（Midillü/Lesvos 島）の例［Ayasofya 2612: 70b5］）と聖者の墓とされている第 166 章（Rashît/Rashîd と Bûrlûs/Burullus の海岸）の例［Ayasofya 2612: 358b3］、および聖者と思しき人物に言及している第 175 章（Khâtûn/Arwâd 島と Antarsûs/Ṭarṭûs 城）の例［Ayasofya 2612: 372b11］の 3 件のみと思われる。また、第 175 章の当該箇所でマカーム maqâm の唯一の例が併せて言及されている[8]。

2-4　考察

　2-1 から 2-3 に亘って概観したところでは、マスジド、ザーウィヤなどムスリムの祈りの場への言及は非常に少ないことが知られる。「教会堂」がすべて教会堂と言えるかどうかなど留意すべき点があるものの、それに代表されるキリスト教徒の祈りの場への言及頻度が高いことに比べると、ムスリムの祈りの場への言及の少なさは特異に感じられる。これは『キターブ・バフリエ』の記述の特徴のひとつと捉えられよう。

3　地中海世界の祈りの場

3-1　『キターブ・バフリエ』におけるヒドゥル・イルヤース／ヒドゥル・イルヤースルク

　今回の考察でピーリー・ライースの言うヒドゥル・イルヤース／ヒドゥル・イルヤースルクの実態がいかなるものか依然十分に明らかになった訳ではない。聖ゲオルギオスもヒドゥル・イルヤース／ヒドゥル・イルヤースルクも地中海東北部においてのみ言及されるが、両者の結びつき具合は一様でない。ピーリー・ライースの「正面に荒れた教会堂がある。その教会堂を Ayâ Yûrkî［と言う。］ヒドゥル・イルヤースルクの意

味である」［Ayasofya 2612: 414a8-9］との説明はありながら、彼の言う
ヒドゥル・イルヤース／ヒドゥル・イルヤースルクの実態はやはり捉え
にくい。今後さらに分析・調査を進める必要がある。

　「はじめに」で言及した、ヒドゥル・イルヤース／ヒドゥル・イルヤ
ースルクが地中海東北部に偏っている理由もいまだ十分に明らかになっ
たとはいえないが、以上の分析の結果から見ると、①と断言はできない
ものの②の可能性は高くないのではないだろうか。もちろん別の可能性
も考えるべきであろう。

　すでに繰り返し述べたとおり、ヒドゥル・イルヤース／ヒドゥル・イ
ルヤースルクは『キターブ・バフリエ』においては5件が知られるのみ
であり、そのうち聖ゲオルギオスに相当する名称が平行して言及される
のは Midillü/Lesvos 島と Değirmenlik/Milos 島の2例であった。いずれも
エーゲ海域の島である。聖ゲオルギオスに相当する名称は10件確認で
きたが、シチリア島の2件を別にすると8件はいずれも地中海東北部で
言及され、そのうちヒドゥル・イルヤース／ヒドゥル・イルヤースルク
への言及が平行して現れるのは2例であった。もともとピーリー・ライ
ースが言及しているヒドゥル・イルヤース／ヒドゥル・イルヤースルク
は限られた例として現れており（5例のみ）、その中でも聖ゲオルギオ
スの名が平行して現れるエーゲ海域の2島（Midillü/Lesvos 島と
Değirmenlik/Milos 島）の例はごくまれな例ということになる。これら2
例は特殊な条件・性格を持つものと考えるべきかもしれない。

　その条件・性格が何であるかは現在のところ断定的なことは言えない
が、聖ゲオルギオスへの信仰とヒドゥル・イルヤースへの信仰が重なり
合い、16世紀前半当時において両者への信仰が実践されていた証であ
ることには違いない。また、一方のみしか言及されていない例について
は両者への信仰が重なりあうことがあったかどうかは判断できないので
あるが、無かったと断ずることもまたできないであろう。むしろ、ヒド
ゥル・イルヤース／ヒドゥル・イルヤースルクと聖ゲオルギオスが平行

して言及される2例の存在を考慮すれば、重なりがあったと推定することがより自然に思われる。特に「キラキー及びユールキー系」の見られるエーゲ海を中心にした海域ではその可能性が高いように思われる。ただし、これは少ない例に頼った推測にとどまる。

3-2 『キターブ・バフリエ』における祈りの場、地中海世界における祈りの場

　『キターブ・バフリエ』の記述から、地中海世界における祈りの場のありようと性格をどのように捉えることができるであろうか。

　基本的に、『キターブ・バフリエ』に現れるのは航海者がその目で船上から、即ち海上から見ることができる岬や島、建物などの名称であり、それらは沿岸航海のために必要な情報として記録されている。それ以上の特定の目的を持って記録されているわけでなく、もとより網羅的に地名や建物名を記録しようとしたものではないだろう。そこに現れる情報はあくまでピーリー・ライースその人が編纂した航海案内書における記録にとどまり、本来的にその記述には偏りがあるとみなさなければならない。ただ、記録された内容のもとになったのは、彼の個人的な体験のみならず古今の文献、仲間の船乗りたちからの口頭の情報など多岐にわたる情報であったと思われる。このことを考慮すれば『キターブ・バフリエ』で言及される祈りの場には地中海世界の祈りの場の姿がある程度普遍的に現われていると考えても良いのではなかろうか。

　『キターブ・バフリエ』では「教会堂」――その実態が何であるかは問題として残る――が頻繁に言及されている。すでに述べたように、サーン Ṣân ／サーンタ Ṣânta などが付される「聖なる名称」として言及されるものだけでも50件あまりになり、これら以外にも少なからぬ数の例（30件あまり）が言及され、合わせて90件前後にのぼる。また修道院は10件前後言及されているので、合わせると100件前後あることになる。これとは対照的にマスジド、ザーウィヤなどムスリムの祈りの場

262

への言及はあわせて20件たらず（マスジド5件、ザーウィヤ8件、アースィターナ／タクヤ1件、カブル3件、マカーム1件）であり、その数はいたって少ないと言わねばならない。

　「教会堂」や修道院は地中海の東西に亘って主に北岸部において言及され、ムスリムの祈りの場は同じく南岸部において言及されており、位置的には対称的であるが分布地域の広がりの様相はほぼ同様である。それにもかかわらず、言及の頻度には大きな違いが見られることになる。あえて言えば、「教会堂」や修道院は航海の際の目印、目標として航海者の実際の操船において大いに有益で重要な施設であり、一方ムスリムの祈りの場は航海の際の目印、目標としては大きな役割を果たしていなかったことになろう。

　『キターブ・バフリエ』で言及される「教会堂」や修道院は本来的に陸上生活者の祈りの場であったのであろうが、海上の航行者が航海をする上で注目すべき施設でもあったと考えられる。『キターブ・バフリエ』は地中海世界、特に北岸一帯において「教会堂」や修道院が持った意味合い、すなわち航海者にとっての重要性を物語っていることになる。そして、そのような多数の「教会堂」や修道院への言及例のうちで、ヒドゥル・イルヤース／ヒドゥル・イルヤースルクと平行して言及されるのは先の2例のみ（地中海東北部／エーゲ海域）ということになる。

おわりに

　『キターブ・バフリエ』においては「教会堂」が多数言及されていることからも、沿岸の船上から目に見える範囲にはキリスト教信仰の現れ、すなわちその信仰を証しする構築物が多いことが知られる。マスジドなどイスラーム信仰を証しするものへの言及が少ないこととは対照的であるが、一方でイスラーム教徒に馴染みの深いヒドゥル・イルヤース信仰

が地中海東北部で行われており、『キターブ・バフリエ』でも5例が言及されている。そのうち2例でキリスト教信仰の文化との重なり、あるいは並行が明瞭に読み取れる。

　一方見方を変えると、広い地中海の沿岸部において、ヒドゥル・イルヤース／ヒドゥル・イルヤースルクへの言及は地中海東北部の5例に止まり、ヒドゥル・イルヤース信仰と聖ゲオルギオス信仰が重なっている、あるいは並行して行われていると明確に確認できるのは2例に止まることになる。その意味では、これら2例は地中海東北部でのみ言及される例外的で特殊な事例とも言えよう。

　このように、地中海東北部におけるヒドゥル・イルヤース／ヒドゥル・イルヤースルクへの言及は『キターブ・バフリエ』の叙述の中では特定の地域に現れる特異な例と見るべきであろう。そのような現れ方になる理由の理解は依然十分ではないが、このような僅かな例であっても、16世紀の地中海沿岸海域においてキリスト教信仰文化とムスリムの信仰文化が重なり合う事実を確認できることには意味があろう。

　また一方で『キターブ・バフリエ』本文の記述から見る限り、地中海の航海者にとって、「教会堂」や修道院などキリスト教徒の祈りの場は頻繁に目にとまる航海上重要な施設であったが、ムスリムの祈りの場はさほど目にとまらず、その意味では実際上大きな意味を持つ施設ではなかったことも知られる。

　『キターブ・バフリエ』は沿岸航海の手引書であり、その叙述には特性あるいは偏りがあることは否めないが、我々は『キターブ・バフリエ』の叙述から16世紀前半の地中海沿岸海域における祈りの場の具体的な姿と地中海に生きた人々の信仰実践の一端を窺うことができる。

注

1）『キターブ・バフリエ』の成り立ちや内容については新谷 1990 以下の論考において扱われている。

2）ヒドゥル・イルヤース Khiḍr-İlyâs ないしはヒドゥル・イルヤースルク Khiḍr-İlyâslık およびそれらに関連すると見られる聖ゲオルギオス信仰に関しては家島 2006、吉田 2007、Ocak 2012（1985）、新谷 2018 および村山和之、伊東一郎、菅瀬晶子らの一連の論考を参照されたい。

3）その後、2018 年秋にトルコを訪れ、アナトリア半島の西岸から南岸にかけて現地を調査する機会を得た。その際に、『キターブ・バフリエ』においてヒドゥル・イルヤース／ヒドゥル・イルヤースルクに言及のあるフォチャ Foça、及び聖ゲオルギオスに関連する言及のあるフェトヒエ Fethiye を実地に調査し、さらにヒドゥル・イルヤースに関わる施設とされるフドゥルルク Fıdırlık と呼ばれる塔の現在の姿をアンタルヤ Antalya で確かめることができた。この調査は先のギリシア所在の 3 例の調査を補うものであり、新谷 2018 を補足して多少なりとも具体的な内容を報告すべきところであるが、紙幅の制約もあり、機会を改めたい。

4）Ol kilseye Ayâ Yûrkî Ḥiḍr-İlyâslıq demek olur とある ［Ayasofya2612:414a8-9］。手許の他の写本も同様の記述であるが、Revan 1633 写本のみ Ayâ Yûrkî のあとに derler（と言う）が書き込まれている ［Revan 1633: 418a6-7］。

5）このような様相は、ヴェネツィア、ジェノヴァなどのイタリア都市国家の地中海東部での活動に関わりが深いと思われ、16 世紀前半期においてこの海域がオスマン朝の勢力下に置かれつつあるとはいえ、依然イタリア系勢力の影響が根強いことを物語っているものとも言えよう。

6）『キターブ・バフリエ』Ayasofya2612 写本では地中海北岸部に関する記述量は、エーゲ海域やアドリア海域などを中心に章数、ページ数、行数いずれにおいても多く、全体の 80% 強を占めている。一方、地中海南岸部や東岸部（北アフリカおよび歴史的シリア）に関する記述量は全体の 20% 弱である ［新谷 1990: 121-126］。以下の考察にあたってはその点を考慮すべきであろうが、本稿では『キターブ・バフリエ』の記述総体における教会堂などキリスト教徒の祈りの場とマスジドなどムスリムの祈りの場それぞれへの言及例の多寡（頻度）に注目し、そこに見られる特性を論じる。

7）その［湾の］最奥部に修道場 âsitâna がある。サームート・バーバー・タクヤスィと言う（Anuň nihâyatında bir **âsitâna** wardur, Şâmût Bâbâ **takya**sı derler）［Ayasofya 2612: 78a15-78b1］。

8）イブラーヒーム・アドハム・スルターンのカブル qabr とマカーム maqâm はその村の端、北側に位置する（İbrâhîm Adham Sulṭânıň **qabr**ı wa **maqâm**ı ol köyüň ujunda walî yılduz ṭarafında wâqiʿ olmushdur）［Ayasofya 2612: 372b11-12］。

参考文献

『キターブ・バフリエ』*Kitâb-i Baḥrîya* 写本（本稿執筆にあたり参照された主な写本）

　932年本系写本　Ayasofya 2612: Süleymaniye Camii Kütüphanesi 所蔵
　　　　　　　　 TY6605: İstanbul Üniversitesi Kütüphanesi 所蔵
　　　　　　　　 Hazine642: Topkapı Sarayı Müzesi Kütüphanesi 所蔵
　　　　　　　　 Revan 1633: Topkapı Sarayı Müzesi Kütüphanesi 所蔵

Erol Çalışkan, Şerife Seher,

　2015：Türklerde Hıdrellez İnancı: Makedonya Örneği (The Belief of Hıdrellez among Turks: Macedonia Case), *International Journal of Science Culture and Sport* (*IntJSCS*), Special Issue on the Proceedings of the 4th ISCS Conference–PART A, July 2015, pp.380-392.

Franke, Patrick,

　2000：*Begegnung mit Khidr: Quellenstudien zum Imaginären im traditionellen Islam*, Beirut/Stuttgart.

伊東一郎

　1994：スラブ民衆世界における聖ゲオルギオス―イコン・儀礼・フォークロアー、聖心女子大学キリスト教文化研究所編『東欧・ロシア―文明の回廊』、春秋社、97-113頁。

　2004：緑のゲオルギオス―クロアチアとスロヴェニアの儀礼から、『東西南北 2004』（和光大学総合文化研究所年報）、70-77頁。

　2013a：巡礼霊歌からイコンへ―ロシアにおける「聖ゲオルギオスと竜」伝説、伊東一郎・蔵持不三也・松平俊久著『ヨーロッパ民衆文化の想像力―民話・叙事詩・祝祭・造形表現』、言叢社、29-77頁。

　2013b：ロシアにおける「聖ゲオルギオスの竜退治」伝説―巡礼霊歌・イコン・聖者伝（I）、『早稲田大学大学院文学研究科紀要』第58輯（第2分冊）、91-105頁。

　2014：ロシアにおける「聖ゲオルギオスの竜退治」伝説―巡礼霊歌・イコン・聖者伝（II）、『早稲田大学大学院文学研究科紀要』第59輯（第2分冊）、71-84頁。

　2015：ブルガリア・フォークロアにおける「聖ゲオルギオスの竜退治」の変容―キリスト教伝説と民間暦―（I）、『早稲田大学大学院文学研究科紀要』第61輯（第2分冊）、73-86頁。

　2017：ブルガリア・フォークロアにおける「聖ゲオルギオスの竜退治」の変容―キリスト教伝説と民間暦―（II）、『早稲田大学大学院文学研究科紀要』第62輯、271-276頁。

Kahane, H. & R., Tietze, A.,

　1958：*The Lingua Franca in the Levant, Turkish Nautical Terms of Italian and Greek Origin*, Urbana.

高　晟埈
　2006：聖ゲオルギオスの奇跡伝―イクヴィ（グルジア）、ツミンダ・ギオル
　　　　ギ聖堂北翼廊の壁画を中心に、『新潟県立万代島美術館研究紀要』、第
　　　　1号、27-37頁。
村山和之
　1997：フワージャ、ラール、カランダル：インダス峡谷地方のシンクレティ
　　　　ズム考：、『和光大学人文学部紀要』、第32号、121-138頁。
　2007a：不死なる緑衣を纏う聖者の伝承と現在―ヒドルとヒズルの世界、永澤
　　　　峻編『死と来世の神話学』、言叢社、323-347頁。
　2007b：イスラーム礼拝施設実見録―ウズベキスタン・オアシス都市での祈り
　　　　方 「バハウッディン」と「ヒズル・モスク」にて―、『東西南北
　　　　2007』（和光大学総合文化研究所年報）、199-209頁。
Ocak, Ahmet Yaşar,
　2012：İslâm-Türk İnançlarında Hızır Yahut Hızır-İlyas Kültü, 4. baskı, İstanbul [1.
　　　　baskı: Türk Kültürünü Araştırma Enstitüsü, Ankara, 1985].
Ökte, Ertuğrul Zekâi,
　1988：(ed.) Pîrî Reis, Kitab-ı Bahriye, 4 vols., Ankara.
新谷英治
　1990："Kitāb-i Bahrīya" の性格―Ayasofya 2612 写本本文を中心に―、『東洋
　　　　史研究』、第49巻第2号、107-139頁。
　1998：「トルコ人の見た地中海―『キターブ・バフリエ』写本研究から―」、『泊
　　　　園』（泊園記念会）、第37号、96-143頁。
　2015：『キターブ・バフリエ』に見えるシリア海岸、『関西大学東西学術研究
　　　　所紀要』、第48輯、89-107頁。
　2018：『キターブ・バフリエ』に見える祈りの場、『関西大学東西学術研究所
　　　　紀要』、第51輯、21-46頁。
菅瀬晶子
　1997：「『緑の男』を追って―東地中海のマール・ジルジス信仰」（1）、『季刊
　　　　アラブ』、第83号、16-17頁。
　1998：「『緑の男』を追って―東地中海のマール・ジルジス信仰」（2）、『季刊
　　　　アラブ』、第84号、27-29頁。
　2009：『イスラエルのアラブ人キリスト教徒―その社会とアイデンティティ』、
　　　　溪水社。
　2010：『新月の夜も十字架は輝く―中東のキリスト教徒』（イスラームを知る
　　　　6）、山川出版社。
　2012：『豊穣と共生への祈り―パレスチナ・イスラエルにおける聖者アル・
　　　　ハディル崇敬』（民族紛争の背景に関する地政学的研究 Vol. 19）、大阪
　　　　大学世界言語研究センター。
　2015a：レバノン南部の聖者アル・ホドル崇敬にみられる「聖者の占有」とそ

の背景―歴史的パレスチナとの比較から―、『国立民族学博物館研究報告』、39-4，465-510頁。

2015b：歴史的パレスチナにおける奇跡譚の今、山中由里子編『〈驚異〉の文化史―中東とヨーロッパを中心に』、名古屋大学出版会、433-455頁。

Uca, Alaattin,

2007a：Türk Toplumunda Hıdırellez-I (In The Turkish Society Hıdırellez Or May Sixth-I), *A. Ü. Türkiyat Araştırmaları Enstitüsü Dergisi* (Erzurum), Sayı 34, pp.113-138.

2007b：Türk Toplumunda Hıdrellez-II (In The Turkish Society Hıdrellez Or May Sixth-II), *A. Ü. Türkiyat Araştırmaları Enstitüsü Dergisi* (Erzurum), Sayı 35, pp. 251-284.

Ülkekul, Cevat,

2007：*XVI. Yüzyılın Denizci bir Bilimadamı Yaşamı ve Yapıtlarıyla Piri Reis*, 3 cilt, İstanbul.

Wensinck, A. J.,

1918：*The Ocean in the Literature of the Western Semites* (Verhandelingen der Koninklijke Akademie van Wetenschappen te Amsterdam. Afdeeling letter-kunde. Nieuwe reeks, Deel XIX, No. 2), Wiesbaden (repr. 1968).

家島彦一

1991：ムスリム海民による航海安全の信仰―とくに Ibn Baṭṭūṭa の記録にみるヒズルとイリヤースの信仰―、『アジア・アフリカ言語文化研究』、第42号、117-135頁。

1993：『海が創る文明―インド洋海域世界の歴史』、朝日新聞社。

2006：インド洋と地中海を結ぶ海の守護者ヒズル、家島彦一『海域から見た歴史』、名古屋大学出版会、625-665頁及び *164-167* 頁。

吉田京子

2007：12 イマーム派ガイバ論におけるヒドル（ハディル）伝承の展開、『東洋文化』、87、23-39頁。

付記

本稿は2018年度関西大学学術研究員制度による研究成果の一部を含むものである。関西大学ならびに関係諸機関に感謝申し上げる。

【執筆者紹介】（執筆順）

森　　隆　男	元関西大学文学部教授
茶　谷　まりえ	奈良県立民俗博物館学芸員
蜷　川　順　子	関西大学文学部教授
恵　崎　麻　美	元関西大学東西学術研究所非常勤研究員
野　間　晴　雄	関西大学文学部教授
松　井　幸　一	関西大学文学部准教授
毛　利　美　穂	関西大学東西学術研究所非常勤研究員
田　邉　めぐみ	関西大学東西学術研究所非常勤研究員
吉　田　雄　介	関西大学東西学術研究所非常勤研究員 関西大学非常勤講師
新　谷　英　治	関西大学文学部教授

関西大学東西学術研究所研究叢書 第 10 号

祈りと祈りの場

令和2（2020）年3月15日　発行

編著者	新　谷　英　治・松　井　幸　一
発行者	関 西 大 学 東 西 学 術 研 究 所 〒564-8680　大阪府吹田市山手町 3-3-35
発行所	株式会社　ユ ニ ウ ス 〒532-0012　大阪府大阪市淀川区木川東 4-17-31
印刷所	株式会社　遊 文 舎 〒532-0012　大阪府大阪市淀川区木川東 4-17-31

©2020 Hideharu SHINTANI, Koichi MATSUI　　　　　Printed in Japan

ISBN978-4-946421-76-1 C3020　　　　　落丁・乱丁はお取替えいたします。

Prayer and Place of Prayer

Contents

—